U0670909

　　本书系国家社会科学基金项目"大数据环境下公安情报学理论体系研究"（项目编号：14BTQ025）、中国人民公安大学国家安全高精尖学科资助项目"大数据环境下公安情报学研究"（项目编号：2020CBZX009）最终成果。

博士生导师学术文库

A Library of Academics by
Ph.D.Supervisors

大数据环境下
公安情报学研究

彭知辉　著

光明日报出版社

图书在版编目（CIP）数据

大数据环境下公安情报学研究 / 彭知辉著 . -- 北京：
光明日报出版社，2021.4
（博士生导师学术文库）
ISBN 978 - 7 - 5194 - 5873 - 7

Ⅰ.①大… Ⅱ.①彭… Ⅲ.①公安学—情报学 Ⅳ.
①D035.30

中国版本图书馆 CIP 数据核字（2021）第 056873 号

大数据环境下公安情报学研究
DASHUJU HUANJING XIA GONG'AN QINGBAOXUE YANJIU

著　　者：彭知辉

责任编辑：杨　茹　　　　　　　　　责任校对：陈永娟
封面设计：一站出版网　　　　　　　责任印制：曹　净

出版发行：光明日报出版社
地　　址：北京市西城区永安路 106 号，100050
电　　话：010 - 63169890（咨询），63131930（邮购）
传　　真：010 - 63131930
网　　址：http：//book.gmw.cn
E - mail：yangru@ gmw.cn
法律顾问：北京德恒律师事务所龚柳方律师

印　　刷：三河市华东印刷有限公司
装　　订：三河市华东印刷有限公司

本书如有破损、缺页、装订错误，请与本社联系调换，电话：010 - 63131930

开　　本：170mm × 240mm
字　　数：268 千字　　　　　　　　印　　张：17.5
版　　次：2021 年 4 月第 1 版　　　　印　　次：2021 年 4 月第 1 次印刷
书　　号：ISBN 978 - 7 - 5194 - 5873 - 7

定　　价：95.00 元

版权所有　　翻印必究

序

公安情报学是在社会信息化和公安信息化发展推动下形成的一门新兴学科。它主要研究信息资源的挖掘利用，即广泛获取与汇集整合各种信息资源，运用现代信息技术从中分析、提炼出能满足公安机关需求的情报产品。大数据是一种重要的信息资源，它在感知现状、预测未来和面向服务等方面可以发挥重要作用，因而与公安情报理论和实践高度吻合。公安情报学应该顺应大数据发展趋势，研究如何从大数据中挖掘情报价值，利用大数据促进其理论体系的完善与创新。

当前，大数据发展迅猛，已覆盖社会生活的各个领域。公安情报学已经处于大数据影响之下，或者说，"大数据环境下的公安情报学"已经成为一种客观事实。在这种情况下，更需要从学理角度对公安情报学学科发展，特别是理论体系构建做出新的阐释。这既有助于公安情报学顺应大数据发展趋势，促进学科的健康发展，也可以推动大数据研究的纵深发展。

公安情报学学科研究已进入自觉与深化阶段，理论体系正在逐步形成与完善。当然，学科理论体系并不是一成不变的。大数据环境下公安情报学理论体系是"变"与"不变"的辩证统一。本课题选择公安情报学理论体系中受大数据影响而发生变化的那部分内容开展研究。具体来说，其研究内容分为三大板块、十个专题：大数据环境下公安情报理论研究，阐述大数据环境下公安情报学研究对象、学科属性和研究范式等方面的变化；大数据环境下公安情报业务研究，探讨大数据与公安情报业务的结合，从情报搜集、情报分析和情报服务三个方面开展研究；大数据环境下公安情报应用研究，围绕刑事侦查、治安预警、公安维稳、警务决策等专题开展研究。

　　大数据环境下公安情报学研究具有多学科理论方法融合的特征，因而须打破学科门户之见，坚持开放、多维、融合的研究视角。公安情报学应该积极接纳、吸收大数据的理论方法，采用多维的研究视角，这样才能发现新的学术问题，提出新的学术观点，使其理论体系形成新的分支或节点。大数据对公安情报学所产生的影响，是在彼此交互的过程中形成的。在交互中，两者因存在相同或相似之处，形成结合点，从而构成融合关系。因此，要着眼于两者的融合关系，紧扣它们的结合点开展研究。当前社会各界对大数据存在盲目追捧、过度炒作等现象，其研究不乏浮夸的成分。公安情报学置于大数据环境下，受到后者影响，但又不能失去自身特性。开展该课题研究，需要准确把握公安情报学和大数据的共性及特性，以及两者的结合方式、各自定位等。在研究中，笔者始终坚持以下理念：合理借鉴、吸收大数据之长，坚持公安情报学的主体地位；不能以"数据"取代"人"，坚持以"人"为主体，始终围绕"人"来开展研究；理性认知大数据的利与弊，不能用社会进化论观点对大数据之于公安情报学的影响予以价值判断；辩证地看待大数据的科学性，坚持科技与人文的结合。

　　本书大部分内容，陆续以学术论文的形式公开发表。在发表过程中，吸收了编辑、评审专家提出的修改意见、建议，在此谨致谢意。同时，也感谢各学术期刊提供发表园地。现将这些论文胪列如下：

　　《大数据：让情报主导警务成为现实》，《情报杂志》2015年第5期；

　　《论我国地方政府大数据建设的方式、困境及对策：以块数据建设为例》，《广东行政学院学报》2016年第2期；

　　《基于大数据的警务预测：局限性及其顺应之道》，《中国人民公安大学学报》（社会科学版）2016年第2期；

　　《论大数据环境下公安情报流程的优化》，《情报杂志》2016年第4期；

　　《情报流程研究：述评与反思》，《情报学报》2016年第10期；

　　《论大数据环境下公安情报学研究范式的发展》，《图书与情报》2017年第1期；

　　《公安情报学研究30年（上）：研究内容及其分布状况》，《北京警察学院学报》2017 年第 1 期；

《公安情报学研究 30 年（下）：研究内容布局的优化》，《北京警察学院学报》2017 年第 2 期；

《论政府在大数据发展中的作用：以大数据政策为视角》，《广东行政学院学报》2017 年第 1 期；

《数据：大数据环境下情报学的研究对象》，《情报学报》2017 年第 2 期；

《论公安情报学的研究对象》，《情报杂志》2017 年第 4 期；

《论公安情报学的学科属性及大数据环境下的变化》，《情报资料工作》2017 年第 5 期；

《论公安维稳及其在大数据环境下的发展》，《山东警察学院学报》2017 年第 5 期；

《论警务决策要素及其融合》，《湖北警官学院学报》2017 年第 5 期；

《论基于大数据的公安情报搜集》，《图书馆学研究》2017 年第 9 期；

《论公安情报分析与大数据分析的融合》，《情报理论与实践》2017 年第 10 期；

《论大数据环境下公安情报服务的发展》，《情报杂志》2017 年第 12 期；

《大数据环境下公安情报学理论体系研究》，《图书馆杂志》2018 年第 2 期；

《"大数据侦查"质疑：关于大数据与侦查关系的思考》，《中国人民公安大学学报》（社会科学版）2018 年第 4 期；

《大数据环境下公安情报应用研究》，《湖北警官学院学报》2018 年第 6 期；

《论大数据与公安情报学的结合：由"进入"到"融入"》，《公安学研究》2019 年第 1 期；

《论大数据思维的内涵及构成》，《情报杂志》2019 年第 6 期；

《论基于事实属性的情报一体观》，《图书馆杂志》2019 年第 10 期。

须加以说明的是，本书各章节内容大多是按独立成篇的学术论文的体例、规范撰写的。将这些论文编入本书时，不可避免存在一些赘述、重复的内容及文字；个别观点或术语，有时也前后不一致。为保持各章节内容的相对独立性及论述的完整性，本书没有对这些文字及内容尽行删减或全面修改。

本书的研究获得国家社会科学基金项目的支持，为本人主持并完成的国家社科基金项目"大数据环境下的公安情报学理论体系研究"（项目编号：14BTQ025）的研究成果。

本书的出版获得北京市高精尖建设项目及笔者所在学院"国家安全学学科成果出版专项"的资助，在此表示感谢。

公安情报学理论体系涉及众多研究内容，大数据环境下它们大多存在重新阐释的问题。限于时间、精力及个人学养，本书只选择了几个重要专题开展研究。其实，除这些专题外，还可以对公安情报学理论体系涉及的很多问题开展研究。例如，大数据环境下公安情报学专业建设，不同类型数据之情报价值的挖掘与利用，数据可视化技术在公安情报分析、公安情报产品编制等方面的应用，大数据环境下公安情报队伍建设，大数据环境下公安情报安全管理，等等。

"学然后知不足"（《礼记·学记》）。治学者难免会深陷于"无知"，乃至"无知的无知"（不知道什么是自己不知道的）的惶恐之中。更何况，即便不断求知，也不一定能全面提升自身的认知能力，彻底摆脱"无知"。知识的增加，有时反而会带来偏执和盲点。笔者不敢妄称知之，故在研究中疑则阙之。然而，难以避免的是，本书仍将存在"无知"带来的各种谬误，以及因"无知的无知"带来的浅薄。恳请读者明察并指正。

目　录
CONTENTS

图　目

第一章

大数据环境与公安情报学理论体系研究

公安情报学研究兴起于 20 世纪 80 年代。经过 30 多年的发展，积累了比较丰富的学术成果。理论知识不断丰富并逐渐体系化，形成了相对稳定的学术研究领域，最终发展成为一门独立的学科——公安情报学。公安情报学学科研究也由此进入自觉与深化阶段，公安情报学理论体系逐步形成与完善。当然，学科理论体系并不是一成不变的。研究对象、研究内容、研究方法及研究范式等方面的变化，都会导致它的发展演变。近年来，随着大数据的兴起，大数据理论、方法、技术等将融入公安情报学，公安情报学理论体系必然面临调整与变革。

大数据环境下公安情报学理论体系如何适应社会发展，以及将会发生哪些变化，这是公安情报学研究无法回避的课题。本章研究公安情报学理论体系的形成与发展，首先通过文献梳理、分析公安情报学理论体系的基本框架，然后阐述大数据环境下公安情报学理论体系的发展变化及研究内容、原则等。

第一节　公安情报学理论体系研究及构成

学科理论体系是指将某一学科理论知识整合，形成结构严谨、逻辑严密的知识体系。它并不完全是一种客观存在的实体，而是学术共同体基于理论预设而构建出来的，带有一定主观性的逻辑体系。然而，就其形成过程看，它又具有明显的客观性。不同学者围绕同一学术领域中的各类问题从各个角

1

度开展研究，学术成果不断积累，理论知识不断丰富。这些理论知识不断分化与细化，同时聚集、融汇、整合，自然会逐渐体系化，为理论体系的形成创造客观条件。这时，学术界会自觉开展学科理论体系构建，对这些理论知识进行系统梳理，提出学科理论体系框架；经过一段时间的争鸣、讨论，就会逐渐形成比较严谨的、获得广泛认可的学科理论体系。当然，在学科理论体系自发形成过程中，理论预设会发挥引导作用，但它无法规束学科研究的自然发展。而且，理论预设只有与学科发展实际相符（得到该学科研究文献的验证）才能获得认可，否则就必然要求调整、修正。公安情报学理论体系就是在主观的理论预设与客观的学科发展交互的过程中形成的。

一、公安情报学理论体系的研究路径

公安情报学理论体系构建经历了自发到自觉的过程。在自发阶段，公安情报学学术文献不断积累，有关公安情报方面的理论知识由散点、多点分布到汇聚、聚焦，逐渐凝聚成不同的理论知识单元。若干相对独立而又相互关联的理论知识单元体系化，学科理论体系的形成自然水到渠成。到自觉阶段，学者们则会提出关于公安情报学理论体系构建的不同主张、见解，由众说纷纭到形成共识，最终就会形成具有广泛代表性的学科理论体系。

因此，研究公安情报学理论体系，存在两种路径，一是对这一问题开展学理性探索，提出关于公安情报学理论体系构建的学术见解；二是全面梳理该领域研究文献，通过总结、提炼，形成公安情报学理论体系。以下将综合上述两种路径，采取文献调查与理论阐释相结合的方法来研究公安情报学理论体系：既全面梳理、分析30年来公安情报学学术文献，客观呈现公安情报学研究内容的分布状况；又对有关公安情报学学科研究方面的文献进行比较、综合，融汇各家之言。这样，最终形成一个能够反映公安情报学客观事实和普遍性认知的理论体系框架。

当然，这两项工作无法互不干涉、独立进行，因为文献调查特别是分析公安情报研究内容的分布状况，需要事先提供公安情报学理论体系的基本框架作为对照；而理论体系框架的构建，不能无视公安情报学学术文献的分布现状。因此，本书采取的策略是，先综合有关公安情报学学科研究的各家之

说，初步构建公安情报学理论体系的基本框架；然后全面搜集公安情报学研究文献，根据事先提出的理论体系框架，对它们进行归类，印证、检验理论体系框架是否符合客观事实，并据此对理论体系框架进行调整、补充或完善。

二、公安情报学理论体系的学理阐释

公安情报学是21世纪初兴起的一门新兴学科。2001年，学术文献中开始出现"公安情报学"概念。① 不久，获得情报学界的响应，公安情报学被视为专业情报学的一个分支。② 一些学者整合公安院校现有学术资源，如刑事侦查情报、经济犯罪侦查情报、边防情报和禁毒情报等，尝试构建公安情报学学科体系。③ 2005年，经教育部批准，中国人民公安大学首次在国内设置公安情报学本科专业（专业代码：030511S）。④ 为推动专业建设，学术界开始将公安情报学作为专门课题开展研究。2005年，首次出现专门阐释公安情报学学科的学术文献。⑤ 此后，又出现多篇研究公安情报学学科的文献。⑥ 这些文献提出了关于公安情报学理论体系的不同观点。由于这一时期公安情报学刚刚兴起，学术积淀不足，它们大多借鉴一般学科及情报学学科的理

① 卜安淳. 公安学、警察学及其相互关系 [J]. 公安大学学报，2001 (6)：113 - 117.

② 郭秋萍. 情报学教育的发展问题——新世纪情报学教育发展战略研讨会综述 [J]. 情报理论与实践，2002 (6)：470 - 472.

③ 靳娟娟. 边防情报学的学科特点研究 [J]. 情报理论与实践，2003 (2)：120 - 122.

④ 教育部关于公布2004年度经教育部备案或批准设置的高等学校本专科专业名单的通知：教高函〔2005〕7号 [R]. 中华人民共和国教育部公报，2005 (5)：18 - 33.

⑤ 彭知辉. 公安情报学初探 [J]. 中国人民公安大学学报：社会科学版，2005 (1)：26 - 31；张平. 公安情报学学科建设思考 [J]. 江苏警官学院学报，2005 (4)：146 - 148.

⑥ 孟宪文，任翔. 略论公安情报学学科体系的建构 [J]. 中国人民公安大学学报：社会科学版，2006 (1)：152 - 156；陈亮. 公安情报学学科构建探析 [J]. 情报杂志，2007 (6)：88 - 90；陈刚. 公安情报学的科学体系和层次结构探讨 [A] // 《公安情报学理论与实践》编委会. 公安情报学理论与实践——全国公安情报学研讨会论文集 [C]. 北京：中国人民公安大学出版社，2006：445 - 449.

论，以逻辑推演为主，所提出的公安情报学理论体系框架通常是一种理论预设，与后来公安情报学发展的实际情况并不完全相符。

2011 年，经国务院学位委员会和教育部批准，在法学门类下增列公安学一级学科，① 随后公安情报学列入公安学二级学科。② 这样，公安情报学的学科地位获得正式认可，公安情报学研究引起越来越多学者的关注。这一时期，公安情报学理论体系研究注重国内外学术成果的分析综合与全面审视，较前一阶段的研究有所深化。这些文献从公安学、Intelligence Studies 以及国际警务理论等较为广阔的学术视角，反思与重构公安情报学理论体系。③ 其不足之处是，未能结合现有公安情报学术文献开展实证分析，针对所提出的理论主张予以分析验证。

三、公安情报学学术文献的梳理与分析

公安情报学是在公安情报实践活动的推动下产生的，也是公安情报学术成果长期积累的产物。我国公安情报实践活动可追溯至 1927 年（以中央特科的成立为标志）。然而，公安情报方面的理论研究相对滞后。在 20 世纪 80 年代以前，公安机关为规范公安情报工作而制定的内部规章、文件资料，总结当时情报工作的做法和经验，具有理论参考价值；在学术研究方面，则很少有全面系统研究公安情报的学术文献，仅见一些零星的理论观点散见于学术论著中。以 1984 年公安部印发《关于刑事犯罪情报资料工作暂行规定》为标志，公安情报研究逐渐引起人们的关注，这时才开始大量涌现公安情报

---

① 国务院学位委员会，教育部．关于印发《学位授予和人才培养学科目录（2011年）》的通知：学位〔2011〕11 号［R/OL］．中华人民共和国教育部，2011 - 03 - 08.

② 程琳．以新设公安一级学科为龙头，努力开创公安教育新局面——关于公安一级学科建设与发展的若干思考［J］．中国人民公安大学学报：社会科学版，2011（2）：1 - 9.

③ 谢晓专．公安情报学学科体系的构建［J］．情报资料工作，2012（4）：17 - 21；谢晓专．公安情报学的研究对象与内容论纲［J］．情报科学，2013（9）：128 - 132；彭知辉．论公安情报学研究范式及其整合［J］．情报学报，2013（10）：1046 - 1057；马德辉．论中国情报学学科专业发展及研究框架［J］．情报杂志，2014（9）：1 - 7.

学术文献。据此，公安情报学研究经历了 30 余年的发展历程。通过对这 30 年间公安情报研究文献的梳理、分析，了解其研究内容的分布状况，可以为公安情报学理论体系研究提供依据。

关于公安情报学术文献的调查分析，已有学者采用文献计量法做过较为全面的统计分析。[①] 他们在期刊论文数据源的检索中，采用篇名、关键词、主题词和全文等多种检索方式，以扩大文献来源，提高查全率，但这种文献调查方法显得粗疏而不准确；在检索词设定方面，将"公安信息""警务信息""公安舆情""数据碰撞""犯罪统计"等列入，扩大了文献量，导致一些非公安情报方面的学术文献掺杂其中；他们从文献年代、核心作者、合著情况、研究主题与热点、核心研究机构、期刊源等角度分析文献分布状况，但有些方面与公安情报学学科属性并不相符，不足以全面反映公安情报研究现状。

笔者在文献调查中，在考虑查全率的前提下，将查准率作为重要指标。即采用篇名检索、主题检索、关键词检索、刊名检索等多种方式搜集文献，然后通过文献题名、摘要及全文的浏览、分析，对文献逐一做出判断，最终筛选出属于公安情报研究范围的文献。本书文献调查的对象是学术期刊论文、学术会议论文和部分硕士、博士学位论文。未将公安情报方面的专著列入，一是因为文献数量不多，二是专著研究内容涉及面广，不便于归类。而且，将它们与论文放在一起，不便于量化分析。文献来源据中国知网（CNKI）的中国学术期刊全文数据库《中国学术期刊（网络版）》《中国重要会议论文全文数据库》《中国优秀硕士学位论文全文数据库》《中国博士学位论文全文数据库》。当然，上述数据库并不能全面涵盖我国公安情报领域的所有学术成果。例如，由地方公安机关出版的公安类期刊大多没有收录入《中国学术期刊（网络版）》，中国人民公安大学等公安院校的硕士、博士学位论文也没有全部收录于《中国优秀硕士学位论文全文数据库》和《中国博士学位论文全文数据库》。《中国学术辑刊全文数据库》没有公安情报方面的

---

① 谢晓专. 我国公安情报学研究现状与进展——基于 1995—2011 年公安情报信息研究文献的计量分析［J］. 情报科学，2014（4）：155 - 161；王云才. 2001—2009 年中国公安情报领域研究论文统计分析［J］. 湖北警官学院学报，2011（4）：98 - 104.

文献，《中国重要报纸全文数据库会议》仅有少量公安情报方面的文献且学术性不强，故两者都不作为检索源。与公安情报相关的某些学术会议论文集采用内部发行的方式出版，未向社会公开（《中国重要会议论文全文数据库》未收录），学术影响力有限，因而也没有将它们列入文献调查对象。围绕中国知网上述数据库开展文献调查，虽然具有一定局限性，但仍可以比较全面而准确地反映当前公安情报学术文献的发布状况。

　　笔者于2016年5月20日对上述数据库实施检索，检索方式为：（1）检索题名为"公安情报"或类似表述的文献：检索项为"题名"，检索词为"公安情报""警务情报""刑事情报""犯罪情报"或"执法情报"等（模糊匹配）。（2）检索题名为"情报"，主题为"公安"或类似表述的文献：检索项为"题名"，检索词为"情报"；并且，检索项为"主题"，检索词为"公安"，或"警察""民警""警务"等。（3）检索题名为"情报"，主题为"刑侦"或相关表述的文献：检索项为"题名"，检索词为"情报"；并且，检索项为"主题"，检索词为"刑侦""侦查""治安""反恐""禁毒/缉毒/毒品""经侦""出入境""交管""派出所""边防""武警"等。（4）检索题名为"情报"，刊物名为"公安"或类似表述的文献：检索项为"题名"，检索词为"情报"；并且，检索项为"中英文刊名"，检索词为"公安"，或"警察""警官""武警""刑警""警专""政法学刊""净月学刊"等。（5）检索题名为"情报"，主题为"维稳"或相关表述，刊物名为"公安"或类似表述的文献：检索项为"题名"，检索词为"情报"；并且，检索项为"主题"，检索词为"维稳""稳定""安全""群体性事件""舆论"或"舆情"等；并且，检索项为"中英文刊名"，检索词为"公安"及其他类似表述。

　　以上多角度开展文献检索，既确保检索的精度，又尽可能避免文献遗漏。然后对检索所获得的文献进行汇总，去除重复的、没有实质内容的文献，删去新闻报道等无关文献，形成公安情报研究文献的统计样本。最终获得文献1099篇，其中期刊论文1058篇，会议论文6篇，硕士论文35篇（无博士论文）。对上述学术文献逐一分析，根据文献的标题、摘要、关键词和正文，辨别并确定文献的研究内容。如果文献同时涉及多个主题，取其中一个最主要或最重要的研究内容。根据其研究内容，对所有文献进行归类。①

四、公安情报学理论体系的基本框架

有关公安情报学学科研究的文献，从不同角度、基于不同理论方法，提出了关于公安情报学理论体系框架的各种观点。这些观点各有分歧，但也存在共识。综合各家之言，基于其共识，可以形成公安情报学理论体系的基本框架。将公安情报研究文献的实际分布状况与理论体系框架相对照，对后者进行调整，最终形成以"理论—业务—应用—管理—技术"为基本框架的公安情报学理论体系（见图 1-1）。

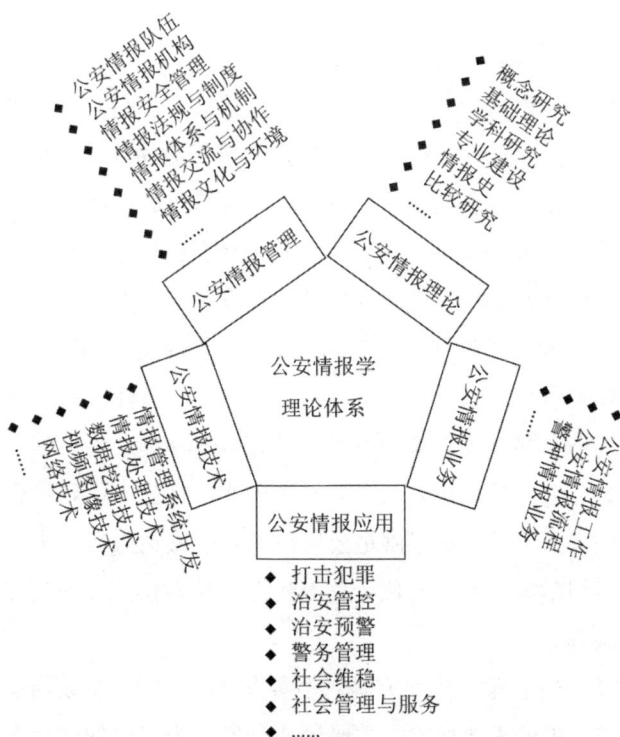

图 1-1　公安情报学理论体系的基本框架

---

① 彭知辉. 公安情报学研究 30 年（上）：研究内容及其分布状况 [J]. 北京警察学院学报，2017（1）：52-65.

（一）公安情报理论

理论是学科发展的基石。公安情报理论是在公安情报实践的基础上加以抽象、提炼，由严密的逻辑推演而成的。它揭示公安情报现象的本质属性与一般规律。研究内容包括以下方面：

1. 概念研究。由于公安情报学是一门新兴学科，某些概念如公安情报、犯罪情报、情报主导警务、公安情报整编、警务情报协作、网上作战等，存在界定不清晰、理解不一致等现象。因而需要对公安情报学中的核心概念、新概念和存在分歧概念等加以研究，探讨其内涵、类型、特征，以及与其他相关概念的关系等。

2. 基础理论。基础理论是一门学科发展的内核，在学科理论体系中起基础性作用。它具有根本性、稳定性和普遍性等特征，是开展学术研究的重要基础和根本依据。主要探索公安情报和公安情报活动的基本原理、原则，公安情报学理论基础和方法论，或者移植、借鉴其他学科理论等。

3. 学科研究。学科是由相对独立而自成体系的知识所形成的集合。公安情报学作为一门新兴学科，更需要从学理角度论证其合理性、科学性。主要阐述公安情报学的学科性质、研究对象、学科体系、逻辑起点、研究方向、研究范式，学科发展现状及趋势，以及与其他相关学科的关系等。

4. 专业建设研究。高等院校承担人才培养的职能，专业建设是人才培养的重要载体。在公安院校设置公安情报学专业，是公安信息化建设和公安情报工作发展的必然要求，可以满足公安机关对公安情报专业人才的需要。主要探讨公安情报学本科专业定位、培养目标、培养模式、课程体系、教材建设和教学教法等。

5. 情报史研究。学科史研究是对学科发展的回顾、总结与反思，是学科健康、可持续发展的重要保障。主要研究公安情报实践的产生、形成、发展过程及其规律，梳理、分析形成于不同历史时期的公安情报思想、理论、观点，以及公安情报学发展中的重要事件、学术流派，公安情报学发展趋势等。

6. 比较研究。国外特别是欧美西方发达国家以及中国香港地区等警察机关在犯罪情报、警务情报或警务执法情报研究方面，有比较丰富的理论成果，可以为我国各地所借鉴。主要研究国（境）外警察部门情报工作的做法、经验和理论成果，探讨它们对我国公安情报实践及理论研究的启示和借鉴意义等。

（二）公安情报业务

所谓公安情报业务，是指公安机关组织实施公安情报活动的过程。它的主要任务是运用科学的方法，对情报资料进行有组织、有目的的搜集、整理、分析、编写等，形成高质量的情报产品；并且与具体公安业务工作相结合，最大限度发挥情报产品的效用。公安情报业务研究是对公安情报实践经验的总结、提炼与概括，是公安情报学的核心内容。公安情报学是一门实用性很强的学科。公安情报实践是公安情报学研究的重要源泉，公安情报学理论成果也需要在公安情报实践中得到印证与应用。因此，公安情报业务研究是公安情报学理论体系的重要组成部分。它由以下几方面内容构成：

1. 公安情报工作。将公安情报工作作为一个整体来开展研究。研究内容包括：（1）本体研究。从理论上阐释公安情报工作的概念、性质、作用，以及工作模式、实施路径和发展趋势等。（2）现状研究。包括公安情报工作的历史回顾、现状调查、实践探索，总结各地公安机关情报工作做法和经验。（3）对策研究。分析公安情报工作存在的问题，分析原因并提出对策等。

2. 公安情报流程。将原本密切关联的公安情报活动分解为若干步骤或行动，形成情报环节，再将这些环节有效地组合在一起，确保公安情报工作高效运转，这是公安情报流程研究的主要内容。高效运行、运转顺畅的情报流程是公安情报工作正常开展的前提和基础。将公安情报流程列为公安情报学重要的研究内容，这是由这一学科鲜明的实践属性所决定的。情报工作环节是公安情报流程的基本单位。公安情报流程研究主要阐述情报工作环节（如情报规划、情报搜集、情报整理、情报分析、情报编写、情报检索、情报传递、情报服务等）的组织实施，如工作原则、方法、内容、类型和步骤等。

3. 警种情报业务。随着情报主导警务战略的实施，公安机关各个警种，如刑侦、经侦、禁毒、反恐、治安、交管、网络安全监察、出入境等相继设置情报机构，开展服务于本警种的情报活动。各警种由于职能职责的不同，其情报工作也会具有自身独特的属性。这就需要紧紧围绕其独特属性，开展警种情报活动的研究。

（三）公安情报应用

情报主导警务战略的实施，极大地扩展了公安情报工作在公安机关各个业务领域应用的范围。公安情报工作成为公安机关履行其职能职责的基础、前提和依据，从而广泛应用于打击、防范、控制、决策、管理、服务等各个方面。公安情报应用就是将公安情报工作与具体警务活动相结合，实现公安情报引领、支撑或服务警务活动的过程。公安情报应用研究主要探讨在公安机关的具体职能活动中，如打击犯罪、治安管控、治安预警、警务管理、社会维稳、社会管理与服务等，公安情报工作如何融入其中，发挥作用。① 研究内容包括：公安情报工作与具体警务活动相结合的原理、原则、要求，以及两者结合的方式、方法、流程、工作机制和策略；在上述职能活动的每一项具体工作中，公安情报工作的组织实施（下文对前者不再一一叙及，只说明后者所涉及的研究内容）。

1. 打击犯罪。打击犯罪是公安机关一项最基本的职能活动。公安情报是公安机关准确、有效、及时打击违法犯罪活动的抓手和利器。研究公安情报在打击犯罪活动中的应用，可以从以下维度开展：一是阐述在案件侦破的各个环节如侦查、预审、缉捕、追逃等，公安情报工作如何发挥作用；二是探索不同犯罪类型如电信诈骗案件、抢劫案件、盗窃案件、涉黑案件等，如何开展公安情报工作；三是研究公安情报工作如何融入违法犯罪活动的控制与预防等。

2. 治安预警。当前公安情报工作的触角已经延伸到社会各个角落，要求准确反映社会治安状况，及时发现各类社会治安问题，分析预测治安形势的发展、变化趋势。公安情报工作和社会治安预警都具有预测、防范的功能，两者可以相互补充、融合。将公安情报工作的理念、原理和方法融入社会治安预警中，可以增强公安机关驾驭社会治安局势的能力，特别是在防范重大

---

① 彭知辉. 公安情报应用专题研究［M］. 北京：中国人民公安大学出版社，2013：22.

突发事件、暴力恐怖活动等方面，可以提高预测预警能力。研究公安情报在治安预警中的应用，内容包括：在预测与防范重大刑事案件、群体性事件、严重暴力恐怖活动等方面情报工作如何发挥作用；在治安预警的各个阶段，如何融入公安情报工作的方法、手段，构建基于公安情报的治安预警机制等。

3. 治安管控。公安机关针对特定目标对象如重点区域、场所、人员和物品等，实施准确、实时、动态的管控，有助于消除治安隐患，预防违法犯罪活动，维护社会治安稳定。在信息化社会，人员、车辆、资金、物品等流动大多会以动态信息的方式表现出来，利用这些信息可以跟踪、分析管控对象的动态轨迹。因此，加强公安情报工作，可以提高公安机关的社会治安管控能力。研究公安情报在治安管控中的应用，内容包括：在治安管控的各个方面，如重点人员、重点单位、重要物品、重要场所、重点区域等，以及治安管控的各个环节，公安情报工作如何组织实施。

4. 警务管理。也叫公安管理。它是指公安机关对各项警务工作进行计划、组织、指挥、决策、协调、控制与监督等方面的活动。警务管理涉及面很广，可以将与社会治安有关的内部事务和公共事务都纳入其范围。[①] 本书采用狭义概念来界定警务管理，即基于"内部取向"，专指公安机关内部事务的管理。"知彼知己，百战不殆。"[②] 充分发挥公安情报工作"知己"的作用，有利于公安机关掌握自身情况，维护自身正常运转，提高警务管理水平。研究公安情报在警务管理中的应用，可以从两个维度开展：一是在警务管理的各项职能活动中，如计划、组织、协调、指挥、控制、决策等，公安情报工作开展的维度；二是在警务管理的各个方面，如公安队伍建设、公共关系管理、警务危机应对等，公安情报工作具体实施的维度。

5. 社会维稳。维护社会稳定是当前事关我国社会发展的头等大事。公安机关在社会维稳中的主要职责是及时发现社会不稳定因素，有效控制与妥善处置社会不稳定事件。当前公安情报工作覆盖社会生活各个领域，可以准确掌握社情动态，及时发现社会不稳定因素，预测可能发生的社会不稳定事

---

① 王舒娜. 警务管理概念辨析 [J]. 江苏警官学院学报，2006（5）：135–138.

② 李零. 孙子译注 [M]. 北京：中华书局，2005：23.

件。因此，公安情报工作在社会维稳中发挥着关键性的作用。研究公安情报在社会维稳中的应用，可以围绕社会不稳定因素（事件）的发现、控制、处置，或针对社会维稳的不同内容，如社会矛盾化解、群访事件控制和网络舆情引导等，研究公安情报工作的开展情况。

6. 社会管理与社会服务。公安机关需要履行一定社会管理与社会服务的职能。在公安信息化发展背景下，运用情报信息手段可以推进社会管理创新，提升社会服务水平。研究公安情报在社会管理与服务中的应用，内容包括：在社会管理与服务的各个方面，如流动人口服务管理、特殊人群帮教管理、境外来华人员管理、网络空间治理、社会组织管理、社会民生服务等，公安情报工作如何发挥作用，如何构建两者融合的工作机制。

（四）公安情报管理

公安情报工作是由人员、组织机构、情报资料、业务流程、工作制度和设备工具等多个要素组成的有机体系。只有做好各个要素的组织配合工作，才能最大限度地实现公安情报工作的效用。公安情报工作是一项需要多个部门分工合作来完成的复杂活动，需要科学的管理，才能提高工作效率。公安情报工作包括情报搜集、整理、分析、编写、传递等多个环节，需要加以协调、组织与控制，确保正常运转。因此，需要运用科学的管理理论、方法和工具等，对公安情报工作实施有效的组织管理。公安情报管理的研究内容包括以下几方面：

1. 公安情报队伍。公安情报工作的开展离不开各个方面人员的参与、配合。公安情报队伍包括从事公安情报工作的专业人员，参与公安情报工作的其他民警，以及公安系统以外的部分人员。研究内容包括情报专业人员的素质构成、能力要求，以及选拔、考核、激励、资格认证与教育培训；公安民警情报意识的构成及培养，情报工作职责及考核管理；以群众为主体的社会情报力量的选择、使用与管理等。

2. 公安情报机构。设立专门的公安情报机构有利于对整个公安情报活动实施有效的管理。目前公安机关已普遍设置面向全局的综合情报机构和面向警种的专业情报机构。研究内容包括公安情报机构的行政归属、设置模式、组织构架、管理体制，情报机构内部的部门设置及其岗位职责，不同情报机构之间的职能分工，情报机构与公安机关其他机构之间的关系等。

3. 公安情报安全管理。公安情报工作涉及国家安全和个人权利保护，在开源情报时代，加强公安情报安全管理研究，显得十分必要。研究内容包括公安情报安全体系、模型、风险评估，情报安全管理的内容、指标体系设计，情报安全管理的组织机构和制度建设，反情报工作的内容、方法和手段等。

4. 公安情报法规与制度。公安情报工作作为一种特殊的手段，不能随心所欲、毫无节制地使用。应该遵守相关法律规制，维持行使治安管理权力与保护公民权益之间的平衡。在公安情报机构内部，还需要制定与完善规章制度，确保情报工作的有效运行。研究内容包括公安情报法规、政策、规章制度的内容、范围和依据，制定公安情报法规、政策、规章制度的原则、要求和方法等。

5. 公安情报体系与机制。公安情报活动中各种要素的有机组合构成情报体系，各要素之间的联系及作用形成情报机制。研究内容包括情报体系的特征、内容、结构、模式与组织实施，以及情报机制的要素、内容、运行及措施等。

6. 警务情报交流与协作。公安情报工作综合性很强，需要加强与各组织机构的协调配合。从情报资料的属性而言，情报交流、共享是实现情报价值最大化的有效途径。主要研究公安情报机构之间，不同地区公安情报机构，公安情报机构与其他机构，公安机关与其他社会组织，以及不同国家或地区警察部门之间，如何开展警务情报交流、共享，以及警务情报工作方面的协作。

7. 公安情报文化与环境。情报文化是指一个组织有关情报工作的价值、意识、观念的综合集成。它是组织在情报实践中形成的，并为全体员工认同与遵循。① 公安情报学可以借用这一术语及理论来研究公安情报文化。公安情报实践和理论研究处在不断变化的社会环境之中。国家安全与社会安全面临的新形势，社会信息化发展，互联网、物联网、智慧城市以及大数据的兴

---

① 刘冰，高洁. 企业竞争情报文化论略［J］. 图书情报工作，2009（18）：96－99，86.

起等,① 都会给公安情报学带来深刻的影响。情报文化和情报环境作为影响公安情报实践和理论研究的内、外部因素,是公安情报管理研究所应关注的内容。主要研究在公安机关内部情报文化和外部社会环境的影响下,公安情报实践和理论研究所面临的挑战、机遇及其应对策略等。

(五) 公安情报技术

在社会信息化及大数据背景下,涉及不同类型、数量庞大的情报资料的处理、分析,必然需要将各种现代化技术手段运用于公安情报工作中。公安情报技术是指应用于公安情报工作中的各种技术手段、工具。它属于信息技术的范畴,但它作为公安情报学的研究内容,其研究的出发点并非技术本身的研发,而是这些技术在公安情报工作中的运用。公安情报技术研究包括以下几方面内容:

1. 情报管理系统。研究公安情报管理系统的设计、开发、运行与维护,以确保公安情报管理系统安全、平稳、高效运行。

2. 情报处理技术。研究与公安情报工作某一环节相结合而形成的技术,如情报搜集技术、情报分析技术、情报传递技术、情报存储技术、情报检索技术等。

3. 数据挖掘技术。围绕如何从体量庞大、类型多样的数据中获取情报价值,研究数据清理、转换、挖掘等方面的技术方法,以及各种算法模型、软件工具的利用等。

4. 视频图像技术。公安机关掌握着十分庞大的视频图像资源,这是重要的情报来源。主要研究如何利用视频图像获取公安情报,涉及图像、视频资料的采集、存储、检索、分析、传递,以及识别、监控、认证、检测、分析等方面的技术。

5. 网络技术。主要研究如何利用各种技术手段及工具,开展网络信息的采集、搜索、整理与分析,从中获取有价值的公安情报。

---

① 马德辉. 论中国公安情报学学科专业发展及研究框架 [J]. 情报杂志,2014 (9): 1 – 7.

第二节　大数据环境下公安情报学理论体系的发展

大数据是近几年兴起的一个新概念。短短数年内，它迅速从一个学术性术语进入社会生活，发展成为比较普遍的社会现象。现在，大数据已经广泛应用于社会生活众多领域。公安工作也不例外，在打击与预防违法犯罪活动及维护社会稳定方面，大数据已经得到初步应用。社会实践的发展要求学术研究及时回应与跟进。公安情报学已经置于大数据影响之下，或者说，"大数据环境下的公安情报学"已经成为一种客观现实。大数据发展将对公安情报学产生深刻影响，特别是从整体上影响到公安情报学理论体系的构建。公安情报学此前已经形成了相对稳定、完备的理论体系，那么，这一理论体系如何适应大数据发展的需要，以及它在大数据环境下如何调整与变革，这是公安情报学研究无法回避的课题。以下，将具体阐述这一课题研究的社会背景、内容框架和原则等，从而为该课题的研究提供基础和依据。

一、公安情报学与大数据环境

随着社会信息化迅猛发展，越来越多的社会现象被数据化。人类社会信息传播、人际交往乃至日常生活中的一切客观存在都可以被处理为机器可读、可理解的数据，乃至整个人类社会都成了一个庞大的数据资源库。数据构成人类社会的数码符号，成为人类社会的组织形式。① 面对人类社会这种普遍数据化的现状，有关社会现象的研究都无法回避数据，甚至可以说，有关社会现象的研究本质上就是数据研究。

其实，数据洪流早已存在，然而此前除了少量结构化数据得到利用外，面对体量巨大的非结构化数据，人们无能为力，只能任其成为数据废气——

① 韩晗. "数据化"的社会与"大数据"的未来 [J]. 中国图书评论，2014（5）：26 - 32.

被视为人类活动的附带产物且没有利用价值、通常遭到舍弃的数据,①甚至被当成数据垃圾。如今,科技人员研发出了一系列大数据关键技术:在数据存储方面,开发了 NoSQL 数据库,如 Big Table、Redis、Azure Tables 等,解决了不同格式数据的存储和管理问题;在数据分析方面,以分布式文件系统(HDFS)和 MapReduce 为核心的 Hadoop 提供了分布式基础构架,HPCC、R 语言、Storm、Apache Drill、Rapid Miner、Mahout 等可以提供超大规模数据分析与可视化工具。②这样,海量、庞杂、异构的大数据顿时变废为宝,成为时代的宠儿。大数据迅速崛起,成为各领域普遍关注的对象。

公安情报学是以公安情报现象为主要研究对象的一门学科。公安情报现象属于社会现象。既然可以通过数据来研究社会现象,那么同样可以通过数据来研究公安情报现象。试以违法犯罪活动为例,对此加以说明。嫌疑人员实施或者计划实施违法犯罪活动,都会形成一系列客观事实。这些事实以资料、线索、情报、信息或数据等形式表现出来,形成公安情报现象。公安情报工作就是借助资料、线索、情报、信息和数据等分析公安情报现象,追本溯源,还原事实。线索、资料、信息等在不同发展阶段,相继成为公安情报学的研究对象。数据进入公安情报学研究视野,则早在大数据兴起之前。2000 年前后,公安机关大力推行公安信息化建设,日常警务活动的内容大多转化为经由计算机信息系统处理、存储的信息。这些信息实际上就是数据(结构化数据)。这时的公安情报工作通常称之为信息资源的深度挖掘利用,实际上就是数据挖掘。③因此,数据原本就是公安情报学的研究对象。大数据应用的实质就是数据价值的发现与挖掘,与当前以信息资源开发利用为核心的公安情报实践及理论研究具有广泛的共通性。

对于公安情报学来说,"大数据"既是新术语,也称得上是旧概念。数据原本是公安情报学的研究对象之一。大数据属于数据,公安情报学以往关

---

①　[英] 维克托·迈尔－舍恩伯格, 肯尼思·库克. 大数据时代:生活、工作与思维的大变革 [M]. 盛杨燕, 周涛, 译. 杭州:浙江人民出版社, 2013:146.

②　杨京, 王效岳, 白如江, 等. 大数据背景下数据科学分析工具现状及发展趋势 [J]. 情报理论与实践, 2015 (3):134 – 137.

③　彭知辉. 大数据:开启公安情报工作新时代 [J]. 公安研究, 2014 (1):76 – 80.

于数据研究的理论方法，从一般意义而言同样适用于大数据。大数据的兴起并不是对公安情报学的革命与颠覆。而且，正因为大数据与公安情报学具有相通之处，两者才能兼容与融合。这样，公安情报学仍可以保持自己的学科属性，沿用已有理论方法开展学术研究。对于大数据研究来说，它横跨多个学科门类，需要与具体学科相结合，这样有助于大数据研究的具体化。当然，大数据毕竟不同于以往的结构化数据，它进入公安情报学，不但拓展了公安情报学的研究领域，也将促成公安情报学理论体系的发展与变化。

　　大数据进入公安情报学，必然对后者产生深刻影响，但对这种影响的判断应该持客观的态度。当前学术界对大数据的认知普遍缺乏学术研究本应秉持的理性精神，存在理想化、夸大化的现象。大数据兴起才短短数年，但已呈现出人人争说"大数据"的局面。大数据被追捧、炒作，不免出现过甚其辞的现象。正如美国杜克大学教授 Dan Ariely 所言："人人都在谈论大数据，却没有几个人能真正明白怎么应用大数据；只因大家都认为其他人在应用大数据，故而人人都声称自己也在应用大数据。"①

　　在大数据兴起之初，就有"大数据时代"之说。迈尔－舍恩伯格和库克耶所著 *Big Data: A Revolution That Will Transform How We Live, Work, and Think*，中译本将主标题增添"时代"一词，译为"大数据时代"，其实扭曲了该书原意。从原副标题来看，"Will"表明，大数据带来的只是一场"可能"的革命而已。将大数据称为一个"时代"，实际上是将或然的趋势当成了已然之事实。② 其实，国外媒体即便使用"大数据时代"之类的表述，也大多是对社会发展未来的推测而非对现实的描述。例如，《纽约时报》2012年2月11日所载 *The Age of Big Data*（国内译为《大数据时代降临》），描述大数据对人类社会可能产生的影响，是对"大数据时代"来临的一种推测与设想。③ 现在，大数据已经走进人类社会，成为一种现象和事实，但能否在它的引领下形成一个新的时代，有待于时间的检验，目前还不能做出这样的

---

① LEONHARD G. Big data, big business, big brother［EB/OL］. CNN Business, 2014－02－26.

② 刘钢. 谈谈《大数据时代》的书名翻译［EB/OL］. 科学网, 2014－04－10.

③ LOHR S. The age of big data［EB/OL］. New York Times, 2012－10－02.

结论。大数据时代尚未来临，对大数据发展还须抱审慎的态度，不必盲目推崇。

实际上，目前公安机关大数据建设与应用还处于探索阶段。然而关于大数据对公安情报学影响的评估与判断，受当前大数据这种整体氛围的支配，存在一味推崇大数据而脱离实际的倾向。在大数据发展上述浮躁风气的鼓噪之下，实践部门和学术界纷纷断言，公安情报工作及公安情报学即将进入甚至已经进入"大数据时代"。一些文献忙于编造新的术语，为公安情报工作和公安情报学贴上各种大数据标签，如"数据警察""数据型警务""大数据侦查""大数据公安情报理论""大数据公安情报运用"等。这些似是而非的术语及观点，夸大了大数据的影响，将会导致公安情报学的迷失与混乱。

实际上，在"大数据+公安情报学"的组合中，应以公安情报学为内核、为主体，大数据只是从外部影响公安情报学。如果本末倒置，公安情报学就会沦为大数据的附庸，失去其学科地位。基于此，笔者认为，采用"大数据环境下的公安情报学"之类的表述，更为严谨、准确。"大数据"是一个内容庞杂而含义不太明确的概念。本书为研究及表述的方便，基于广义来理解大数据：它是指用传统技术难以管理的大量数据的集合（非结构化数据，也包含结构化数据），以及对这些数据进行存储、处理与分析的方法、技术和工具，还包括有关大数据的理论、研究成果。① 所谓"大数据环境"，是指"以多源数据为介质、以泛在网络为基础、以辅助分析为手段、以人类智慧为主导、以服务用户为目的"的一体化数据资源环境。② 与之相类似，还有另一种表述，即"大数据背景"。"背景"通常解释为衬托主体事物的因素，或对人物、事件起重要作用的历史情况或现实环境。基于第一种解释，会导致虚化或弱化大数据的作用；基于第二种解释，则与"大数据环境"这一表述相类似。为避免理解的歧义，"大数据环境"之说，更为准确、妥当。

---

① ［日］城田真琴. 大数据的冲击［M］. 周自恒，译. 北京：人民邮电出版社，2013：8.
② 梁春华. 大数据环境情报研究平台发展现状与思考［J］. 情报理论与实践，2017（6）：63-66，50.

将公安情报学置于大数据环境来开展研究，特别要重点阐释如何从超大体量、结构类型多样的数据集中，采集、发现、分析与提取真实可靠的数据资源，最终获得情报价值。上述囊括于大数据环境的各种要素，将为公安情报学提供诸多新的研究内容，从而推动公安情报学理论体系的发展与创新。

二、大数据环境下公安情报学理论体系的变与不变

构建学科理论体系，一般按照学科内在特征规律，从基本概念、逻辑起点出发，层层推导，衍生出基本判断和理论观点，然后将它们组织成为严密的逻辑系统。学科发展意味着理论知识的专门化、精细化，即促成理论体系的形成。理论体系又反过来维护学科的稳定性、专一性，它要求固守学科的疆界，严守不同理论体系之间的区划，以确保学科的独立性。然而另一方面，知识的发展遵循"混沌—分化—整合"的逻辑路线。知识高度分化、专门化形成不同学科的同时，学科又在开放边界实现跨学科的交叉与融合，形成新的交叉学科、边缘学科或综合学科。① 公安情报学属于综合学科，虽然它已经发展成为一门独立的、成熟的学科，但仍需保持其开放性，不断借鉴、汲取其他学科的理论知识。故而在大数据兴起之际，公安情报学非但不予排斥，反而以一种开放、包容的姿态，主动适应大数据发展的需要，利用大数据推动自身发展、创新。因此，在大数据环境下公安情报学将保留多学科研究的特性，接受大数据的渗透与融合，使其理论体系得到完善与发展。如前所述，大数据是作为一种外部环境来影响公安情报学的，因而它不会导致公安情报学理论体系的颠覆，只是对后者的丰富与补充。当然，公安情报学也应坚持自身学科属性，不要为了迎合大数据而随意改变自身理论体系。大数据环境下的公安情报学理论体系是"变"与"不变"的辩证统一。

首先，大数据环境下公安情报学理论体系的整体框架不会发生变化。公安情报学是由若干相对独立而又相互联系的理论知识单元组成的体系。学科理论体系的形成是学科成熟、独立的标志，因此具有较强的稳定性。大数据通过渗透、融合等方式进入公安情报学，并不会改造公安情报学，也不会导

---

① 白逸仙. 多学科研究：高等教育理论体系构建之方法 [J]. 高等教育研究，2010 (5)：49－51.

致公安情报学理论体系的重构。"理论—业务—应用—管理—技术"这一理论体系框架，体现了公安情报学学科的内在规定性，并不会因外部环境的变化而遭到解构。从大数据与公安情报学的关系看，两者并不是一种博弈或竞争的关系，而是主从或主辅的关系。只有维护公安情报学的主体地位，发挥公安情报学的主导作用，大数据才能在公安情报学中立足与发展。从大数据发展的角度而言，它是采用选择性、试探性策略来进入公安情报学的。即并不是大数据领域的所有内容都能进入公安情报学，能融合的则进入，不能融合的则不进入。例如，大数据技术是大数据研究的核心内容，虽然公安情报学需要移植大数据技术来提高情报处理、分析能力，但"拿来"即可，大数据技术并未因此而具有公安情报特色，所以，一般来说，大数据技术不会进入公安情报学理论体系。再如，大数据发展正在改变人类社会，带来种种社会问题，如伦理问题、法律问题、经济问题、文化问题、心理问题、宗教问题、道德问题等。这些都将构成大数据研究的重要课题，将会促成法学、心理学、哲学、经济学、政治学、社会学等向大数据领域的转向。然而，除有关数据资源的传播、共享、应用等方面的问题外，它们一般不会进入公安情报学，对其理论体系产生影响。

其次，大数据环境下公安情报学理论体系的某些局部将发生重要变化。从公安情报学理论体系的五大内容板块分析，大数据对公安情报技术研究和公安情报管理研究的影响不大，对公安情报理论、公安情报业务、公安情报应用等则有比较明显的影响。当然，即便是这三个内容板块，大数据的影响并不是全方位的，只是对其中某些分支或节点产生影响，导致其变化。在公安情报理论研究中，大数据首先会对公安情报学学科自身产生重要影响：大数据将成为公安情报学研究对象，需要研究大数据的情报属性、情报价值及其实现方式等；大数据环境下公安情报学的学科属性是否会因自然科学、技术科学属性的增强而发生变化，需要重新研究公安情报学的学科属性；大数据融入公安情报学，是否会导致其研究范式的更迭或调整，这是公安情报学范式研究必须面对的问题。在公安情报业务研究中，大数据资源、方法和技术的融入，必然要求公安情报工作流程重组与优化。大数据环境下情报搜集、情报分析和情报服务等如何变革与创新，这些都是有待深入探讨的问题。大数据的价值体现在应用。在案件侦查、治安预警、社会维稳、警务决策等方面如何创新工作模式，将公安情报学理论与大数据方法相结合，这是大数据环境下公安情报应用研究可以着力拓展与深化的问题。

根据以上分析，大数据环境下公安情报学理论体系研究没有必要将理论体系中的所有内容列为研究对象，而应该选择大数据将会带来深刻影响的那部分内容开展研究。图1-2罗列了大数据环境下公安情报学理论体系研究中涉及的一些重要问题，当然并没有囊括需要研究的所有问题，而且其中的每一个问题还可以继续往下拓展、延伸。笔者限于时间、精力，只是选择性地将这些问题作为研究内容，来开展大数据环境下的公安情报学理论体系研究。

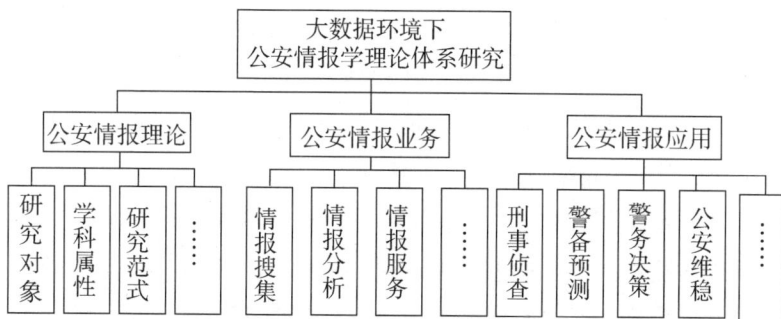

图1-2 大数据环境下公安情报学理论体系研究的主要内容

三、大数据环境下公安情报学理论体系研究应遵循的原则

目前，大数据已经应用于公安情报工作中，大数据环境成为公安情报学研究无法回避的事实。忽视大数据环境来研究公安情报学，会造成学术研究与社会现实的脱节，也不利于公安情报学的发展。实际上，大数据发展为公安情报学提供了新的契机。同样，研究公安情报学理论体系，应该置于大数据环境做出新的阐释，这是社会发展提出的一个新的课题。为做好这一课题的研究，应遵循以下原则。

（一）坚持多学科理论方法的融合

公安情报学属于综合性学科，需要综合运用情报学、公安学、公安技术、新闻传播学、法学、管理学和计算机科学等多学科理论方法开展研究。大数据研究以及或将形成的数据科学是一个跨学科的领域，其理论方法来源于多个学科，或者说，它是数学、统计学、计算机科学、社会学和哲学等学科领域理论方法的继承、扩展与创新。① 大数据环境下公安情报学进一步强化了多学科理论方法融合的特性，丰富了公安情报学理论体系。开展大数据环境下公安情报学理论体系研究，应打破学科门户之见，博采各学科理论方法之长。这样，就能引发公安情报学理论知识的突变，促成公安情报学理论体系的发展与创新。例如，可以将社会物理学（以应用物理学为核心的自然科学的原理和方法，揭示、模拟、解释与寻求社会规律）理论引入大数据环境下的公安情报学研究。由于拥有客观、连续而密集的大数据，运用社会物理学理论方法就可以对社会现象进行定量描述和社会计算，构建人类行为、社会网络或突发事件演化的定量预测模型，从而获得洞察一切的"上帝之眼"。② 将这些理论方法移植到公安情报分析中，可以构建功能强大的情报分析模型，获得更为精准的预测性情报。

当然，强调多学科理论方法的融合，要避免各种理论方法"一锅煮"，"乱炖"，或突发奇想式的理论嫁接，搞得非驴非马，非学术化。并非任何学科理论方法都可融入大数据环境下的公安情报学理论体系中。那种牵强附会、随意套用理论的研究，是没有多少学术价值的。移植、借鉴其他学科理论方法，应不偏离公安情报学这一核心，即有助于从数据中发掘公安情报，有助于情报价值的实现。

（二）采用开放的、多维的研究视角

公安情报学构建了研究内容覆盖面相对广泛的理论体系，然而即便如此，如果对这些内容进行持久而深入的研究，必然会出现研究内容枯竭、停滞、陈陈相因的现象。实际上，任何学科理论体系虽然保持相对稳定性，但也存在动态变化的一面。如图 1 - 1 所示，现有公安情报学理论体系逻辑清

---

① 王曰芬，谢清楠，宋小康. 国外数据科学研究的回顾与展望［J］. 图书情报工作，2016（14）：5 - 14.

② ［美］阿莱克斯·彭特兰. 智慧社会：大数据与社会物理学［M］. 汪小帆，汪容，译. 杭州：浙江人民出版社，2015：12 - 13.

晰、严谨有序，但同时也留有有待今后完善、填补的空白，这表明这一理论体系是不断发展的。引发公安情报学理论体系的变化，不但有学科发展的内因，还有外部环境变化这一外因。大数据环境就是一个足以推动公安情报学理论体系发生重大变化的外部因素。它不但让各种类型的数据成为公安情报学研究对象，而且构建了一个数据化的人类社会，使得公安情报学的研究本体（公安情报现象）发生了实质性的变化。因此，大数据环境下的公安情报学理论体系必然是可变的、开放的，在研究中应采用多维的视角；善于发现新的学术问题，提出新的学术观点，使公安情报学理论体系不断发展，适应新的大数据环境。

例如，在以往的公安情报工作中，内源性情报资料（公安机关内部形成的情报资料）是公安情报搜集的主要对象。它主要依靠基层公安机关提供，因此就势必加大基层民警的工作量。情报资料不足这一普遍现象，制约公安情报工作的开展。大数据发展为公安机关提供了广泛而丰富的外源性情报资料（由公安机关之外其他社会组织或个人生成的情报资料），这样就能改变公安情报搜集过于依赖公安民警的现状，从而解决内源性情报资料不足的难题，使得情报搜集不再是制约公安情报工作发展的因素。在学术研究中，大数据环境下的公安情报搜集研究将形成一些新的研究内容。例如，从情报源角度看，互联网、物联网、传感器、智能化设备等将成为公安情报的重要来源；从情报搜集对象看，包括文字、数字、符号、信号、图像、语音、视频等载体形式，以及实时数据、动态数据、关联数据、网络交互数据、时间和方位数据、生物计量学数据等多种类型；从情报搜集方式看，视频拍摄、智能手机实时采集、文件扫描、搜索引擎智能检索等，将广泛应用于情报搜集中。当前公安情报搜集研究局限于情报源及其类型，以及情报搜集程序、方法、渠道等问题，面临研究课题单一、匮乏等困境，大数据环境下的公安情报搜集研究则拥有大量可以多维拓展与不断深化的研究课题。

（三）围绕公安情报学与大数据环境的结合点开展研究

公安情报学理论体系并不是一个封闭性系统。它不但内部会发生由量变到质变的演化，而且会接受复杂多变的外部环境的影响而做出调整、变化。大数据环境就是这样一个从外部作用于公安情报学，导致其理论体系发生变化的重要因素。开展大数据环境下公安情报学理论体系研究，不能将大数据环境仅视为研究的背景而将其作用弱化或虚化，而应该将大数据环境这一外部因素作为研究的重要基点。大数据对公安情报学理论体系所施加的影响，并不是强力推动的结果，而是在彼此交互的过程中形成的。在交互中，两者因存在相同或相似之处，形成结合点，从而构成融合关系。

因此，研究大数据环境下公安情报学理论体系，要着眼于两者的交互关系，紧扣两者的结合点开展研究。如果这样的结合点不存在，那么大数据对公安情报学理论体系这一方面的影响应该是不存在的。如果找到了这样的结合点，就可以进而分析其结合的性质、方式等，从而构成公安情报学理论体系新的分支或节点。例如，研究大数据环境下公安情报学的研究范式，首先应该明确大数据是否会对公安情报学研究范式产生影响。由于大数据为公安情报学提供了新的研究对象（多源异构的数据类型），这种影响是存在的。所以，接下来需要辨别大数据是导致公安情报学现有研究范式的调整还是更迭。大数据环境下公安情报学的研究对象由以信息为主转向以数据为主。但由于数据与信息存在替代关系，这种转向并不是更迭式的，而带有延续性，因此，大数据环境下公安情报学研究范式转型之说缺乏依据，只需对公安情报学现有研究范式做出调整，就能适应大数据发展的需要。

第二章

大数据环境下公安情报理论研究

理论研究是学科理论体系的核心与基础，也是学科研究的重点和难点所在。当前，公安情报理论研究还相当薄弱。有些问题，如理论基础、基本原理、逻辑起点等，虽然目前无法深入其本质，但仍值得探索与思考。有些问题尚存在分歧，如基本概念、研究对象等，需要系统、深入地开展研究。有些问题几乎无人涉及，如学科属性、方法论等，更需要弥补空白。大数据进入公安情报学，首先会对公安情报理论研究产生重要影响，将会引发新的理论问题，原有理论问题也需要重新研究。当然，并不是说公安情报理论研究所涉及的所有内容都会受到大数据的影响。本章仅选取大数据环境下公安情报理论可能会发生重要变化的那一部分内容开展研究，如公安情报学的研究对象、学科属性和研究范式等。考虑到学术界目前对这些问题的研究尚不够深入，故而首先对该问题开展系统梳理与理论阐释，然后阐述大数据环境下它们的发展与变化。

第一节　大数据环境下公安情报学的研究对象

一门新兴学科在形成的过程中，其研究对象都会经历由模糊、笼统，到清晰、明确的过程。研究对象问题的提出，是这门学科发展到成熟阶段的产物。公安情报学作为一门新学科，于2011年获得正式认可。然而，其研究对象问题并没有随着学科地位的确立而得到最终解决：关于公安情报学的研究对象，存在多种观点；公安情报学在不同发展阶段存在不同的研究对象，关于这些研究对象之间的关系，需要做出理论阐释；在大数据环境下，数据是否可以列为公安情报学新的研究对象，需要开展分析论证。总之，公安情报学研究对象的问题仍悬而未决，未能达成共识，没有找到最终的答案。有关研究对象的探讨，有助于公安情报学固本培基、发展壮大；有助于解决"从何学起"的问题，确定公安情报学的学科边界、研究领域等；有助于解决"从何论起"的问题，为研究公安情报学的逻辑起点、理论基础、研究方法等提供依据；有助于解决"何以成学"的问题，即确立公安情报学的学科地位，明确公安情报学与其他相关学科的关系。① 当然，只有准确理解公安情报学的研究对象，才能进而探讨大数据环境下公安情报学研究对象的变化。

一、公安情报学研究对象的演变

所谓研究对象，是指一门学科所研究的特定事物。"事物"是一个外延极其宽泛的概念，客观世界的各种存在，当作为认识客体时，都可以作为特定事物，从而成为学科的研究对象。② 事物具有多样性、复杂性、多变性。因此，学科研究对象所指的"特定"事物，具有多种多样的表现形态。从其表现形态而言，学科研究对象并不是绝对固定的，或不可变易的。随着研究的深入，可以围绕某一特定事物，从不同角度开展研究它的不同表现形态。从这个意义而言，研究对象即特定事物的表现形态，会随着学科的发展而发生变化。

从学理角度而言，学科形成以后方有研究对象。然而，公安情报学产生以前，有一个较长时期的学术积累过程；开展学术追踪，方能完整地呈现其研究对象的形成过程。公安情报学是一门实践性很强的学科，与公安情报工作联系密切，且深受后者的影响。公安情报工作对象与公安情报学研究对象往往具有相关性甚至同一性。因此，探讨公安情报学研究对象，有必要将它与公安情报工作对象予以综合考察。从近90年的公安情报工作发展历程，以及30余年的公安情报研究状况分析，公安情报学研究对象并非一成不变，

① 徐跃权. 关于图书馆学的研究对象问题的历史反思［J］. 图书馆学研究, 2013 (21)：2 - 6.

② 刘辰. 学科建设中的概念研究［J］. 社会科学, 1993（7）：68 - 71.

而是经历了一个发展演变的过程。

（一）秘密情报

自 1927 年建立中央特科，中共中央相继组建了一系列带有政治保卫职能的情报机构。这些机构的情报活动包含有公安情报的内容，可视为特殊形态的公安情报活动。它主要围绕敌情展开，一般通过人力手段，采取秘密方式来获取情报。1949 年以后，敌情不再是公安工作的重点，但公安机关为积极防范与严厉打击敌对势力、敌对分子和各种严重刑事犯罪，仍需要通过秘密手段获取深层次、内幕性情报。

在这一阶段，公安情报研究主要围绕秘密情报展开，其研究对象属于我国传统情报的范畴，是我国情报军语渊源的延续。关于公安情报的通行表述是："对维护国家安全和社会安定具有参考价值的情况、消息和资料的统称，主要用于同敌视和破坏我国社会主义制度的国内外敌对势力和敌对分子及其他犯罪分子做斗争。"① 这一定义反映了对公安情报一种传统的认识与理解。大体而言，20 世纪 80 年代以前的公安情报研究是以秘密情报为研究对象。

（二）刑事犯罪情报资料

1984 年，公安部印发《关于刑事犯罪情报资料工作暂行规定》，开始在全国范围内开展刑事犯罪情报资料建设。刑事犯罪情报资料的对象和范围包括：刑事犯罪及嫌疑人员资料、案件资料（如现场痕迹、损失物品的照片资料）、犯罪情报资料（如犯罪团伙的犯罪线索和活动情况，通缉令、通报）等。后来，它的范围进一步拓展，包括指纹、DNA、犯罪现场资料、鞋样、被盗物品、被害人资料以及专家破案经验资料等。②

随着刑事犯罪情报资料工作的实施、推广，有关公安情报的学术文献开始大量涌现，公安情报研究进入全面发展阶段。这些文献（特别是教材、专著）普遍沿袭当时比较成熟的，以科学情报为研究对象的情报学（Information Science）理论。例如，黎镇中《刑事侦查情报学》③、王志华《犯罪情

① 本书编委会. 简明公安词典 [M]. 北京：群众出版社，1989：124.
② 张桂勇. 论刑事情报资料的管理及完善 [J]. 湖北公安高等专科学校学报，2001（3）：45 – 51.
③ 黎镇中. 刑事侦查情报学 [M]. 成都：四川科学技术出版社，1988.

报学教程》①、于凤玲《刑事侦查情报学》② 等都借鉴或沿用严怡民《情报学概论》③ 的内容框架来构建以公安情报资料管理为核心的理论体系。这一时期公安情报学的研究对象为刑事犯罪情报资料，即公安机关侦查部门有计划、有目的地搜集与积累的有关刑事犯罪活动的人、事、物等方面的情况和线索。④ 这时，公安情报学已经脱离秘密情报的范畴，转向公开情报资料，研究内容侧重于刑事犯罪情报资料的组织管理，如采集、录入、加工、存储与检索等。

（三）犯罪信息、公安信息

20 世纪 90 年代以后，公安机关开始启动公安信息化建设。1994 年年底，全国犯罪信息中心（简称 CCIC）正式开通运行，初步实现跨地区信息资源共享与查询。随着计算机的普及和各类信息系统的开发，刑事犯罪情报资料由手工录入改为计算机管理，情报内容由静态资料向动态信息拓展。2000年，公安部刑事侦查局对《关于刑事犯罪情报资料工作暂行规定》进行修改，形成《公安机关刑事犯罪信息工作规定》。该规定第九条提出，刑事犯罪信息搜集贯穿于侦查活动、治安管理、安全保卫等工作的全过程，是各级公安业务部门和每个民警的责任。这样，公安情报工作不再局限于刑侦部门和侦查活动，已扩展至各警种、各部门及其业务工作。将"刑事犯罪情报资料"改名为"刑事犯罪信息"，用形式多样的"信息"取代单一的"资料"；而且，其范围、对象包括"公安机关获取的各种刑事犯罪信息及其相关的信息"，这样，各种类型的犯罪信息，乃至公安机关日常工作中所产生或涉及的各类信息都包括在内。

学术界关于犯罪信息的研究，较之刑事犯罪情报资料研究，不再局限于情报业务方面的内容，而能从理论高度阐释犯罪信息的本质，它与侦查破案的关系，应用于侦查破案的原理等，初步具备了"学"（学科）的性质。这些文献的研究对象为犯罪信息，即一切能够反映刑事犯罪活动状态及变化的

①　王志华. 犯罪情报学教程 ［M］. 北京：警官教育出版社，1995.
②　于凤玲. 刑事侦查情报学 ［M］. 北京：中国人民公安大学出版社，1998.
③　严怡民. 情报学概论 ［M］. 武汉：武汉大学出版社，1983.
④　何潜. 浅谈刑事犯罪情报资料的建设 ［J］. 政法学刊，1987（4）：52 – 54.

信息。① 在社会信息化及公安信息化快速发展的背景下，公安机关汇集了越来越多的信息资源。从信息资源中萃取公安情报，成为当前公安情报工作的中心任务。这样，公安情报学的研究对象由犯罪信息进一步拓展至内容更为广泛的公安信息。

（四）公安情报

2000 年以后，一些地方公安机关借鉴欧美及中国香港地区"情报主导警务"（Intelligence – Led Policing）的理念、方法，探索新的情报工作模式。2004 年年底，公安部正式在全国范围内实施情报主导警务战略。2005 年，启动公安情报体系建设，提出情报体系的总体架构。全国各地公安机关开始组建公安综合情报部门——公安情报中心，强化对公安情报工作的统筹规划与归口管理。随着公安情报工作战略部署的提出，专门机构的设置，专业队伍的组建，公安情报工作进入空前活跃的阶段。

2005 年，中国人民公安大学设立公安情报学本科专业，在专业建设的推动下开始形成一支专门的、研究公安情报学的学术队伍。公安情报研究呈现出兴盛的局面，公安情报学学科也从无到有，逐步形成。学术界用"公安情报"作为统一术语，对其他各类表述如"刑事犯罪情报资料""刑事侦查情报""犯罪信息""公安情报信息""警务情报"等进行整合；并探索以公安情报为研究对象，构建公安情报学学科体系。

这一阶段，学术界积极借鉴西方情报主导警务理论及情报研究理论（Intelligence Studies），加深了对公安情报学的认识。情报主导警务是 20 世纪 90 年代在美国、英国和澳大利亚等国家兴起的一种新的警务模式。它强调通过有效的情报工作，优化警务资源配置，从战略层面减少与防范违法犯罪活动。② 杰瑞·莱特克里菲（Jerry H. Ratcliffe）提出了情报主导警务活动的"3I 模型"，即情报人员通过情报分析对犯罪环境进行准确"解读"（Interpret），然后应用情报"影响"（Influence）警务决策，最后决策者据此有效

---

① 范玉，王宝星. 犯罪信息学 [M]. 北京：中国人民公安大学出版社，2002：2.
② 吴开清. 国外关于情报信息主导警务工作的研究概况 [J]. 公安研究，2005 (7)：88 – 91.

配置资源以"驾驭"（Impact）治安局势。① Intelligence Studies 发端于 20 世纪 40 年代。② 它以 Intelligence 为研究对象，研究领域涉及军事、政治、公共安全、国家安全、企业竞争等领域。

上述理论的引入，使得公安情报学开始摆脱情报学（Information Science）的影响，逐渐形成了自身独特的研究领域及理论方法。公安情报学的研究对象由公安信息（Information）转向公安情报（Intelligence）。一些学者强调公安情报与公安信息"在属性上有着明显的区别"，"不可以互相替代或随意混用"。③ 然而，在社会信息化及"泛在网"环境下，情报工作进入开源时代，情报主要来自无时无处存在的信息。开发利用各种信息资源，从中发掘出有效的情报，是这一时期公安情报工作的中心任务。④通过强调情报分析的核心作用，"只有经过分析的信息，才具有特定相关性和使用价值"⑤，试图对公安情报和公安信息做出清晰的界划，实际上是徒劳无功的。公安情报学虽然确立了以公安情报为研究对象，但仍纠缠于情报（Intelligence）、信息（Information）之争，这样公安情报学仍然没能解决研究对象的问题。

二、关于公安情报学研究对象的理解

从上述公安情报实践与理论研究的历时梳理中可以看出，公安情报学的研究对象一直在变化，且存在多个研究对象。那么，对这一现象应该如何解释，能否促成公安情报学研究对象的统一、整合，使之得以明确？

---

① ［英］杰瑞·莱特克里菲. 情报主导警务 ［M］. 崔嵩，译. 北京：中国人民公安大学出版社，2010：98.
② SCOTT L, JACKSON P. The study of intelligence in theory and practice ［J］. Intelligence and National Security，2004，19（2）：139 – 169.
③ 孟宪文. 警务主导观：信息还是情报 ［J］. 中国人民公安大学学报：社会科学版，2006（4）：85 – 89.
④ 彭知辉. 论公安信息化建设对当前公安情报工作的影响 ［J］. 中国人民公安大学学报：社会科学版，2012（2）：125 – 130.
⑤ 崔嵩. 再造公安情报——中国情报主导警务、理念、分析工具、实施策略 ［M］. 北京：中国人民公安大学出版社，2008：14.

（一）公安情报学研究对象的更迭变化，是为了适应社会发展的需要

研究对象的发展变化，实际上是公安情报学研究领域调整、转换的结果。通过秘密侦查获取情报，是公安机关一项传统的、具有独特效力的侦查手段。然而，这种手段不具有普遍性，只能应用于特定的、专门的领域。随着法治化进程的推进，公安情报工作必然摆脱对秘密情报的依赖，而以公开情报为主。"秘密情报"从研究对象中淡出，这是公安情报学的一次重要转型。为有效打击犯罪特别是预防犯罪，公安机关全面推行刑事犯罪情报资料工作，这样公安情报学的研究对象也随之转向"刑事犯罪情报资料"。在社会信息化和公安信息化发展的推动下，其研究对象进一步拓展至"犯罪信息""公安信息"。然而，随着信息不断激增，海量信息只存在稀疏的情报价值，信息泛滥反而不利于情报获取。这时，公安情报学研究对象又出现一次重大变易，即转向"公安情报"，研究内容由"信息序化"转向"情报转化"。由此可见，由于社会形势的发展变化，公安情报学需要通过研究对象的调整，来适应社会发展的需要。

（二）公安情报学的多个研究对象，可以统一于信息链

公安情报学研究对象不但存在多样性，同时也具有统一性，这一点可以用信息链（Imformation Chain）理论和情报转化理论予以阐释。信息链理论将事实、数据、信息、知识和情报等作为一组连续性概念，认为它们之间存在转化关系，构成一种链环式关系：事物的不断运动、变化形成事实，这些事实以数据的形式表现出来，数据汇聚形成信息，信息理解、吸收之后形成知识，对信息、知识加以综合分析形成情报。[1] 情报转化理论以数据、信息、知识和情报等为核心研究对象，阐述数据、信息、知识与情报之间的转化关系。[2] 当然，情报转化理论和信息链理论需要修正之处是事实、数据、信息、知识、情报等除依次推进、演化外，有时可以越过其中一些环节和要素，直

---

① TIMOTHY W. P. Analysis in business planning and strategy formulation ［C］//GILAD B. The art and science of business intelligence analysis. London：JAIPressInc，1996：161.
② 化柏林. 情报学三动论探析：序化论、转化论与融合论 ［J］. 情报理论与实践，2009 (11)：21 - 24.

接转化为情报（见图 2 - 1）。①

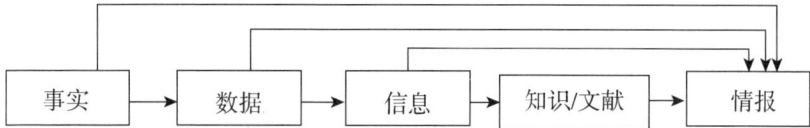

图 2 - 1　信息链的构成及各要素之间的转化关系

　　根据上述理论，事实、数据、信息、资料等都可以转化成为情报，这样就可以解释公安情报学研究对象多样性的问题。公安情报学在不同发展阶段所形成的多个研究对象，都可以转化为公安情报，表现形态有所不同，但可以统一于信息链。秘密情报是由情报人员直接接触情报工作的目标对象，获取第一手资料（事实）而形成的。刑事犯罪情报资料以文字、图形、符号等，将知识、信息等固化在一定物质载体（如纸张）上。它在形式上属于文献，在内容上表现为信息。刑事犯罪情报资料进一步扩充为犯罪信息、公安信息，它们经过序化处理，通过分析研判，可以应用于公安工作中。由于公安机关信息激增，且内容庞杂，导致公安信息的价值密度越来越低，公安情报实践及理论研究因而转向富含情报价值的公安情报。由此可见，秘密情报、刑事犯罪情报资料、犯罪信息/公安信息、公安情报，是在公安情报学的不同发展阶段，先后在信息链中突显出来，而成为公安情报学研究对象的。

　　（三）科学界定公安情报概念，可以实现公安情报学研究对象的整合

　　通常，一门学科只能有一个研究对象。而且，研究对象的变异与不确定，也不利于学科的健康发展。公安情报学存在多个研究对象，那么，能否予以整合，归并为一呢？

　　关于学科研究对象的确定，有文献提出，可以将核心概念界定作为切入点。因为核心概念与研究对象往往具有同一性，核心概念清晰，则研究对象

---

① 刘莉，王翠萍，刘雁 . "数据—信息—情报" 三角转化模式研究 [J] . 现代情报，2015（2）：28 - 31.

也可以明确下来。① 公安情报学主要研究公安情报活动及其规律，"公安情报"是公安情报学的核心概念。科学界定公安情报的概念是确定公安情报学研究对象的关键。而且，上述不同研究对象统一于信息链，在信息链中都居于公安情报的上游，因此，可以用"公安情报"来统摄公安情报学的不同研究对象。

　　然而，目前公安情报仍是一个存在分歧的概念。这种分歧，主要体现在狭义、广义之争。狭义的公安情报概念是指公安机关运用特殊的手段、方法，而获取的深层次、内幕性、隐蔽性情报；广义的公安情报概念将其外延扩展至公安信息，包括公安机关根据工作需要有针对性地搜集的、具有潜在价值的信息，以及据此而得到的增值性情报。② 这两种定义各有其合理性，实际上可以兼顾广义、狭义来理解公安情报概念：在外延上，与 Information 对接，公安机关所掌握的各种情况、数据、信息、资料和情报等，都属于公安情报的范围；在内涵上，与 Intelligence 对接，公安情报是对原始情报资料进行分析研判而形成的主观性成果。据此，可以将公安情报定义为："公安机关通过各种途径获取的、广泛服务于公安工作的各类情报信息及其分析研判后的成果。"③ 如此，可以将这一概念特征的"公安情报"作为公安情报学研究对象；将它理解为公安情报学不同研究对象的"共名"，秘密情报、刑事犯罪情报资料、犯罪信息/公安信息等，只不过是它的不同表现形式而已。由其概念所揭示，作为公安情报学研究对象的"公安情报"具有开放性和包容性。随着社会的发展变化，具有公安情报属性特征的一些新的要素，如数据，成为公安情报学研究对象，自然是可以理解的。

三、大数据环境下数据成为公安情报学的研究对象

　　随着社会信息化进程的加快，计算机和信息技术的快速发展与全面应

---

①　田杰，罗志宏. 情报学的研究对象及学科独立性探讨［J］. 情报杂志，2013（12）：54 - 57.

②　李广仓. 公安情报分析原理［M］. 北京：中国人民公安大学出版社，2007：2.

③　彭知辉. 关于"公安情报"概念的理解［J］. 公安学刊：浙江警察学院学报，2007（1）：58 - 62.

用，大数据也迎来快速发展，以及各类数据大量涌现，并普遍存在于人类社会生活的各个方面。数据作为一种重要的资源，蕴含着巨大的价值。数据是信息链中一个主要构成要素，当然具有情报价值。它自然可以进入公安情报领域，成为公安情报学的研究对象。

（一）数据的内涵及情报价值

数据是一个不断发展的概念。据《现代汉语词典》所释，数据是指进行各种统计、计算、科学研究或技术设计等所依据的数值。① 数据的原意是指以数字形式表达的信息。② 数据即"有根据的数字"。这是数据的本义。数据最早起源于测量，是以数字为符号，对客观事物测量结果的记录，以数值形式反映客观事物属性。进入信息化时代以后，凡文本、符号、图像、音频、视频等都可以经由计算机处理，转化成为由"0"和"1"组成的数字信号，从而成为可以处理、分析、利用的数据。这样，数据的内涵扩大，统指一切由计算机处理的信息，包括数字、文本、图形、图片、音频、视频等都可以成为数据。③ 据此，可以将数据概念界定为：经由人工或计算机等处理的、便于分析利用的各种信号的集合。数据是对客观世界的记录与描述，是对事实的编码化、序列化和数字化。从外延看，数据无所不包，凡是经过计算机等设备处理并可以识别的各种文字、数字、字符、图形、图像和声音等，都属于数据。从内涵看，数据原本只是记录或表示事实的一种形式，随着数字化技术的普及，数据无处不在，无时不在，它可以更加全面地反映社会生活方方面面的各种事实。

一般认为，情报就是对事物的过去、现在以及未来的描述与推测，情报活动应该具备对事物的描述功能和预测功能。关于这一点，美国著名情报专家谢尔曼·肯特（Sherman Kent）曾做过精辟的论述。他指出，情报活动由两种类型的行动构成，即观察行动和研究行动。前者通过对客观世界密切而

---

① 中国社会科学院语言研究所词典编辑室. 现代汉语词典 ［M］. 5 版. 北京：商务印书馆，2005：1271.

② 钟义信. 信息科学原理 ［M］. 3 版. 北京：北京邮电大学出版社，2002：58.

③ 涂子沛. 数据之巅：大数据革命，历史、现实与未来 ［M］. 北京：中信出版社，2014：256.

系统地观察，获悉既定事实和正在发展的势态；后者通过对所观察到的事实进行总结、分析，跟踪当前发展轨迹，并对未来可能发生的事情进行预测。①所谓描述功能，是指情报活动要能够全面、系统反映事物发展的历史和现状。所谓预测功能，是指情报活动要能准确推测事物发展的趋势或可能出现的结果。基于事物发展的延续性、规律性等，借助各种情报分析技术、手段，做出科学、准确的预测是可以实现的。情报活动的描述功能和预测功能既具有独立性，又相互支撑，互为一体。

数据具有重要的情报价值，这是因为它具有强大的描述功能和预测功能。描述，是数据的一项基本功能。数据在拉丁文中就是"已知"的意思，可以理解为"事实"，它代表着对事物的描述。②人类很早就利用数据来记录事实。计算机的兴起推动了数据的发展进程。在信息化时代，一切皆可量化。海量数据构成对社会生活全面、系统的记录，因而数据可以完整、实时地反映事物的过去和现状。而且，较之其他记录形式，数据可以开展定量分析，因而这种描述更为精确、客观，可以实现对事实的基本复原。情报活动是对近似事实的追求，需要尽可能准确了解正在发生的事态。③在社会信息化特别是大数据发展背景下，在情报活动中充分利用无处不在、无时不在的数据来描述事物，用数据说话，这样形成的情报产品显然更加接近事实。而且，运用大数据技术，可以将情报分析建立在所有数据，甚至是"全数据"的基础上，在一定程度上可以实现"全知"，这样就能更准确地描述事物。

数据的价值更在于让人们在认识事物的过程中获得深刻的洞察。数据特别是大数据的核心就是预测。数据之所以具有这种预测功能，是因为它能够全面地反映事物的"已知"状况；由"已知"推出"未知"，由过去推测未来，进而达到"先知"。因此，基于数据的预测具有很强的科学性和较高的准确性。信息技术的不断发展，使人们获得了强大的数据分析能力，从巨量

---

① ［美］谢尔曼·肯特. 战略情报：为美国世界政策服务［M］. 刘微，肖皓元，译. 北京：金城出版社，2015：4–7.

② ［英］维克托·迈尔–舍恩伯格，肯尼思·库克耶. 大数据时代［M］. 盛扬燕，周涛，译. 杭州：浙江人民出版社，2013：104.

③ ［美］马克·洛文塔尔. 情报：从秘密到政策［M］. 杜效坤，译. 北京：金城出版社，2015：6.

数据中获得洞见的能力不断提升。数据凝聚着十分丰富的值得学习的经验。大数据环境下，通过持续不断地输入数据，计算机具有"机器学习"的能力，能够自动"学习"如何预测。在自我学习过程中，计算机会自动获取新知识和新能力，从大数据中发现规律，从各种发现中提高预测能力；并且，还能尝试不同的算法，持续改善预测技术，使科学预测得以实现。① 预测是情报的生命和价值所在。然而，情报预测存在很大的难度和风险，这主要缘于预测对象的复杂性。如果将情报预测建立在数据特别是大数据的基础上，必然会降低预测的风险，降低预测的难度，提高情报活动科学预测的能力。

（二）数据情报价值的实现

数据具有重要的情报价值，然而以往人们常常忽视了这一点。情报界一般不将数据作为情报活动或情报研究的对象，因为根据信息链理论和情报转化理论，数据不能直接转化为情报。

信息链理论阐述事实、数据、信息、知识、情报和智能等要素之间的关系。信息链实际上也描述了情报的形成过程，因而也可以说是情报过程链。关于信息链的构成，有不同的观点。例如，三要素说：数据→信息→情报；② 五要素说：事实→数据→信息→知识→情报；③ 六要素说：事实→信息→资料→情报→知识→智能，④ 数据→信息→知识→情报→决策→价值。⑤ 虽然表述各有不同，但都将数据置于信息链中情报的远端，都认为数据需要经过层层转化，才能获得情报价值。基于这一认识，一般认为，数据本身没有情报价值，或者说，它不具备直接意义的情报价值。数据远离情报端，不能作为情报学的研究对象。⑥

---

① ［美］埃里克·西格尔. 大数据预测——告诉你谁会点击、购买、死去或撒谎［M］. 周昕，译. 北京：中信出版社，2014：xxii.

② 化柏林，郑彦宁. 情报转化理论（上）——从数据到信息的转化［J］. 情报理论与实践，2012（3）：1-4.

③ 梁战平. 情报学若干问题辨析［J］. 情报理论与实践，2003（3）：193-198.

④ 霍忠文，阎旭军. "情报""Informagence"与"Infotelligence"——科技情报工作科学技术属性再思考［J］. 情报理论与实践，2002（1）：1-5.

⑤ TIMOTHY W. P. Analysis in business planning and strategy formulation［C］//GILAD B. The art and science of business intelligence analysis. London：JAIPressInc，1996：161.

⑥ 梁战平. 情报学若干问题辨析［J］. 情报理论与实践，2003（3）：193-198.

"数据没有情报价值",支撑这一观点的理论是情报转化理论。根据这一理论,数据只有经过加工——对数据进行过滤、组织、归纳和综合,赋予明确的意义后,才能转化为信息,最后经由信息形成情报。① 然而实际上,随着社会信息化发展,数据概念在不断泛化,数据的功能在逐步拓展,数据和信息这两个概念已经逐渐趋向同一。此前,数据即数值,它是以数字为符号记录或表示信息的一种形式。然而,信息的范围较数据更为广泛,如文本、声音、图像、图形等载体形式,都可以成为信息,但并不是数据。随着计算机应用的普及,数字化覆盖到了各个领域,数字、文本、图形、图像、声音和视频等都可以转换成为数字化资料,即数据。数据作为一个习惯性用语,成为"信息"的代名词,两者可以交替使用。信息是事物运动的状态和状态变化方式的自我表述或自我显示,② 它是一种普遍的、客观的存在;数据是对事物状态及状态变化方式的记录与描述,也具有普遍性与广泛性。信息表现为数据,数据用以表达信息。在这种情况下,数据即信息,信息即数据。严格区分数据与信息这两个概念,也就失去了实际意义。③ 从当前公安情报工作发展实际看,数据已经取代信息成为通用的术语,数据作为公安情报工作对象已经是普遍现象。这样,数据成为公安情报学研究对象,也就顺理成章了。

实际上,数据、信息、情报是对事物的不同角度的具体表述,不存在绝对的界限。④ 它们之间并不完全是一种递进式的线性关系。数据可以直接生成情报,无须事先转化为信息。⑤ 随着数据处理技术的迅猛发展,从数据到情报的转化已经变得简单可行。已经成熟并不断发展的大数据技术,具有强大的数据处理能力,特别是有效解决了传统数据库技术无法处理非结构化数

① 化柏林,郑彦宁. 情报转化理论(上)——从数据到信息的转化[J]. 情报理论与实践,2012,(3):1-4.
② 钟义信. 信息科学原理[M].3版. 北京:北京邮电大学出版社,2002:50.
③ 涂子沛. 数据之巅:大数据革命,历史、现实与未来[M]. 北京:中信出版社,2014:257.
④ 程鹏,李勇. 情报概念及相关问题之辨析[J]. 情报学报,2009(6):809-814.
⑤ 刘莉,王翠萍,刘雁. "数据—信息—情报"三角转化模式研究[J]. 现代情报,2015(2):28-31.

据的难题。例如，云计算采用大规模分布式模型，改变了数据的存储与访问方式，成为大数据分析应用的基础平台；MapReduce 简化了数据的计算过程，可广泛应用于数据挖掘、数据分析、机器学习等领域；分布式文件系统 GFS（Google File System）具有良好的容错功能，为数据存储和数据可靠性提供保障；非关系型数据库 NoSQL 可以处理数据类型复杂、价值密度低的海量数据；Hadoop 已经发展为一个包括分布式文件系统（HDFS）、分布式数据库（HBase）、数据分析处理（MapReduce）等功能模块在内的大数据处理平台。① 在信息链中，并不一定要经由数据加工成为信息，再从信息中获取情报这一复杂过程来生成情报；综合应用各种大数据技术、方法，可以实现从数据到情报的直接转化，直接生成高质量的情报。② 特别是有些数据类型，如射频识别数据、智能电网数据、传感器数据，以及指纹、DNA、虹膜、人脸等生物计量数据，由各种没有具体意义的符号、字符串等构成，难以转化为具有语义表征的信息。如果拘泥于"数据→信息→情报"的转换，这些数据的情报价值就会被忽略与遗漏，无法进入公安情报工作和公安情报学研究的视野。

在公安情报工作中应用大数据技术，可以大大拓展情报工作对象，即由静态数据、结构化数据扩展到动态数据（流数据）、非结构化数据；有利于数据整合，实施批量数据迁移、数据复制和数据虚拟化；可以开展多维度的数据分析，如跨数据源的列重叠分析、匹配关键原型、跨数据源的数据预览等；有利于从数据中获取各方面情报价值，如识别敏感信息，获得深度剖析能力等。③ 总之，借助各种大数据技术、方法和工具，可以促成从数据到情报的直接转化。强大而先进的技术手段，使情报转化更为高效；而且，可以

① 刘智慧，张泉灵. 大数据技术研究综述［J］. 浙江大学学报：工学版，2014（6）：957－972.

② LEWIS B, MONTEMAYOR J, PIATKO C, et al. Supporting Insight－based information exploration in intelligence analysis［J］. Communications of the ACM, 2006（4）：63－68.

③ ［美］桑尼尔·索雷斯. 大数据治理［M］. 匡斌，译. 北京：清华大学出版社，2014：233－241.

保留数据的原态、原貌，减少了中间环节，使所获得的情报更加准确、可靠。①

（三）数据应成为公安情报学的研究对象

情报并不是一种客观存在，但它隐含在复杂的社会现象中，究其本源，它根源于事实。它的任何情报活动，实质上就是对事实追索、复原、探究的过程。在有关信息链的不同表述中，比较一致的观点是都将情报归源于事实。情报学的本质就是发现事实，事实是情报学的起点，"事实—情报"构成了最基本的信息链。在信息链中，数据虽然远离"情报"端，但它接近"事实"端，故而能真实、全面地反映事实。在大数据环境下，几乎可实现"全数据"模式，这样数据反映事实的功能进一步强大。情报活动其实就是对事实的复原与探究。因此，可以构建"事实→数据→情报"的信息链：情报来源于事实，事实体现在数据中；通过数据分析可以把握事实，从而生成高质量的情报。②

无论是对事物的描述还是预测，数据都可以应用于公安情报工作中，直接实现其情报价值。例如，在应对恐怖活动中，利用智能手机、传感器或道路监控设备等，可以针对那些需要管控的人员、物品或车辆等对象，全面获取各种实时变化的、体量巨大的数据。利用这些数据，可以开展跟踪分析，准确描述目标对象的活动状况，或事态的发展趋势；由此形成高质量的情报产品，可为发现、防范或预测恐怖活动提供强有力的情报支撑。因此，有必要将数据纳入公安情报学研究对象，这是社会发展的需要，也是公安工作发展的必然要求。

将数据作为公安情报学研究对象，不但是必要的，也是可行的。当前大数据的兴起，不断丰富着数据的来源、内容与形态，不同数据相互补充、印证，可以促进情报工作水平和情报产品质量的提升。以往公安情报学忽略数据的研究，主要是因为数据处理、分析技术滞后，无法从类型多样、体量巨大、快速流转、价值稀疏的数据中有效地提取价值。相对于规范化、结构化

---

① 彭知辉. 数据：大数据环境下情报学的研究对象 [J]. 情报学报，2017（2）：123-131.
② 彭知辉. 论基于事实属性的情报一体观 [J]. 图书馆杂志，2019（10）：34-46.

的信息，数据存在零散性、原始性、复杂性和碎片化的特征，难以直接产生情报价值。当前，不断发展与成熟的大数据技术解决了这一难题，它可以有效处理这些不断增长的、庞大的、异构的数据。① 大数据发展为公安情报学提供了强有力的数据处理分析工具和方法，弥补了情报技术能力不足的劣势。这样，公安情报学将数据纳为研究对象，也就具备了条件，具有可行性。

将数据列为公安情报学研究对象，并不是对现有公安情报学的颠覆或否定。事实上，公安情报学始终关注数据的处理、分析及深层次挖掘。数据本来就是信息链中的一个要素，在公安情报实践和理论研究中一直有数据的身影。例如，通过警情数据开展治安形势分析、犯罪趋势分析；利用刑事案件及其发案时间、地点，以及打击处理过的犯罪前科人员等方面数据，研究、制定打击与预防犯罪的对策。再如，在公安情报分析中，"用数据说话"，使用数据、图表等定量分析方法推导出情报结论。当然，这些数据仅仅是数值型数据。数量极为庞大的其他类型的数据，尚未进入公安情报领域。大数据技术解决了海量数据无法利用的难题，数量庞大、类型多样、内容复杂的各种数据都可以分析处理，从中掘取价值。大数据分析和情报分析本来有着天然的联系。它们都是以数据和信息作为基础资源，都注重对数据、信息的定量分析，重视多源数据融合，并强调相关性分析。② 因此，可以将大数据技术、方法应用到公安情报工作中。随着大数据的兴起，数据科学逐渐发展成为一个新的研究领域，有关数据理论的研究更加深入与完善。积极借鉴这些理论，可以为以数据为研究对象的公安情报学提供强有力的支撑，为大数据环境下公安情报学的发展提供新的契机。

随着大数据的发展，包括大数据在内的各种类型的数据是反映人类社会生活的重要载体，它是一种取之不尽、用之不竭的价值资源。公安情报学应该高度重视数据的研究，提高从海量数据中获取情报价值的能力，这样方能在"数据为王"的时代获得立足之地。因此，将数据列为公安情报学研究对

---

① 贺德方. 大数据环境下的情报学［J］. 数字图书馆论坛，2012（11）：1 - 6.
② 李广建，化柏林. 大数据分析与情报分析关系辨析［J］. 中国图书馆学报，2014（5）：14 - 22.

象，是大数据环境下公安情报学适应社会发展的需要。公安情报学应该与时俱进，积极探索以数据为研究对象的公安情报学发展的新路径。

（四）大数据环境下数据成为公安情报学研究对象的意义

随着大数据的迅速发展，各种类型的数据特别是非结构化数据因为蕴含丰富的价值，引起了社会各界的广泛关注。数据进入公安情报学视野，成为公安情报学新的研究对象。在大数据环境下，公安情报学将进入一个新的发展阶段。

首先，将数据列为公安情报学研究对象，可以拓宽公安情报学研究领域。数据已成为反映人类社会生活的重要载体。大数据视野下的公安情报学以各种社会现象为研究内容，以数据为切入点，这样有助于公安情报学建立在厚实的社会生活的基础上，也可以确保公安情报学拥有丰富而多样的研究内容。虽然以往公安情报学并没有忽略数据的研究，但通常是以结构化数据为主。大数据环境下出现了新的数据类型，如实时数据、动态数据，时间序列数据、位置数据，以及交易数据、轨迹数据、社交网络数据等。这些体量庞大、类型多样的数据，关联、聚合在一起，形成了复杂的数据网络，它们构成公安情报学无限广阔的研究内容。

其次，将数据列为公安情报学研究对象，有助于公安情报学顺应大数据发展趋势。随着数据总量激增，并且增长速度不断加快，人类社会或许将进入新的发展阶段——大数据时代。目前，大数据已经渗透到各个行业和业务职能领域，发展成为重要的生产因素。[①] 大数据发展将引发社会生活各个领域的变革。公安情报学无法拒绝且不能拒绝大数据。开展数据分析，从数据中掘取有价值的情报，这是大数据环境下公安情报学无法回避的课题。公安情报学应该借助大数据，充分发挥自身优势，促成自身的发展、转型与变革。大数据发展也将为公安情报学注入新的活力。公安情报学吸收大数据理论、技术和方法，提升数据处理、分析水平，提高由数据转化为情报的能力。由于公安情报学在大数据发展中扮演重要角色，大数据环境下公安情报

---

① MANYIKA J，CHUI M，BROWN B，et al. Big data：the next frontier for innovation，competition and productivity［R/OL］. Mckinsty Digital，2011 - 05 - 01.

工作的地位和作用将会更加突出，公安情报学也将受到广泛关注与高度重视。人们将会从更为广阔的视野来研究情报新技术和新方法，解决新问题，促进公安情报学的发展。

最后，将数据列为公安情报学研究对象，是科学研究及公安情报学自身发展的需要。美国计算机科学家、图灵奖得主吉姆·格雷（Jim Gray）提出了科学研究"第四范式"理论。他将人类早期至现今科学研究的范式归纳为实验科学、理论推演、计算机仿真三种类型。未来科学发展的趋势是"第四范式"——数据密集型科学发现（Data-Intensive Scientific Discovery），将成为一种新的、独立的科学研究范式。① 在大数据环境下，当海量数据普遍地可网络获取、可计算、可开放关联，数据不再仅仅是科学研究的结果，同时也成为科学研究的活的基础和工具。数据密集型科学的研究对象就是科学数据本身。它把数据作为科学研究的对象和工具，基于数据来思考、设计和实施科学研究。② 在科学研究范式嬗变的大背景下，情报学自身的研究也会受到"数据密集型科学发现"这一范式的影响。数据密集型科学的推动，必然会推动情报学新的研究问题和研究内容的出现。③ 当前公安情报学无论是探索理论规律还是总结实践经验，都是以定性研究为主，其研究结论带有明显的主观性。公安情报学可以借鉴"第四范式"理论，将公安情报实践活动及学术活动中的海量数据引入学术研究中，采用大数据方法开展量化分析，这样可以增强学术研究的科学性，有助于形成新的理论观点，推动公安情报学理论创新。

四、以数据为研究对象的公安情报学发展策略

研究对象作为一种特定事物，不同学科各自有所不同；但同时它们都是

---

① HEY T，TANSLEY S，TOLLE K. The fourth paradigm：data-intensive scientific discovery［M］. Redmond：Microsoft Research，2009：xvii-xxxi.

② 梁娜，曾燕. 推进数据密集科学发现提升科技创新能力：新模式、新方法、新挑战——《第四范式：数据密集型科学发现》译著出版［J］. 中国科学院院刊，2013（1）：115-121.

③ 李志芳，邓仲华. 科学研究范式演变视角下的情报学［J］. 情报理论与实践，2014（1）：4-7.

客观世界这一整体的有机组成部分，又具有同一性。钱学森曾指出，学科的区分并不在于学科研究对象之不同，而在于研究或看问题的角度不同。① 因此，同一事物，同时成为不同学科的研究对象，这是一种正常的现象。当然，它们研究的角度、方法或侧重点会有所不同。在大数据环境下，包括公安情报学在内，众多学科聚焦于数据的研究，"同"（指研究对象的指称）而"不同"（指研究的角度、方法等），丰富并推动对数据的研究。数据成为公安情报学研究对象，必然会给公安情报学带来一些新的特征。公安情报学有必要做出调整，其研究内容、理论体系、研究方法以及学科发展路径等将随之变化，以适应大数据发展的需要。当然，更需要强调并警惕的是，公安情报学不能偏离自身学科属性及内在规定性，要避免沦为大数据或数据科学的附庸。

（一）加强数据情报属性和情报价值的研究

近来，大数据兴起成为各领域关注的热点，数据取代信息成为当下最为时髦的术语。然而，当前对数据本身的研究还有待深化。数据成为公安情报学新的研究对象，学术界需要加强对数据的情报属性及情报价值的研究。例如，情报视角关于数据本质的研究：科学界定数据的内涵，阐释信息链中数据与事实、信息、情报之间的关系；关于数据情报价值的研究：数据的情报价值从何而来，如何评估，其公安情报价值体现在哪些方面；数据类型研究：不同类型的数据，其情报价值与应用方式有所不同，公安情报工作中常见数据类型如网络社交数据、时间和方位数据、用户行为数据等，有必要深入开展研究。

（二）拓展公安情报学的研究内容

一门学科的研究内容往往是其研究对象的具体化，研究对象则规定或确立了学科的研究内容。数据成为公安情报学的研究对象，必然带来公安情报学研究内容的拓展与更新。例如，在理论基础研究方面，应重视情报转化论的研究，为研究数据与情报之间的转化、数据情报价值的发掘等，提供理论支撑；在情报流程研究方面，可以探讨大数据流程如何融入公安情报流程

---

① 　钱学森. 关于思维科学 ［M］. 上海：上海人民出版社，1986：7.

中，促成后者的优化；在情报分析方法、技术研究方面，探讨哪些大数据方法、技术可以移植并且如何移植到公安情报分析中；在情报应用研究方面，应深入探讨基于数据的公安情报工作如何在各个领域发挥作用；在情报管理研究方面，可以探索公安情报机构随着数据处理成为核心任务，它的职能将发生哪些变化，以及公安情报队伍如何适应大数据发展，等等。

（三）重视公安情报学不同研究对象的综合研究

公安情报学历经不同研究对象演化的过程，但是，这些研究对象之间并不是相互替代的关系，即后一研究对象的出现，并未导致前一研究对象的消失，它们作为公安情报学的研究对象同时存在。因此，不能因为出现了新的研究对象，就忽略甚至弃除原有研究对象。例如，秘密情报仍是公安情报学不可或缺的研究对象，这一方面的研究不应忽视。不同研究对象之间并不存在严格的分野，公安情报学应该从更为宏观、开阔的视角来探讨这些研究对象的整合与融合。例如，可以对数据与秘密情报开展综合研究，通过公开数据有时也能获取具有秘密特性的情报；秘密情报与公开数据资料核实、印证，可以提高情报价值。

（四）始终固守公安情报学自身学科属性

数据成为公安情报学研究对象，使得公安情报学出现一些新的特征。例如，它的自然科学、技术科学属性将得到强化，研究领域将进一步拓展。然而，需要警惕的是，数据特别是盛行一时的大数据，会改变公安情报学，甚至可能会造成公安情报学被大数据同化而失去自身学科属性。数据属于科学（自然科学和技术科学）的范畴。一般认为，科学的本质就是采用观察和实验的方法来搜集反映事实的数据，然后运用逻辑的方法从这些事实中推导出定律和理论。所获得的理论知识是经过实证检验过的、具有永恒价值的真理性知识，具有普遍的价值特性。科学的研究对象是纯粹客观的存在，否认任何主观意识的投入和作用。科学认识的过程就是逻辑实证的过程，即可采用实验的方法来探寻事物的规律，并且可以重复验证。①

---

① 袁维新. 简论科学本质观的类型与特征［J］. 科学技术与辩证法，2006（1）：17－21.

然而，上述科学的理论、方法并不完全适用于公安情报学。因为公安情报学具有鲜明的社会科学属性，它主要从社会、政治、经济、文化和宗教等角度，采用情报视角来研究公共安全和社会秩序问题。如果将研究对象视为不受人的主观因素影响，完全可以用数据进行精确量化分析的事物，片面夸大数据的功用及情报分析的准确性，这样反而会导致公安情报学误入歧途。在大数据环境下，公安情报学要避免盲目追新赶潮，应当始终保持自身学科属性。

第二节　大数据环境下公安情报学的学科属性

学科属性，是指一门学科在学科分类体系中的位置。它牵涉到这门学科是什么、不是什么的问题，事关学科定位、学科性质及学科发展方向等，在学科研究中具有基础性地位。公安情报学自产生以来，学术界对其学科属性进行了初步探讨，但缺乏深入研究，也未能达成共识。当前，大数据已经渗透到公安情报领域，既对公安情报实践产生了具体影响，也成为公安情报学发展一个不可忽视的外部环境。这样，在大数据环境下公安情报学学科属性必然会发生一些变化，需要重新分析与认知。

一、公安情报学学科属性研究的必要性

学科是相对独立的知识体系。知识不断积累，逐渐体系化；对体系化的知识进行分类，就形成了不同的学科。采用从一般到个别、从低级到高级、从宏观到微观等方式对学科依次分类，形成不同的层次，这样就构建出严谨有序的学科体系。研究学科属性，一般从学科分类的角度入手，在学科体系中找到所归属的学科门类，从而确定该学科的位置。学科体系是学术界对已有学科进行分门别类而形成的科学体系，具有一定的稳定性。当新的学科出现时，该学科需要在已有学科体系中找到自己的位置，这样就出现了学科属性的问题。因此，确定学科属性，是任何新兴学科无法回避且必须着力解决的问题。

公安情报学是近年来出现的一门新兴学科，明确它的学科属性，关系到它在学科体系中的具体位置，然后才能据此开展学科建设。2011 年 3 月，在国务院学位委员会、教育部印发的《学位授予和人才培养学科目录（2011 年）》中，公安学增列为一级学科，随后公安情报学列入公安学二级学科，由此形成了"学科部类：社会科学→学科门类：法学→一级学科：公安学→二级学科：公安情报学"这样的学科结构。① 公安情报学作为一门学科获得正式认可，关于它的学科属性也有了结论。然而，这样的结论目前还缺乏理论支撑和学理论证。而且，由于该目录着眼于高等院校人才培养和学科专业建设，严格来说，它所提出的学科体系并不完全具有权威性。《学科分类与代码国家标准》（2009 年第二版）是我国关于学科分类的国家标准，②《中国图书馆分类法》（2010 年第五版）是我国通用的大型综合性分类法，③ 它们都没有将公安情报学列入分类体系中。因此，关于公安情报学学科属性的问题并未尘埃落定，得到最终解决。

二、公安情报学学科属性研究的分析框架

关于公安情报学的学科属性，如果只是就它在学科体系中的地位、归属做一简单判断，而不加以理论阐释，那么，仍难以消除分歧，达成共识。这时，就需要提出一个具体的、足以阐释该问题的分析框架。笔者认为，公安情报学所需要研究或解决的核心问题即学科基点，以及由这一问题所构建的理论基础，决定了它在学科体系中的归属。这样，可以构建一个"学科基点→学科理论基础→学科归属"的分析框架，即先探索公安情报学的学科基点，进而分析它的学科理论基础，最后确定其学科归属。根据这一分析框架，笔者梳理、分析当前有关公安情报学学科属性的研究成果，提出了公安

---

① 马德辉. 论中国公安情报学学科专业发展及研究框架［J］. 情报杂志，2014（9）：1－7.

② 中华人民共和国国家质量监督检验检疫总局，中国国家标准化管理委员会. 中华人民共和国学科分类与代码国家标准（GB/T13745－2009）［S］. 北京：中国标准出版社，2009.

③《中国图书馆分类法》编辑委员会. 中国图书馆分类法［M］. 5 版. 北京：国家图书馆出版社，2010.

情报学学科属性树状图（见图2-2）。

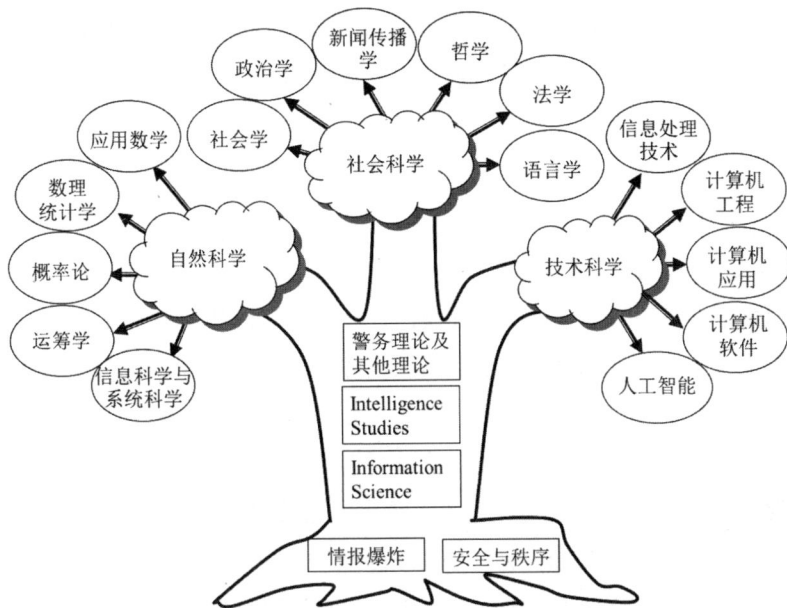

图2-2 公安情报学学科属性树状图

（一）公安情报学的学科基点

所谓学科基点，就是某一学科研究的出发点和立足点，它是学科研究及学科建设的逻辑起点和奠基石。① 学科产生于知识的不断积累及知识的体系化，而社会实践是知识的重要来源，或是推动知识形成的动力。因此，学科基点可溯源于社会实践活动，即社会实践活动中出现的核心问题，它往往是某一学科产生的根源。研究公安情报学的学科基点，就是要探明公安情报学是什么样的社会实践活动的产物。目前，学术界一般将"情报爆炸"或"安全与秩序"作为公安情报学的学科基点。

"情报爆炸"（Information Explosion），或称"信息爆炸""知识爆炸"，原本是对20世纪50年代以来出现的情报危机的一种描述。由于科学情报（文献）在"增长速度和多样性方面的爆炸性增加"，导致情报工作跟不上形

---

① 姚学斌. 试论图书馆学的学科基点 [J]. 图书情报知识, 2002 (1): 34-35.

势，一些学者提出了"情报爆炸"的观点。① 情报学的产生，就是为了解决"情报爆炸"所带来的情报激增与情报利用之间的矛盾。② 到了信息化社会及大数据环境，信息、数据更是以几何级数增长，"情报爆炸"现象更为严峻。公安机关经过二十多年的公安信息化建设，积累了丰富的信息资源。然而，由于情报处理能力滞后，不能有效地从信息资源中掘取有价值的情报，所以，公安机关同样出现了"情报爆炸"的问题，它由此促成公安情报学学科的形成。③ 因此，"情报爆炸"可以视为公安情报学的学科基点。

近年来，各种社会矛盾不断涌现而且日益复杂，社会治安环境和犯罪态势不断恶化。在社会信息化和公安信息化背景下，情报信息成为公安机关打击违法犯罪活动、维护社会治安稳定的一个不可或缺的要素。为此，自 2004 年年底以来，我国公安机关开始实施情报主导警务战略。在现实需求的驱动下，服务于维护公共安全与社会治安秩序的公安情报学应运而生。④ 据此，可以将"安全与秩序"归为公安情报学的另一个学科基点。

上述观点均具有理论自洽性，然而也存在逻辑上的不周全之处。无论是"情报爆炸"，还是"安全与秩序"，它们都可以同时作为其他学科的基点，而不是公安情报学"这一个"学科唯一的基点，这样就无法解释公安情报学在"此一时"产生的缘由。一门新兴学科的形成，是多种社会因素综合作用的结果。考虑到公安情报学的综合性、交叉性，可以将"情报爆炸"和"安全与秩序"同时作为它的学科基点。这样，在学科基点方面，公安情报学区别于其他学科，也就具有了独特性。

（二）公安情报学的理论基础

所谓理论基础，是指对构建一门学科起着支撑作用，作为其基本依据的某种学说。它是一门学科的理论原点，学科的主要理论一般都是由这一原点生发形成的。研究公安情报学的理论基础，主要在于追溯这门学科的理论来

---

① 尚克聪. "情报爆炸"的是与非［J］. 情报理论与实践，1994（6）：14－16，10.

② 严怡民. 情报学概论：修订版［M］. 武汉：武汉大学出版社，1994：39－42.

③ 彭知辉. 公安情报学初探［J］. 中国人民公安大学学报：社会科学版，2005（1）：26－31.

④ 谢晓专. 公安情报学与情报学的关系研究［J］. 情报杂志，2012（6）：1－7.

源。目前，关于这一问题的研究，主要有两种观点，它们分别将"Informa-tion Science""Intelligence Studies"认定为公安情报学的理论基础。

Information Science 即情报学，主要研究运用科学的方法管理文献资料和知识，使之有序化，形成情报产品提供给用户。① 后来，它进一步拓展到信息领域，研究信息资源的组织、控制、开发与利用等。公安情报学主要解决公安信息化飞速发展形势下信息资源挖掘利用的问题，与 Information Science 具有诸多共性。因此，作为新兴学科的公安情报学完全可以而且也有必要从 Information Science 中获得理论支持。公安情报学在学科发展初期，就将公安情报学定位于 Information Science 的分支学科，参照 Information Science 来构建知识体系，使这一学科实现了"从无到有"的转变。②

Intelligence Studies 是主要研究政府决策、军事行动、国家安全、执法活动、市场竞争等领域的情报活动而形成的一种理论体系。它以信息转化（情报生产），即信息的增值化和智能化为核心内容开展研究。③ 公安情报学的研究对象与 Intelligence Studies 领域的某些研究对象，如犯罪情报（Criminal Intelligence）、执法情报（Law Enforcement Intelligence）、警务情报（Policing Intelligence）等基本对应。而且在我国，Intelligence Studies 可追溯至《孙子兵法》。例如，书中"较之以计，而索其情""知彼知己，百战不殆""五间俱起，莫知其道"④等情报思想，内涵丰富，且影响深远。将 Intelligence Studies 作为公安情报学的理论基础，既与国外相关学术领域能较好地对接，同时也是我国传统情报思想的传承。因此，公安情报学应该在 Intelligence Studies 的理论框架下发展与完善。⑤

目前，公安情报活动担负着信息资源管理与情报生产的双重任务，有必要将 Information Science 和 Intelligence Studies 两方面的内容整合与融合，将它

---

① 严怡民. 情报学概论：修订版［M］. 武汉：武汉大学出版社，1994：31 – 33.
② 谢晓专. 公安情报学与情报学的关系研究［J］. 情报杂志，2012（6）：1 – 7.
③ 沈固朝. "耳目、尖兵、参谋"——在情报服务和情报研究中引入 intelligence studies 的一些思考［J］. 医学信息学杂志，2009（4）：1 – 5.
④ 李零. 孙子译注［M］. 北京：中华书局，2007：2，23，93.
⑤ 马德辉，苏英杰. "Intelligence Studies"视域下的中国公安情报学若干基本问题研究［J］. 情报理论与实践，2013（5）：50 – 57，49.

们同时作为公安情报学的理论基础，为解决"情报爆炸"和"安全与秩序"问题提供理论支撑。当然，公安情报学还可吸收公安（警务）领域的相关理论，如情报主导警务理论、社区警务理论、问题导向警务理论、零容忍警务理论和社会治安综合治理理论等，以及其他领域相关理论如犯罪预防理论、社会预测理论等，丰富其理论基础。

（三）公安情报学的学科归属

确定公安情报学学科属性，最终就是要解决学科归属的问题。关于公安情报学的学科归属，一般认为，公安情报学是介于自然科学、技术科学和社会科学之间的交叉性、综合性学科，具有不同学科的多重属性。①

公安情报学的自然科学、技术科学属性，源于以 Information Science 为代表的理论基础。Information Science 是为应对科学技术领域的"情报爆炸"问题而产生的，主要为科学（自然科学、技术科学）研究提供情报服务;② 其研究对象如信息、知识、数据，也是自然科学、技术科学所关注的对象，因而它与自然科学、技术科学有着天然的联系。公安情报学同样研究"情报爆炸"问题，也以信息、知识、数据为研究对象，需要吸收与借鉴自然科学、技术科学的理论方法，如应用数学、数理统计学、运筹学、概率论、信息科学与系统科学，以及信息处理技术、计算机应用、计算机工程、计算机软件、人工智能等。在当前大数据环境下，为处理庞大、复杂的巨量数据，公安情报学更需要从自然科学、技术科学领域获取理论与技术资源。

公安情报学从情报视角研究公共安全、社会稳定以及违法犯罪活动，围绕"安全与秩序"问题开展研究，属于社会科学的范畴。它以 Intelligence Studies 为理论基础，从执法、安全以及政治、社会、经济、文化等角度综合开展情报研究，需要运用思维科学、行为科学、认知科学、决策科学和心理科学等社会科学领域的理论和方法。同时，"Intelligence"带有"智能"（利用知识、情报解决问题的能力）的含义，这就要求在理论研究中将思维、决

---

① 孟宪文，任翔. 略论公安情报学学科体系的建构 [J]. 中国人民公安大学学报：社会科学版，2006（1）：152 – 156.

② 靖继鹏，马费先，张向先，等. 情报科学理论 [M]. 北京：科学出版社，2009：12 – 14；马费成. 情报学的进展与深化 [J]. 情报学报，1996（5）：338 – 346.

策、管理等作为基本研究范畴。因此，公安情报学需要广泛从社会科学各学科，如法学、政治学、管理学、社会学、哲学、语言学、新闻传播学等汲取理论资源。

公安情报学作为一门新兴学科，是新的知识体系与传统学科知识交叉、融合的结果。然而，如果采用综合性学科、交叉性学科这种笼统的表述，则不利于公安情报学的学科定位。应该根据公安情报学的主体特征，对其学科归属做出明确的判断。笔者认为，公安情报学的学科属性应该是社会科学。公安情报学的学科基点和理论基础有两条并行的路径，然而细加分析，它们存在主从关系。"情报爆炸"是这一普遍性现象在公安情报领域的特殊呈现，"安全与秩序"则更能体现公安情报学的学科特性。公安情报学侧重于从大量数据、信息中挖掘出决策所需要的深层次情报，即把 Information 向 Intelligence 的转化作为核心内容，因而它是以 Information Science 为基础，以 Intelligence Studies 为内核，以"安全与秩序"这一社会现象为主要学科基点，以 Intelligence Studies 作为主要理论基础，这实际上规定了公安情报学的社会科学属性。当然，人类的知识创造活动并不会严格遵从学科界限，但这并不意味着学科规定性的不存在。公安情报学表现出跨学科、交叉学科的特征，只是说明它可以通过借鉴、汲取其他领域的合理性内容来促进本学科的发展。

明确公安情报学的学科归属，有利于公安情报学始终保持自身学科属性，不会因某些特性的强化而偏离学科发展的轨道。如下文所述，在大数据环境下，公安情报学面临"变"与"不变"并存的发展路径，"变"主要源于公安情报学学科属性中交叉性的一面，"不变"则体现了公安情报学学科属性的内在规定性。

三、大数据环境下公安情报学学科属性的"变"

近年来大数据的飞速发展，印证了几年前关于大数据的预判，大数据时代或许将成为无可逆转的社会发展趋势。[①] 大数据正在掀起一场时代变革。现在它已迅速拓展到商业、金融、科技、医疗、保险、旅游、教育等各个领

---

① LOHR. The age of big data [EB/OL]. New York Times，2012－10－02.

域。目前，大数据也渗透、融合到了公安实践活动中，必然引发公安情报工作的变革，也对公安情报学研究提出了新的要求。在大数据环境下，公安情报学的学科属性必然要求有所变化，以适应新形势发展的需要。

（一）大数据环境下公安情报学的学科基点不变，但所面临的问题将更加复杂化

"情报爆炸"和"安全与秩序"仍是大数据环境下公安情报学面临的两个基本问题，但大数据发展将导致公安情报实践需要面对日益复杂的社会环境，公安情报学学科基点所面临的问题也将进一步复杂化。

当前公安情报学主要围绕从数据资源中掘取情报这一基本问题开展研究。在以往，以结构化数据为主，可以采用常规数据库软件工具来获取情报。大数据时代的到来使得占数据总量80%的非结构数据，成为数据资源的主体。① 大数据在为公安工作和情报活动带来更多数据资源及更为丰富的价值的同时，公安机关所面临的"情报爆炸"局面将更加严峻。大数据十分庞杂，可用性低，如果利用不当，就会出现"Garbage In，Garbage Out"（无用输入，导致无用输出）的现象，反而会阻碍公安情报工作的发展。如何应对大数据环境下进一步加剧的"情报爆炸"难题，是公安情报学必须迎接的挑战。

大数据可为公安情报学应对"安全与秩序"问题提供理论、技术及方法等方面的支持，然而同时也会带来新的、更为复杂的"安全与秩序"问题。"道高一尺，魔高一丈"，大数据会成为实施违法犯罪活动的工具，或逃避公安机关打击的手段。例如，犯罪嫌疑人员可以利用大数据掌握受害人和侦查机关的现状及动态，实现"精准"犯罪，并提高反侦查能力。同时，大数据自身也会带来日益严峻的"安全与秩序"问题：数据会成为攻击目标，数据安全保护将面临新的威胁。由此会出现一种新的犯罪类型——数据犯罪，即以数字化形式存在的一切数据为犯罪对象的犯罪。它包括对数据的技术破坏（如对数据的故意增加、修改、删除与干扰等）、非法获取，以及大规模的数

---

① 揭秘隐藏在非结构化数据背后的真相［EB/OL］．IT168网站，2012－03－06．

据监听、监控、窃取，过度挖掘、恶意滥用等。① 因此，大数据环境下，公安情报学所面临的"安全与秩序"问题将更加复杂、严峻。

大数据发展并没有解除或减缓公安机关所面临的"情报爆炸"和"安全与秩序"问题，甚至还需要面对新的、更多的问题。这说明在大数据环境下加强公安情报学研究，仍然十分必要。

（二）大数据环境下公安情报学的理论基础将更加丰富

随着大数据的发展，数据处理技术日益成熟、进步，从数据中获取价值更加便捷，数据将成为公安情报学重要的研究对象。公安情报学需要从大数据及数据科学中获取资源，丰富其理论基础。

大数据的兴起，改变了人们对数据的认知。例如，在对数据价值的认识上，通过数据再利用、数据重组、数据扩展、"数据废气"（如网民在线交互而留下的数字痕迹）的利用等，可以不断发现数据的价值。② 这样，公安情报学需要重新认识数据，准确把握数据的本质特征。再如，相关关系分析是大数据的核心，它可以帮助人们获得更多的发现，而且还有助于摆脱传统思维模式的影响。公安情报学可于因果关系分析之外，引入相关关系分析的理论和方法。再如，大数据形成了一系列预测分析的技术、方法，公安情报学加以借鉴、吸收，可丰富其研究内容。

随着大数据的兴起，数据科学（Data Science）——用科学的方法来研究数据，以及用数据的方法来研究科学，将成为新的、重要的研究领域。③ 在数据科学的推动下，数据本身的研究将逐步深化与拓展，这样必然丰富公安情报学的知识、理论。科学研究会产生大量科学数据，科学数据本身是科学研究的对象，因而可以用数据的方法来研究科学。在大数据及数据科学的推动下，将会出现越来越多的数据密集型科学，从而产生新的研究范式——

---

① 于志刚，李源粒. 大数据时代数据犯罪的制裁思路［J］. 中国社会科学，2014
（10）：100－122.

② ［英］维克托·迈尔－舍恩伯格，肯尼思·库克耶. 大数据时代［M］. 盛扬燕，周涛，译. 杭州：浙江人民出版社，2013：127－156.

③ 赵国栋，易欢欢，糜万军，等. 大数据时代的历史机遇：产业变革与数据科学［M］. 北京：清华大学出版社，2013：286.

"第四范式"，即数据密集型科学发现范式。① 公安情报学并不属于数据密集型科学，但仍可以参照"第四范式"理论，通过获取与研究对象相关的大量数据，采用大数据方法来开展研究。

（三）大数据环境下公安情报学的自然科学、技术科学属性将进一步增强

大数据涵盖"数据—技术—应用"三个维度，即以海量多源异构数据为对象，运用大数据采集、存储、管理、分析挖掘、可视化展现等方面的技术，从中获得价值，然后应用于现实生活的各个领域。从国际大数据研究现状分析，基本上是围绕上述三个维度开展研究，其中算法设计与开发、大数据平台及架构、数据计算与挖掘、语义与本体研究以及大数据应用等构成当前学术研究的热点。② 从学科构建角度分析，大数据（数据科学）以数学、统计学、计算机科学等为支撑学科，同时还应重视与管理学、经济学、社会学、生命科学、医学、传播学等众多学科领域展开深度交叉。③ 可见，大数据是自然科学、技术科学和社会科学等多学科的深度融合。它以数学、统计学、计算机科学等现有学科为基础，奠定其基础知识、理论；广泛移植、融合诸多现代技术手段，开发大数据关键技术；在大数据应用方面，则与众多社会科学交叉融合，从而在各行业领域实现大数据的价值。

公安情报学服务于维护国家安全与社会稳定这一公安机关的中心任务，从学科属性而言，侧重于用社会科学的理论和方法来分析社会现象。在大数据环境下，公安情报学的研究对象必然转向数据，从不同类型的数据资源中获取情报将成为公安情报学的重要研究内容。带有社会科学属性特征的公安情报学，如果不加以变革创新，将会面临技术、方法滞后，无法有效利用数据资源的难题。这时，公安情报学应该发挥综合性学科的优势，主动吸收大数据技术和方法，研究公安情报活动中大数据技术、方法的科学运用，以及

① HEY T, TANSLEY S, TOLLE K. *The fourth paradigm：data－intensive scientific discovery* ［M］. Redmond：Microsoft Research，2009：xvii－xxxi.

② 王宇灿，李一飞，袁勤俭. 国际大数据研究热点及前沿演化可视化分析［J］. 工程研究：跨学科视野中的工程，2014（3）：282－293.

③ 陈怡，卢晓璐. 复旦大学成立大数据学院和大数据研究院——目标：数据科研基地，人才培养高地［N］. 上海科技报，2015－10－16（003）.

如何运用这些技术、方法从数据资源中获取公安情报等问题。因此，从学科发展趋势而言，公安情报学的自然科学、技术科学属性必将得到进一步强化。

四、大数据环境下公安情报学学科属性的"不变"

大数据已经成为一种普遍的社会现象，很多学科都应该置于大数据环境下重新评估与定位，某些学科甚至有必要开展"以数据为中心"的学科重构。公安情报学与大数据具有很强的交叉性、很高的融合度，可以说，它与大数据有着天然的联系。大数据对公安情报学的影响是一种客观存在，公安情报学必须顺应这一发展趋势，将大数据作为学科发展的契机与机遇。然而另一方面，公安情报学应避免被大数据同化而失去自身学科属性，因为这样会导致这一学科的弱化甚至消亡。大数据环境下，公安情报学除适应社会发展而有所"变"之外，还应该遵守学科属性的内在规定性，固守"不变"之道。

（一）公安情报学应避免以"数据"替代"人"

无论是打击违法犯罪活动，还是实施社会治安行政管理，公安工作主要围绕"人"来展开。公安情报工作的工作对象、服务对象以及情报的主要来源，也都是以"人"为核心。① 因此，公安情报学从本质上说是关于"人"的研究。在大数据环境下，随着"一切数字化，数字化一切"现象的出现，似乎数据可以反映人的全部，甚至可以说，"人"即"数据"。然而，数据果真能反映人的一切吗？无论数字化等现代技术如何发达，目前乃至今后都不可能将人所有的一切以数据的方式来表现。人的行为、心理、思想、观念等，大部分仍是以非数字化方式存在的。而且，即使存在大量足以反映人的数据，受限于数据无法完全汇集、不能充分共享等客观条件，以及数据接收、采集方面存在的主观因素，仍只能根据部分数据来开展情报活动。因此，在公安情报工作及公安情报学中，如果以"数据"来替代"人"，难免

---

① 彭知辉. 公安情报源与情报收集 ［M］. 北京：中国人民公安大学出版社，2009：30.

会以偏概全，偏离事实。由于"数据"无法反映"人"的全部，因此公安情报学不能仅凭"数据"开展研究，而应该回归于"人"的研究。

实际上，公安情报学一直重视"人"的研究。例如，传统秘密情报活动是建立在"人"的基础上，依赖秘密情报力量来获取情报的；其情报理论也是围绕"人"来展开，主要研究秘密情报力量的选择、物建、使用与管理等。当前公安情报学已转移到研究如何从数据中获取情报，但与其他领域关于数据的研究不同，公安情报学视野下的数据虽然也是客观世界的反映，但并不属于纯粹的"物理世界"。这些数据反映的是人的基本状况以及行为、动机、观念、意识等，与"认识世界"直接关联。也就是说，公安情报学研究数据的着眼点仍是数据背后的"人"。因此，应该充分运用社会科学领域理论，将"人"放在特定的政治、经济、文化和社会背景中，来研究人的行为、动机、情绪和观念等。

（二）公安情报学应避免以"技术"取代人的"智能"

"Intelligence"（情报、智能），是公安情报学安身立命的根本。即便公安情报学的研究对象向"数据"一端迁移，但研究数据目的仍在"情报"。这是公安情报学与大数据、数据科学的区别所在。公安情报学充分借鉴、取法大数据技术，提升数据处理与利用能力，但"技术"只是工具和手段，它本身不是公安情报学的研究目的，公安情报学只是研究"技术"在公安情报领域的应用而已。大数据使公安情报学的学科属性带有更为鲜明的自然科学、技术科学特征，但公安情报学不能因此失去自身的社会科学属性。作为社会科学范畴的"情报"，其本质特征体现在"智能"，这是"技术"所无法取代的。

以"智能"为导向的公安情报学，应该对以"技术"为导向的大数据有所节制并保持距离。例如，目前存在一种观点，即认为以大数据技术及其他信息技术为核心的情报预测，在公安工作中神通广大，无所不能。实际上，犯罪活动、突发事件等社会现象具有不可知性和不可预测性。因为即便运用大数据技术，也难以全面掌握事物的"已知"状况；即便掌握了事物的"已知"方面的全部数据，也不见得能构建由"已知"到"未知"的完整链条。公安工作中存在一些非常规的极端事件，如恐怖活动、重大恶性犯罪活动、群体性突发事件等，具有较大的不确定性和随机性。它们并不完全受规律的支配，基于大数据的情报预测试图去发现其中的规律，往往是徒劳无功的。此外，如果对大数据预测及情报分析技术不加以控制与监督，就会导致技术支配人类，使人失去独立思考与自主决策的能力。公安情报学如果迷信技术，走向"技术主义"的极端，让人的智能缺席，就很容易造成情报失误，甚至导致严重的后果。

只有充分发挥人的"智能"的作用，才能弥补技术的缺陷，避免技术主宰人类。公安情报学应该将"智能"作为研究的核心和目标。例如，在公安情报分析中，不能片面依赖相关关系分析，停留于事物"是什么"这一表象之中；而应该深入发掘事物的因果关系，探求事物之"为什么"，即事物的本质。再如，将大数据方法、技术应用于公安情报分析，不能完全依赖"用数据说话"，应该始终坚持人的观察、判断与思考，用人的理性精神、自由意志来纠正技术可能带来的偏差。又如，在公安情报培训中，不能只关注技术、技能训练，更应该重视思维、逻辑、语言、心理、文化等综合素质的提升，达到培养能力、丰富经验、提高谋略水平的目的，促使公安情报人员通向智慧这一高级层次。

（三）公安情报学应避免以"科学性"来规范"社会性"

著名科学家钱学森曾指出，采用自然科学、技术科学方法，在一定程度上有助于实现社会科学的精确化。社会现象并不是毫无客观规律可言，只要存在规律，这些规律就可以运用自然科学和技术科学的方法描述出来。即便社会现象具有随机性、可变性，存在不能固定下来的因素，也仍可以用数字来描述：把它们当作有某种统计性质的"随机变数"，这样就能精确地计算出各种不同情况出现的概率。对于社会科学来说，这种概率就是正确的答案。[①] 钱学森的这一论断为公安情报学借鉴自然科学、技术科学的理论和方法来研究公安情报活动开启方便法门。精确化研究需要足够的数据。在大数据环境下，各类数据资源非常丰富，这样公安情报学的精确化研究也就具备了坚实的基础。

---

① 钱学森. 论技术科学 [J]. 科学通报, 1957 (2)：97 – 104.

　　然而另一方面，公安情报学又要避免落入"科学全能""科学万能"的这一"科学主义"（Scientism）的陷阱。科学主义实际上就是唯科学主义。所谓科学（自然科学）之外无知识。它认为科学是唯一的知识、理论和方法，可以由科学领域推行到其他各个领域。于是，社会科学当然也应该遵从自然科学的标准来研究社会现象中普遍存在的客观规律。的确，社会科学通常需要遵循客观性、经验性、精确性以及价值中立性等原则，也需要运用自然科学实证分析、数理统计及定量分析等方法来开展研究。然而，社会现象要比自然现象复杂得多，将两者等同或做简单的类比，用自然科学的特定方法来研究社会科学，会把后者引入歧途，带来危机。① 当人们对待科学采取不加批判的谦卑态度，"作为一种意识形态的科学主义遂应运而生"②。科学主义也就逐渐"被视为是关于科学的'偏见''迷信'和'畸变'"③。具有社会科学属性特征的公安情报学，如果一味地用科学来包装自己，任由科学主义泛滥，那么，有可能反而滑入"非科学""反科学"。

　　在大数据环境下，公安情报学尤须警惕以"科学性"来规范"社会性"这一错误倾向。例如，社会物理学根据行为计算理论，用数学来解释社会现象和人类行为。它认为，通过搜集客观、连续并且密集的数据，可以构建人类行为的复杂的定量预测模型，从而拥有洞察一切的"上帝之眼"④。这一理论让公安情报学充满憧憬与想象：基于大数据的情报分析可以洞悉各种复杂性，那就足以让公安机关驾驭任何复杂多变的社会治安局势了。然而，这种"科学"的方法只会导致公安情报学将复杂的社会现象简单化，如以部分反映整体，以少数可能性替代多种可能性，以正态分布掩盖非正态分析，这样"洞察"就会变成"失察"。再如，认为人类大部分行为受制于规律、模型以及原理法则，运用大数据方法可以对人类行为进行理解、刻画、量化，

① 肖峰. 社会科学学科归属问题探析［J］. 社会科学辑刊，1999（3）：24 - 28.
② 吴炜，张静. 科学主义：中国现代思想中的"科学意识形态"［J］. 自然辩证法研究，2009（11）：108 - 112.
③ 苏珊·哈克，刘杰. 科学主义的六种标签［J］. 科学技术哲学研究，2010（5）：1 - 11.
④ ［美］阿莱克斯·彭特兰. 智慧社会：大数据与社会物理学［M］. 汪小帆，汪容，译. 杭州：浙江人民出版社，2015：12 - 13.

甚至宣称可以对93%的人类行为进行科学预测。① 如此夸大大数据的功能，会使公安情报学因推崇数据万能而无节制地追逐数据，陷于技术主义而滥用技术、误用技术。

公安情报学如果过于依赖"科学性"，就可能会导致否定"社会性"，从而背离公安情报学学科属性的规定性，不利于该学科的发展。公安情报学所研究的社会现象，不但属于"社会世界"，而且有一部分属于"精神世界"，它们并不一定存在绝对化的，所谓"普遍的""客观的"规律。因此，不能将原本用于研究"自然现象"的科学方法，简单套用于公安情报学关于社会现象的研究；而应该时刻重视运用社会科学（包括人文学科）的理论方法来开展公安情报学研究。

第三节　大数据环境下公安情报学的研究范式

随着理论研究的深入与情报实践的发展，公安情报学开始构建并完善自身的研究范式。研究范式虽然具有一定的稳定性，但并非固定不变。目前我国各地各级公安机关都在积极开展大数据建设，公安情报部门在利用大数据推动情报工作的变革。大数据也将推动公安情报学的发展。将大数据思维、理论、方法和技术等融入公安情报学，必然会导致公安情报学研究范式发生一些变化。因此，在学术研究中，阐述大数据环境下公安情报学研究范式的发展变化，这是一个不可回避的课题。这既因大数据对公安情报学的影响已经是一种客观存在，又因公安情报学现有研究范式需要借助大数据予以调整与完善。

一、公安情报学研究范式的形成

20 世纪 60 年代，美国科学哲学家托马斯·库恩（Thomas Kuhn）创造性地提出了范式理论。所谓范式（Paradigm），是指"一个成熟的科学共同体

---

① ［美］艾伯特－拉斯洛·巴拉巴西. 爆发：大数据时代预见未来的新思维［M］. 马慧，译. 北京：中国人民大学出版社，2012：8－13.

在某段时间内所接纳的研究方法、问题领域和解题标准的源头活水"①。它建立在科学共同体的共同信念——共同的基本理论、观点和方法——的基础之上，为这一共同体提供共同的理论模型和解决问题的框架；它规定了学科的发展方向、研究对象和研究范围等，是学科发展达到成熟阶段的产物和标志。② 范式理论研究科学发展演变的规律特征，通过梳理研究范式的更迭，可揭示科学发展的内在逻辑。随后，这一理论移植、渗透到社会科学及人文学科领域，成为一种普适性理论。将范式理论引入公安情报学，对于理解公安情报学发展的规律特征、洞察学科发展趋势等具有重要的启示意义。

公安情报学是在构建自身研究范式的过程中逐步确立学科地位的。公安情报学学科形成较晚，但其学术研究活动可以向前追溯。笔者曾将公安情报学术研究活动概括为秘密情报范式、情报资料范式、信息资源开发范式、情报主导警务范式四种研究范式。③ 当然，严格来说，是借用范式理论来梳理、分析公安情报学发展演变的过程及其规律特征。秘密情报范式附属于侦查学，情报资料范式带有明显的情报学印记，信息资源开发范式未能完全摆脱侦查学的影响：它们还不能称为严格意义上的公安情报学研究范式。情报主导警务范式建立在国内外丰富的警务情报实践的基础上，也有相关情报理论及警务理论作为支撑。它体现了公安情报学的自觉、独立与成熟，是当前公安情报学一种普遍公认的研究范式。当然，作为一种新的研究范式，它仍处于发展、完善阶段。

首先，这一范式未就公安情报学的研究对象完全达成共识。公安情报学以"公安情报"为研究对象，然而，关于公安情报概念的理解特别是其外延的界定长期以来存在较大分歧，至于情报主导警务范式，这一争议仍悬而未决。概念之争，既牵涉公安情报学最核心的理论问题，也反映出公安情报学的研究对象、范围、内容尚未明晰。这显然影响到公安情报学的健康发展。

---

① ［美］托马斯·库恩. 科学革命的结构［M］. 金吾伦，胡新和，译. 北京：北京大学出版社，2003：95.

② 刘放桐. 新编现代西方哲学［M］. 北京：人民出版社，2000：530.

③ 彭知辉. 论公安情报学研究范式及其整合［J］. 情报学报，2013（10）：1046－1057.

其次，这一范式未能为公安情报学提供丰富的、科学的理论和方法。公安情报学与其他领域的情报学不存在隶属关系，但仍与它们存在千丝万缕的关系。图书情报、科技情报、竞争情报、军事情报、国家安全情报等领域的理论、方法，对公安情报学有着十分重要的影响。公安情报学如何厘清与其他相关学科的关系，构建具有自身特色的理论体系和研究方法，这仍是一个艰难而长期的探索过程。情报主导警务范式有比较坚实的理论基础，并从其他领域移植或借鉴了一些研究方法。然而，这些理论、方法如何与我国国情、警情结合起来，建立本土化的公安情报学理论体系，仍需要不断探索。

最后，这一范式未能为公安情报实践提供具体阐释及理论支撑。情报主导警务战略作为公安机关一项战略部署，目标高远而宏阔。然而，在具体实施过程中，往往难以落地并产生实效。例如，情报资料匮乏现象仍比较突出，无法为情报主导警务提供充足的情报来源；受情报分析能力的制约，公安情报工作未能真正实现对警务活动的"主导"；公安情报应用面窄，未能在警务活动的各个方面发挥作用。面对情报实践活动所面临的困境及发展瓶颈，公安情报学的情报主导警务范式未能针对这些问题，提出合理的理论框架。

二、大数据环境下公安情报学研究范式的变化

大数据兴起之后，我国公安机关迅即做出响应，积极探索大数据在公安工作中的应用。大数据开始融入公安情报实践活动中，推动后者的工作模式、思路、方法的变革与发展。大数据也为公安情报学发展提供了契机，公安情报学应顺势而为，主动适应大数据发展的需要。因为公安情报学无法脱离大数据发展这一外部环境，它也需要借助大数据来推动自身的发展。而且，公安情报学和大数据具有相似性、相关性，这为两者的对接、融合奠定了基础。例如，它们都需要采用"数据＋工具方法＋专家智能"的模式框架，即借助各种技术手段对数据开展定量分析，同时也离不开定性判断，需要与人的智能有效结合。① 公安情报分析原本以定性分析为主，如果引入大

① 贺德方. 大数据环境下的情报学［J］. 数字图书馆论坛，2012（11）：1 - 6.

数据定量分析方法、技术，就能促进公安情报分析能力和水平的提升。再如，两者在工作流程方面基本一致，都由数据、信息资料的搜集、处理、存储、检索、分析等环节构成。公安情报学在这些环节的研究已积累了比较多的理论成果，大数据可以深化与拓展公安情报学这些领域的研究，还可以为它提供新的研究课题，如不同类型数据的搜集与分析、情报分析及情报产品的可视化等。

　　大数据对公安情报学有着十分重要的影响。那么，是否会导致公安情报学研究范式转型，使之进入"大数据范式"阶段？[①] 根据范式理论，只有当既有范式无法对某些"反常"问题或现象做出合理解释时，才意味着需要建立新的研究范式。[②] 笔者认为，目前情报主导警务范式并没有出现不能解释公安情报学中问题或现象的情况；大数据对公安情报学仅存在局部影响，所谓"大数据范式"只是一种理论设想，并不是对公安情报学发展现状及趋势的准确表述。当然，大数据发展必然会对公安情报学现有研究范式产生深刻影响，要求后者做出调整与革新，在现有研究范式中融入大数据思维、理论、技术和方法。这样既有利于公安情报学适应新形势发展的需要，也有助于其研究范式摆脱目前所面临的困境，促进公安情报学的健康发展。

　　（一）将数据纳入公安情报学研究对象

　　一般认为，公安情报学以公安情报为研究对象。然而，不同历史时期，对公安情报概念有着不同的理解，这样，公安情报学的研究对象也在不断变化。传统公安情报概念是指用于同国内外敌对势力和敌对分子及其他犯罪分子做斗争的各种情况、消息和资料的统称。这时，公安情报学的研究对象特指敌情等秘密情报。从 20 世纪 80 年代开始，公安情报学主要研究刑事犯罪情报资料工作的开展。随后，在公安信息化发展的推动下，公安机关内外部各种信息资源都成为公安情报工作对象。这时，公安情报泛指由公安机关通

---

① 张蕾华. 大数据视域下公安情报研究范式的转变［J］. 情报杂志，2015（7）：9－12，28.

② 肖勇. 论新世纪中国情报学的三大研究范式：成因、内容与影响［J］. 情报学报，2007（5）：780－789.

过各种途径获取的各类情报信息及其分析研判后的成果。① 公安情报学的研究对象扩展到各类信息，信息资源的开发利用成为公安情报实践活动与理论研究的重要内容。

情报产生于事实，而数据可以直接、准确地反映事实，因此，数据具有重要的情报价值。进入大数据发展阶段，随着 Hadoop、MapReduce 等大数据分布式系统平台及软件框架的出现，从各种类型的、海量的数据中掘取价值已成为现实，从数据中获取情报价值具备了充足的条件。这样，数据成为公安情报学研究对象也就顺理成章了。

运用大数据技术，从数据中提炼出有价值的情报，这是大数据发展为公安情报学提供的契机。公安情报学将数据纳为研究对象，既是社会实践提出的客观要求，也是公安情报学发展的必然趋势。公安工作主要围绕各种社会现象，特别是人的社会活动展开，而数据是社会信息化背景下反映人类社会生活的重要载体，是公安机关开展情报工作的重要切入点。因此，公安情报学将数据作为研究对象，是公安实践提出的现实要求。

从学科发展而言，以数据为研究对象，将为公安情报学注入新的活力：将信息链向数据延伸，拓展了公安情报学的研究领域，可以从更为广阔的视角来研究公安情报学；丰富的数据资源进入公安情报工作中，解决了公安机关情报资料匮乏的问题，使得情报主导警务范式具备了现实基础。而且，形态各异、类型多样的数据，能为公安情报学带来丰富的研究内容。这些数据，从形式上看包括网络数据、时间与位置数据、视频图像数据、车载信息服务数据、文本数据、射频识别数据等，从性质上看包括实时数据、动态数据、关联数据、社会网络数据等。公安情报学应深入研究这些数据的本质属性，以及它们的情报价值及其来源、表现形式和获取方式等。

（二）将公安情报应用列为公安情报学的重要内容

情报主导警务范式丰富了公安情报学的研究内容，特别是公安情报应用这一方面的内容。在理想化状态下，公安情报可以广泛应用于预防与打击违法犯罪活动、维护社会治安秩序的各项警务活动中。所以，公安情报学应全

---

① 彭知辉. 公安情报概念辨析［J］. 江苏警官学院学报，2005（2）：176－180.

面研究公安情报在各项警务活动中的具体应用。然而在实际工作中，公安情报应用并未全面展开。公安情报工作自身存在一些制约因素，例如，情报资料搜集受到限制、数量不充足，情报工作不可避免会出现情报失误，事物的动态变化会让分析预测的准确性受到影响。因此，公安情报应用仍局限于社会风险低、公安机关易于驾驭的个别领域，如侦查破案、追逃缉捕、治安防控、巡逻盘查、交通管理等。

大数据是在广泛而有实效的社会应用中获得认可的。目前，它已经在商务、金融、保险、物流、公共管理、医疗保健、交通、旅游、科技、教育等领域得到推广应用。大数据在公安工作中的应用同样是值得期待的。它可以为情报主导警务范式研究内容的拓展，特别是在情报如何主导"警务"方面创造条件。在大数据环境下，公安机关能够越来越及时、全面地掌握各种类型的数据，数据资源将越来越丰富。"推既往以占将来"①。运用大数据方法和技术，能够比较准确、客观地还原事物"既往"（已知）的状况；还能据此开展预测分析，推演"将来"（未知）的事实。"先天而天弗违，后天而奉天时"②。无论是"后天"（了解现状）还是"先天"（预测未来），情报分析始终能与"天"（即客观规律）相符，具有很强的科学性。充分利用数据说话，情报主导"警务"也就能够减少失误、降低风险，公安情报就能在各个领域得到普遍应用。

情报主导警务范式将公安情报应用作为公安情报学的核心，极大地丰富了公安情报学的研究内容。而大数据理论、方法和技术的引入，可以解决公安情报应用无法落地的难题。因此，将大数据与公安情报应用相结合，公安情报学的研究内容将不断拓展、延伸，日益丰富、充实。例如，可以研究它们在刑侦、经侦、禁毒、治安、反恐、交管、出入境等各个警种中的应用，也可以研究它们在公安机关的具体职能活动，如打击犯罪、预警防范、维稳处突、警务决策、社会管理，以及在服务社会民生、为政府决策提供参谋等方面的应用。

---

① 赵翼.廿二史劄记［M］.曹光甫，校点.南京：凤凰出版社，2008：26.
② 王弼，注.孔颖达，疏.周易正义［M］.北京：北京大学出版社，1999：23.

（三）将多学科交叉研究方法引入公安情报学

情报主导警务范式在研究方法方面，并没有多大的创新，影响了公安情报学的深入发展。现在，大数据方法、技术将为推动这一范式研究方法的创新与发展提供动力。

公安情报学原本属于综合性学科，广泛借鉴、移植了法学、社会学、政治学、管理学、新闻传播学、心理学、语言学等学科理论、方法。在大数据环境下，公安情报学更需要采用多学科交叉研究的方法，特别是数学、统计学、计算机科学、软件工程、系统科学、人工智能等自然科学领域的方法。多学科交叉研究方法的使用，可以为公安情报学带来研究思维、视角的革新。

此外，大数据还可以推动公安情报学自身研究方式的变革。人们常常是基于数据来思考、设计和实施科学研究的，因而大数据可以成为科学研究的基础和工具。大数据带来科学研究范式的嬗变，数据密集型科学发现即"第四范式"，将成为一种新的、独立的科学研究范式，并代表未来科学发展的方向。第四范式理论来自自然科学领域，它也可以适用于其他研究领域，对公安情报学同样具有启示与借鉴意义。公安情报学在学术研究中一般不会产生密集型数据，但可以将与研究课题相关的，来自公安机关或社会的海量数据引入研究中。例如，在刑事犯罪情报研究中，利用有关案件数量、作案手段、作案工具、发案时间、作案地点，以及嫌疑人员、前科人员或侵害对象等方面的数据资料，运用大数据方法开展分析研判，就能提高情报分析的准确性、科学性。

三、公安情报学研究范式应避免大数据之弊

当然，在认识到大数据对公安情报学研究范式产生积极影响的同时，也应看到大数据存在的一些弊端与不足。应坚持公安情报学自身学科规范、研究范式，理性认知大数据不完美的一面，这样方能维持公安情报学的健康发展。可以将大数据融入公安情报学中，但不能用大数据取代公安情报学。关于大数据对公安情报学及其研究范式影响力的判断与评估，应持谨慎而客观的态度。要准确察觉大数据所存在的局限性，避免一头扎进大数据，而造成

公安情报学的迷失，甚至取消其存在的合理性。大数据环境下，公安情报学应充分发挥自身优势、特长，避免大数据出现以下偏失。

（一）倚重相关关系分析而忽视因果关系分析

相关关系，是指"两个或两个以上变量取值之间在某种意义下所存在的规律"，其目的在于探寻"数据集里所隐藏的相关关系网"①。相关关系分析通过一些可量化指标变量之间的相关程度，发现事物之间所具有的不确定性的相关关系。它通常不必深入揭示内部的运行机制，即知其然而不必知其所以然。相关关系分析是大数据分析的核心，它可以快捷、高效地发现事物间的内在关联，有助于人们摆脱传统思维模式的一些弊病如臆想、偏见、盲从、线性思维的影响，获得更多新的洞察与发现。然而，认为相关关系分析可以取代因果关系分析，人们只需发现"是什么"而不必探寻"为什么"，甚至声称大数据将导致"理论的终结"②，这显然是荒谬的。事实上，任何大数据分析的统计模型必须以假设即理论为前提。不是建立在因果关系之上的相关关系分析，数据再多，也是没有意义的。③ 爱因斯坦（Albert Einstein）曾指出，"有关是（Is）什么的知识并不直接打开通向应该是（Should Be）什么之门"④。相关关系分析应该为进一步发现事物的内在规律"导航"。大数据分析和公安情报分析都不能仅仅满足于发现相关关系，而应该在此基础上进一步探索因果关系。⑤

钱学森曾指出，情报学是思维科学的一部分；任何情报最终都要与人的意识、思维产生交互作用，否则就不能称之为情报。⑥ 人之思维之所以能超越技术，就在于借助人的思维、智能，可以不断探索客观世界的本质。因

---

① 李国杰，程学旗. 大数据研究：未来科技及经济社会发展的重大战略领域——大数据的研究现状与科学思考［J］. 中国科学院院刊，2012（6）：647－657.

② ANDERSON C. The end of theory：the data deluge makes the scientific method obsolete ［J］. Wired Magazine，2008（7）：1－3.

③ 冯启思. 对"伪大数据"说不：走出大数据分析与解读的误区［M］. 曲玉彬，译. 北京：中国人民大学出版社，2015：136.

④ 爱因斯坦. 我的世界观［M］. 方在庆，编译. 北京：中信出版社，2018：27.

⑤ 梁吉业，冯晨娇，宋鹏. 大数据相关分析综述［J］. 计算机学报，2016（1）：1－18.

⑥ 钱学森. 科技情报工作的科学技术［J］. 情报学刊，1983（4）：4－13.

此，情报学之核心即在于追寻"为什么"。大数据所运用的相关关系分析理论和方法可以为公安情报学提供新的视角，但不能以此取代因果关系分析。公安情报学的某些领域，如服务于侦查破案的情报分析，不能止于相关关系分析，而应该建立完整的因果关系链。这样，情报能够转化为刑事诉讼证据，它才是有效的、合法的。

（二）崇尚数据万能而忽视人的智能

随着信息技术的普及，逐步实现了"量化一切，一切皆可量化"。凭借越来越丰富的数据，让数据自己"发声"——只要拥有足够的数据，数字自己就可以为自己说话了①——或许会成为可能。然而，并不是所有事物及其运动都能转化成数据，无论数据总量达到多大规模，所谓"足够的数据"这种理想化状况几乎是不存在的，所谓的"全数据模式"也是不可能的。② 数据"发声"同样也会出现错误。更何况，数字无法自己说话。任何数据集及数据分析工具，仍然是人类设计的产物，因而曲解、偏见和盲区同样存在于大数据中。

在这种"量化一切"的思维模式中，"世界多种多样的质还原为单一的量纲，使一切质的差异还原为单纯量的差异"。随着一种量纲的出现，也就意味着又"开辟了一个可计算的领域"。然而，当数据化大行其道之时，就意味着事物"质的多样性被抹平③"。因此，大数据方法并不一定能实现对事物的真实反映，并不见得有助于发现事实的本质特征。有时，适得其反，人类可能会因此陷入认识的误区。

情报是数据—知识—智能（Data – Knowledge – Intelligence）的融合，其中 Intelligence 是核心要素，所有情报都含有 Intelligence 的性质，都是智能、智慧的结晶。④ 目前，一些国家和地区推行基于大数据的预测警务模式（Predictive Policing），大数据提高了警务预测及情报分析的科学性，但警察

① ANDERSON C. The end of theory: the data deluge makes the scientific method obsolete [J]. Wired Magazine, 2008 (7): 1 – 3.

② ［英］维克托·迈尔 – 舍恩伯格，肯尼思·库克耶. 大数据时代［M］. 盛扬燕，周涛，译. 杭州：浙江人民出版社，2013：37.

③ 吴国盛. 什么是科学［M］. 广州：广东人民出版社，2016：188.

④ 王崇德. 关于情报［J］. 情报资料工作，1996（3）：3 – 7.

仍应该以最恰当的方式使用他们的知识、技能、经验去应对犯罪。① 公安情报学在吸纳大数据、重视数据的量化研究的同时，应突出 Intelligence 指向，不可忽视定性分析方面的研究，不能忽略人的智能。

（三）崇拜大数据技术而取消人的主体地位

大数据以现代技术为支撑，拥有强大的数据管理能力。通过信息技术的应用，可以实现数据的自动采集、实时处理与智能分析。大数据技术在不断发展与扩张，延伸、拓展人的各种能力。然而，如果任凭大数据技术泛滥，有可能会取消人类存在的必要性，导致非人道、非人性和非自由等异化现象的出现：如果一切都拿数据说话，"人"就有可能被降低成了"物"；如果人的自由意志受到限制，那么，到底是大数据技术控制人类，还是人类在控制大数据技术?② 这些都是大数据技术崇拜所导致的荒谬结果。

公安情报关乎人民生命财产、社会稳定和国家安全。在公安情报活动中，如果一味推崇数据而忽视人的主体地位，让数据取代人成为重大决策和警务行动的主导者，那么，极有可能会给公安事业带来重大风险和灾难性后果。以人为本、人道关怀、自由平等、权益保障等价值观念，在强大的大数据技术面前，可能会变得无足轻重。崇拜大数据，推崇技术至上，有可能导致公安情报学走入死胡同，因为这会消解 Intelligence 的价值，使公安情报学沦为大数据的附庸。

---

① 　PredPol 报告：在犯罪发生前未卜先知［EB/OL］. 福布斯中文网，2015 – 02 – 15.
② 　陈仕伟. 大数据技术异化的伦理治理［J］. 自然辩证法研究，2016（1）：46 – 50.

第三章

大数据环境下公安情报业务研究

当前，我国公安机关已经敏锐地觉察并充分认识到大数据发展对公安工作的作用。各地公安机关积极探索大数据在公安工作中的应用，如获取各种大数据资源，搭建大数据平台，引入大数据技术等。大数据丰富了公安情报工作的内容，提升了公安情报工作的效能。大数据发展已经对公安情报工作产生突出的影响。公安情报工作处在大数据环境下，已经是一种客观现实。这时，迫切要求理论研究及时跟进，深入总结分析大数据在公安情报工作中的应用，以及大数据环境下公安情报工作的发展路径。

本章研究大数据环境下的公安情报业务。考虑到大数据环境下警种情报业务的研究涉及面太广，且并不是每一个方面都会在大数据的影响下产生新的特征，故付诸阙如。本章主要研究大数据发展对公安情报工作的整体影响，以及大数据与公安情报流程的融合。前者以情报主导警务战略的实施为切入点；后者则既整体研究大数据环境下公安情报流程的优化，又从情报搜集、情报分析、情报服务等角度分别探讨它们与大数据的具体结合。从逻辑角度看，整体研究与局部研究显然不在一个逻辑层面，但为了章节安排的便利，将它们均列为二级标题。

需要说明的是，本章的研究对象"公安情报业务"虽然属于情报实践活动的范畴，但在具体研究中仍偏重于理论阐释。这是因为公安情报业务研究中每一方面的内容都比较复杂，如果具体论述情报实践活动的开展，必然需要投入大量的研究力量，这是本书所难驾驭的。本书以理论研究为主，故对于具体实践活动的开展少有论及，集中笔墨于一些理论性问题的阐释。例如，大数据环境下公安情报搜集将进行哪些调整与变革，大数据分析与公安情报分析如何融合，在大数据推动下公安情报服务将会出现哪些新的方式。鉴于当前对于大数据推崇过甚，笔者持批判性视角，反复申明大数据存在的误区和陷阱，力主在坚持公安情报业务主体地位的前提下，有选择性地吸收大数据理论、方法和技术。

第一节　大数据环境下情报主导警务战略的实施

21 世纪以来，我国公安机关大力实施情报主导警务战略，为警务改革与创新指明了方向。然而，这一战略具有超前性，是一种带有理想化色彩的构想。它所悬置的目标高远，而且在推进的过程中也面临诸多发展瓶颈。因此，情报主导警务战略只在某些局部得到了实现，并没有引发一场真正的警务变革。当前的大数据发展，为情报主导警务战略的全面实施创造了条件。将大数据的理论、方法和技术应用到公安情报工作中，可以推进情报主导警务战略的实施，使之真正在警务实践中落地、扎根，产生实效。

一、情报主导警务及其发展瓶颈

我国公安机关于 2005 年正式部署、实施情报主导警务战略。这一战略的提出，推动了我国公安情报工作的发展，使之进入一个新的发展阶段。然而，由于对情报主导警务战略的认识不清晰，实施这一战略的诸多条件尚不具备，因此目前它实际上并未对我国公安工作产生根本性、实质性的影响。

（一）情报主导警务的提出

"情报主导警务"是 20 世纪 90 年代在英国、美国、澳大利亚、加拿大等国家兴起的一种新型警务模式。其中最具代表性的是美国的 CompStat 模式和英国的国家情报模式（National Intelligence Model，NIM）。CompStat 模式，全称为 Compare Statistics 模式，意为"比较统计数据"。它是由比较数据统计报告、辖区指挥官简报、犯罪对策会议三个要素构成的统一整体：将统计数据及各类信息输入计算机，利用分析软件标示出犯罪高发的地点、类型，犯罪规律、趋势，据此调整警力的部署；各级指挥官共享情报资源，共同商讨问题对策，同时接受绩效考评。① 英国国家情报模式是警方及其他执法机构采用的一种通用业务模式。它要求将警务情报融入所有的决策，以警务情报产品为动力来推动警务工作的开展，形成信息通畅、标准化程度比较高的警务管理机制。② 具体来说，国家情报模式由 11 个要素构成，其中知识资源、系统资源、信息资源和人力资源是整个模式运行的基础；由信息采集、信息记录、情报分析、情报产品编制、战略战术任务派遣与合作、战术决定、总结评估等要素形成不断循环的工作流程。③

2000 年以来，上海、江苏、浙江、广东等地公安机关开始探索情报主导警务模式。2004 年 12 月，全国公安厅局长会议首次提出，要牢固树立情报主导警务的理念。2005 年 6 月，在杭州召开情报主导警务国际论坛，与会警务专家、学者阐述情报主导警务的概念、理论框架及实施策略。自此，情报主导警务在我国进入具体实施阶段。

情报主导警务战略在我国的实施是公安信息化发展的产物。在全国公安信息化建设基本完成的情况下，随着信息资源的日益丰富，如何从信息资源中转化、生产出有价值的情报产品，是公安机关面临的一个重要问题。情报主导警务战略强调各种信息资源的综合、协调与合理配置，充分发挥情报信息在支持决策、预测预警和引导打击、预防、控制违法犯罪活动中的作用，有助于公安机关履行维护社会治安秩序稳定的职能，提高指挥、决策能力，提升警务管理水平。

（二）情报主导警务的内涵及意义

关于情报主导警务的内涵，目前还没有形成统一认识。人们从不同角度提出了多种观点。西方国家主要从打击与预防犯罪的这一微观角度来理解情报主导警务：以刑事情报分析作为主要手段，通过有效的警务战略促进发案

---

① 赵金萍．美国"情报引导警务"的 CompStat 模式述评——兼与社区警务模式相比较 [J] ．铁道警官高等专科学校学报，2009 (5)：82 - 85.
② 梁慧稳，孙逸围．对我国公安情报信息体系构建的几点思考——英国国家情报模式启示 [J] ．北京警察学院学报，2013 (2)：60 - 65.
③ 吕雪梅．英国国家情报模式对我国信息警务改革的几点启示 [J] ．北京人民警察学院学报，2007 (3)：99 - 103.

降低和犯罪预防。① 当然，随着认识的深入，国外学者也认识到，情报主导警务并不局限于打击犯罪，而应扩展到所有重要的警察业务领域，从战略层次解决犯罪问题。② 我国主要从维护社会治安秩序的宏观角度来理解情报主导警务：将情报分析结果作为决策依据，再将领导决策及时转变成具体的勤务活动，进而影响和改善治安环境，然后根据反馈情况调整决策，从而不断提高警务效能。③ 我国对情报主导警务的理解是对西方概念的超越。当然，要将它真正落实到具体工作中，还面临许多难题。

情报主导警务是对传统公安情报工作模式的一次根本性变革。一是将公安情报工作置于基础性、先导性地位。公安情报在引领防范、指导打击、辅助决策等方面发挥关键性作用，在公安工作中居于核心地位。二是构建了一种基于情报的主动预防性的工作模式。公安情报工作不仅体现在基于案件驱使、警令驱动，针对已发生案（事）件线索、情报的发现上；它还要求充分发挥情报的预测、预警功能，注重对社会治安形势发展变化规律特点的分析研究，针对可能发生的案（事）件提出预防或控制策略。三是情报管理方式上，以警种为主体的管理方式转向综合管理方式。以警种为主体的传统公安情报工作各自为政，实行封闭式管理，情报传递渠道不畅通；实施情报主导警务战略，要求设立综合情报部门，加强统一与协调，注重综合研判，充分发挥整体优势，这样就能避免情报工作的低水平运转。

（三）情报主导警务的发展瓶颈

情报主导警务战略的提出，为我国公安机关树立了一个高大、宏远的目标。倡导之初，其被认为是继"社区警务"运动之后警务改革的又一主导理念，甚至被称为"第五次警务革命"④。目前，我国各级公安机关积极探索

① RATCLIFFE J. Intelligence – led policing ［M］. Canberra：Australian Institute of Criminology，2003：248.

② ［英］杰瑞·莱特克里菲. 情报主导警务 ［M］. 崔嵩，译. 北京：中国人民公安大学出版社，2010：74.

③ 王辉忠. 以情报信息主导警务，有效推进打防控一体化建设 ［J］. 公安学刊：浙江警察学院学报，2005（4）：5 – 10.

④ 汪小莉. 情报信息主导警务战略的实践与探索 ［J］. 江苏警官学院学报，2006（4）：178 – 181.

和实践情报主导警务战略，已经取得了初步成效。然而同时也应认识到，情报主导警务是对警务改革的一次全新尝试，目前还处于起步阶段。由于对推行情报主导警务所面临的困难缺乏准确判断与评估，实施情报主导警务战略难免流于形式，甚至只是原有公安情报工作模式的一种重新表述而已。实际上，它在公安机关并没有得到全面实施。

情报主导警务，正如这一术语所揭示的，它由"情报""主导""警务"三个要素构成。这三个要素所涉及的三个基本问题，构成了当前情报主导警务的发展瓶颈：一是用什么主导警务，即需要明确何谓"情报"。在社会信息化背景下，情报来自广泛分布的信息资源。这既意味着情报来源更为丰富，同时也说明情报获取的范围更宽，难度在加大。当前公安机关普遍存在情报资料不足的现象，难以满足日趋复杂多样的情报需求。二是情报如何主导警务，即需要明确何谓"主导"。情报要发挥主导作用，情报分析是关键。目前情报分析手段滞后，导致情报在公安工作中难以发挥关键性作用。三是情报主导什么，即需要明确何谓"警务"。警务，可以包括所有公安业务工作，或者说，公安工作的各个方面。当前公安情报应用单一，实际上未能在各个领域发挥作用。受以上三方面要素的制约，情报主导警务实际上难以在公安机关落地，得到全面实施。

当前大数据的兴起将对公安工作产生巨大的冲击与影响，也将为情报主导警务注入新的活力，使之由一种理念、理想真正成为行动、现实。针对情报主导警务发展中面临的瓶颈，大数据可以有效解决这些问题，成为驱动情报主导警务发展的重要力量。首先，大数据是公安情报的重要来源，可以为公安机关提供开放而丰富的情报资料。其次，大数据分析特别是应用于非结构数据的各种分析方法、技术，为公安情报分析开方便法门。最后，大数据在各个领域的广泛应用，为情报主导警务战略的实施提供了多方面的启示与借鉴。下面，将依次阐述大数据在以上三个方面对情报主导警务的推动作用。

二、大数据为"情报"主导警务提供丰富的情报资料

实施情报主导警务战略，首要前提是必须保证有丰富的情报来源。如果

情报来源不广，情报资料不充足，就无法生成高质量的情报产品，主导警务必然受到限制。目前公安机关最主要的情报来源是各个业务信息系统生成的信息资源。然而这些信息资源存在总量不足、类型单一、质量参差不齐等现象。所以，通过信息资源的开发利用来获取情报进而主导警务必然受到制约。在大数据环境下，以往不受关注的各种数据资料都可以成为情报来源，从而有助于化解情报主导警务中"情报"匮乏的困境。

（一）基于"情报"所导致的制约因素

在情报主导警务这一术语中，"情报"即"Intelligence"，而非"Information"。然而，如果进一步追问，Intelligence 从哪里来，则无法排除 Information。实际上，情报（Intelligence）＝信息（Information）＋分析研判。① 情报来自各种信息资料的解读、研判，这类信息资料包括有关违法犯罪活动的案（事）件信息，通过各种渠道获得的犯罪嫌疑人员信息，以及来自社会各个方面的相关信息等。为获得准确、有效的情报来主导警务，公安机关应该尽可能获取更多的信息资料。然而，无论是在公安机关内部实施全警采集，还是广泛获取外部信息资料，受限于各种主客观条件，实际上不可能穷尽所有的信息资料，以满足情报主导警务的需要。

在公安机关内部，建立健全"信息工作基础化、基础工作信息化"的工作机制，强化源头信息采集。然而，仍存在以下问题：一是信息资料质量不高。例如，信息采集内容不完整，录入不规范，缺项、漏项、错项等问题普遍存在；忽视动态信息的常规采集，数据不能及时维护更新；基层基础工作薄弱，源头信息不能全面采集等。二是信息采集投入大、成效低。这些信息资料绝大多数是结构化数据，必须依赖人工采集、录入，须投入大量人力成本。由于信息采集覆盖面广，基层民警信息采集任务繁重，造成信息采集效率低下，甚至影响了日常警务活动的开展。三是无法穷尽所有的信息资料。随着社会经济的发展，一些新的类型的信息资料不断纳入公安机关信息采集的范围。然而，基层民警限于时间、精力和能力，只能获取有限的信息

---

① PETERSON M. intelligence – led policing: the new intelligence architecture [R/OL]. Bureau of Justice Assistance, 2005 – 09. https://info. publicintelligence. net/IntelLedPolicing. pdf

资料。

公安工作管辖范围宽、覆盖面广，涉及社会的方方面面，公安情报来源于社会生活的各个领域。公安机关对各种外部信息资源——如工商、税务、民航、质监、海关、社保、银行、邮政、电信、医院、学校等组织机构掌握的信息资源——的依赖性越来越强。目前，对于种类繁多的外部信息资源，公安机关主要通过上级部门批示或与有关单位协商等方式来获取。然而，由于没有制度法规作为保障，外部信息资源获取有比较大的阻力，所获得的信息资源也存在时间滞后、数据项不全、利用率低等现象。

（二）大数据是"情报"主导警务重要的情报来源

信息是事物运动状态和方式的反映。它通过计算机或其他载体记录、存储，形成了各种可以识别、表述的数据。随着信息技术的发展进步，时间、方位、事物状况、个人行为、沟通交流乃至世间万物，一切皆可数据化。社会的"数据化"（Datazation），即"人类在信息传播、人际交往乃至日常生活的过程中，为了便于沟通、传播与保存，将一切客观存在均处理为数据"，是大数据环境下人类社会必然的发展趋势。① 社会数据化是大数据发展的一个重要特征。当社会生活中各式各样的数据借助各种现代信息技术平台、载体记录下来，就形成了大数据。② 这些大数据及时、准确、全面反映人类社会活动的各个方面。公安工作主要围绕人的社会活动展开，借助大数据可以还原人的社会活动状况。因此，大数据是公安机关最为重要的情报来源。

以往的公安情报工作，重点关注各种结构化数据，而忽视了社会生活中普遍存在的大数据——各种结构类型的数据，特别是非结构化数据、半结构化数据。与公安机关现有信息资源相比，大数据体量巨大，覆盖人类社会生活的各个方面；获取便利，几乎不存在部门或区域之间的数据壁垒；采集渠道公开，与现有法律法规没有冲突。源于结构化数据的信息资源是人为加工而成的，必然受限于人力；而且，只截取了一部分数据，必然难以全面、完

① 韩晗．"数据化"的社会与"大数据"的未来［J］．中国图书评论，2014（5）：26－32．

② 吴金红，张飞，鞠秀芳．大数据：企业竞争情报的机遇、挑战及对策研究［J］．情报杂志，2013（1）：5－10．

整地反映人类社会。与之相比，大数据无限丰富，取之不尽，用之不竭。当大数据进入公安情报工作的视野，情报来源不足的问题将得以全面解决，"情报"主导警务就具备了良好的前提和基础。

（三）完善"情报"主导警务中的大数据采集体系

要实现"情报"主导警务，必须掌握各类大数据。这些大数据能丰富公安机关现有数据的来源、内容和类型；不同数据互相补充、印证，可以促进公安情报产品质量的提升。大数据都是在自然环境下产生的。社会上常见的大数据类型，如网络数据、文本数据、视频图像数据、时间与位置数据、车载信息服务数据、射频识别数据等，都可以成为公安情报工作对象。公安机关应关注一切大数据，完善大数据采集体系，确保"情报"主导警务具备充足的情报来源。

1. 充分挖掘公安机关内部丰富的大数据资源。公安机关自身即拥有丰富的大数据资源，只是它们以往不受关注，故而未能进入人们的视野。应根据公安工作的实际需要，建立新的大数据采集平台。一是在日常警务活动中，随时采集各类大数据。例如，在询问讯问、巡逻盘查、户籍办理、交通管理、出入境证件办理等工作中，采用录音或录像设备、掌上电脑、数据采集器、图形记录仪、笔录扫描仪等采集大数据。二是从现有公安信息系统中抽取大数据。目前，公安机关开发了各种信息系统，应对它们进行改造、升级，使之具有大数据采集功能。这样，这些信息系统不但可以用于记录、存储各种结构化数据，还可以生成各种非结构化数据。例如，110报警系统除警情数据外，还应记录诸如反映报警人个性特征（如神态、情绪、心理），通话情况（如语速、语音、时长），以及报警状况（如时差、频率、方式）等方面的数据。同样，如警务信息综合应用平台、交通管理信息系统、出入境管理信息系统等，都应具有采集各种大数据的功能。三是发挥自身职能优势，在履行治安行政管理职能的过程中采集大数据，如旅馆、网吧等重点行业，以及车站、商场、医院、广场等重要场所方面的大数据。四是完善现有信息系统，如警用GIS系统、移动警务通、视频监控系统等，使之具有大数据采集功能。

2. 建立特定主题的大数据采集系统。当前，人类社会已进入开源情报时代。开放式数据库、印刷媒体、广播电视、地理空间数据、统计数据、商业图片资料等都是公安机关获取情报的重要来源。① 特别是互联网，已发展成为日益庞大的公开情报源。此外，政府公共部门是数据资源的主要生产者，在数据开放运动的推动下，政务信息公开成为国际惯例。因此，政府掌握的公共数据也将逐步开放、流动，成为重要的公开情报源。公安机关应根据自身职能职责，研发大数据采集系统，从互联网、物联网、电子媒介等开源系统中提取所需要的大数据。重点围绕国家安全、社会治安、社会稳定、反恐冲突、舆情动态、社交网络等专题，建立可以容纳大数据的基础数据库。

3. 广泛获取社会上各类大数据资源。仅依靠公安机关自身力量，所掌握的大数据资源毕竟有限。公安机关应广泛获取社会上各种大数据资源，并与现有数据整合、集成、关联。公安机关可利用牵头组织反恐、维稳工作的职能优势，与其他社会组织机构建立交易数据或共享数据的机制。在利用外部大数据资源时，应强化对大数据价值的认知，善于发现那些隐藏的、以前未被发掘的价值。例如，关于移动通信数据，除机主身份、通话内容、通信录、短信等数据外，其他数据也能产生价值。如通话行为数据，包括在网时长、通话次数、短信息费、通话计费、账单数据；通话状态数据，包括本地白天通话时间、本地夜晚通话时间以及拨打异地移动电话费、拨打本地移动电话费；通话习惯数据，包括用户主叫通话时间、用户被叫通话时间、用户主叫次数、用户被叫次数等。②

4. 激活现有数据资源。目前，公安机关掌握了比较丰富的数据资源，然而对这些数据的利用还不全面，其中有价值的内容没有充分挖掘出来。公安机关应具有大数据的思维、观念，创新数据资源的深度应用：（1）数据的再利用。在大数据时代，所有数据都是有价值的，而且是长期有价值的。然而，数据的价值特别是潜在价值，有时无法识别与评估。因此，不要根据当前的判断，将所谓"无用"的数据轻易丢弃。如旅馆住宿记录、交通违章记

---

① 赵小康. 公开源情报——在情报学和情报工作中引入 Intelligence 的思考［J］. 情报理论与实践，2009（12）：23 – 27.

② 彭知辉. 大数据：开启公安情报工作新时代［J］. 公安研究，2014（1）：76 – 80.

录、110 报警记录等，应尽可能长期存储，以便今后应用。（2）数据的重组利用。即两个或多个数据源混搭起来加以利用。多个数据集重组在一起时，有时会产生更大的价值。例如，将人员数据、车辆数据、案件数据与地理数据加以重组，可以构建一个人、案、物和时空的关联系统。（3）数据的重新利用。一些原以为无用的数据（数据废气），如互联网络、信息系统中有关数据查询、选择和使用等方面的数据，实际上也可以挖掘出新的价值。①

三、大数据为情报"主导"警务创造良好的条件

从海量信息资源中挖掘出有效的情报，仅凭个人经验、智能，是无法胜任的，需要借助各种技术手段来提升情报分析能力。公安机关情报"主导"能力不强，究其根源在于受到情报分析能力的制约。发展迅猛的大数据分析技术，将有助于全面提升公安情报分析的能力和水平。

（一）基于"主导"所导致的制约因素

在情报主导警务（Intelligence – Led Policing）这一术语中，"Led"是"go in front"的意思，② 准确地说，应翻译为"引领""引导"。在情报主导警务模式中，要实现"主导"，必须强化情报分析工作，提高分析预测能力。情报"主导"警务，突出情报在警务活动中的引领或先导作用，即预知于前、防患于先，这是情报主导警务的本质所在。为此，实施情报主导警务战略，首先必须具有强大的情报分析能力，准确预测社会治安形势发展变化的规律、特点，及时发现危害国家安全、影响社会治安稳定的苗头和因素，科学预测案（事）件发生发展的趋势。目前，情报"主导"方面的不足，主要体现在公安情报分析还不能满足实际工作的需要。

公安情报分析成效比较低，是制约情报主导警务的突出问题。例如，采用定期工作例会、研判会商等形式开展情报分析，过于依赖研判者的知识、经验、直觉，往往难以保证分析结果的准确性；或者仅对信息数据做分类、

① ［英］维克托·迈尔－舍恩伯格，肯尼思·库克耶. 大数据时代［M］. 盛扬燕，周涛，译. 杭州：浙江人民出版社，2013：128－149.
② 英国培生教育有限公司编. 朗文当代高级英语词典：第6版［Z］. 北京：外语教学与研究出版社，2019：1456.

统计等低层次的分析，方法单一，缺乏对信息的深度挖掘。① 公安机关正积极探索将数学统计方法运用于情报分析，建立各种数学模型来开展定量分析。即以情报信息综合数据库为基础，以特定的人、组织和群体作为切入点，研究其因果关系或相关关系，对重大事（案）件发生、发展、变化的可能性进行预测，形成预警性情报。然而，由于公安工作覆盖面广，且每一项工作都具有高度的复杂性，建立用于情报分析的各种模型方法，还是一个艰难摸索的过程。

信息技术手段和工具软件利用方面的不足，也是情报"主导"警务一个重要的制约因素。以计算机技术为核心的现代信息技术为面向海量信息资源的情报分析创造了条件。情报主导警务以信息技术为支撑，需要将各种技术手段运用于情报分析中。各种数据分析软件可以提高情报分析效能，公安机关正将它们开发、应用于公安情报工作中。然而，这些技术手段和工具软件来自社会其他行业、领域，将它们应用于公安工作，还需要根据警务活动的特征、内容等重新开发设计。目前，符合公安工作实际、已经产生明显成效的情报分析技术手段或工具软件并不多，不足以满足公安情报工作的需要。

（二）大数据将破解情报"主导"警务的困境

由于大数据自身的特性及优势，基于大数据开展公安情报分析，情报产品质量将会获得大幅度的提升。有高质量的情报产品作为保障，情报"主导"警务的能力也将显著提高。

大数据开启了全数据模式，即可以实现对事物所有数据，或者说尽可能多的数据的采集、分析、处理。显然，所获取的数据越多，分析预测的结果就越准确。社会治安问题是各类社会矛盾和各种复杂的消极因素的综合反映。在信息化时代，无处不在的大数据可以比较全面地反映社会治安状况。基于大数据的公安情报分析，能够准确描述与科学预测复杂多变的社会治安局势，为用户提供具有高附加值的情报产品。

情报分析的准确性有赖于情报来源的可靠性。如果情报来源质量不高，

① 王小锋．论公安情报研判活动的科学方法［J］．武汉公安干部学院学报，2009（4）：31–33.

公安情报分析在面临一些不确定因素时就无法做出准确判断。大数据放宽了容错的标准，允许不精确数据的出现。其实，少量数据的混杂、错乱，也是事物状况的真实反映，反而更能接近事实的真相。而且，大数据包容了巨量的数据，能够抵消错误数据所造成的影响，或者因这些错误数据微不足道，可以忽略它们的存在。基于大数据的公安情报分析，不再受限于数据的质量及由此带来的风险，也就提升了公安情报分析能力。

结构化数据是经过一系列有序化处理后形成的数据，因此它一般是历时的。大数据伴随事物的运动变化而产生，它基本上是实时的。在公安情报分析中，特别是针对重大事件的预测预警分析，数据资料不及时，往往导致情报产品滞后于事物的发展。基于大数据的公安情报分析是根据事物的发展变化而同步展开的，其间的时差得到了压缩，情报产品的时效性、适用性也获得了提升。

（三）提高情报"主导"警务中的大数据分析能力

大数据的兴起，为提高情报分析能力及情报"主导"警务的能力创造了条件。情报分析的基本原理是由此及彼、由表及里，揭示事物的本质和规律，这是一种基于因果关系的分析方法。然而，并不是所有事物都存在因果关系，而且有些事物的因果关系相当复杂，难以获得清晰、准确的认知。拘泥于因果关系分析，会耗费大量的时间和精力；而基于主观、错误因果关系的推理，会导致情报失误。大数据分析建立在相关关系分析的基础上，为公安情报分析提供了一个全新的视角和思维方法。它有助于超越个体经验、主观判断或逻辑推理，发现大数据中隐含的知识和关系，发掘事物新的、本质的联系。因此，大数据可以全面提升公安情报预测分析能力。[①]

大数据分析与情报分析有着天然的联系。它们都是以信息和数据为研究对象，对信息和数据进行有效组织管理、分析挖掘，从中获取价值的过程。[②]大数据是采用传统软件工具无法处理的数据集合。大数据分析可以从动态、

---

① 李伟，孙论强，李锁雷．"大数据"思维在公安实战中的思考和实践［J］．中国人民公安大学学报：自然科学版，2013（4）：20-25.
② 李广建，化柏林．大数据分析与情报分析关系辨析［J］．中国图书馆学报，2014（5）：14-22.

实时、异构、庞大的数据中挖掘出有效的情报。它为公安情报分析提供了更为丰富的分析处理海量信息资源的技术手段和工具。目前，已经研发了一系列大数据关键技术，如分布式文件系统 GFS、分布式数据库 BigTable、批处理技术 MapReduce，以及开源实现平台 Hadoop 及数据可视化技术等，提高了处理、分析大体量数据资料的能力。① 大数据分析不断从计算机科学、统计学、应用数学等众多学科移植、引入关键技术，提高从海量数据中挖掘情报价值的能力。随着大数据发展，各种新的技术手段和方法工具还会不断开发出来。将它们融入公安情报工作，情报分析能力也就能与时俱进、不断提升。

公安机关除积极引入各种大数据分析技术之外，还要重视自身相关技术产品的研发。应激发民警的创新能力，鼓励民警深入探索大数据分析技术，特别是结合具体工作，研发出适用性强的技术产品。大数据发展为创造创新提供了源泉与动力。大数据的神奇之处在于，"一组数据，可能会得到数据搜集人难以想象的应用，也可能会在另一个看起来毫不相关的领域得到应用"。② 故而应尽可能将各类大数据向全体民警开放，使之自由流动，成为全警创新的平台。这样，广大民警可以结合自身工作，开发各种应用程序，按照不同业务需求对大数据所蕴含的情报价值进行挖掘、分析与利用。

四、大数据为情报主导"警务"开辟广阔的应用空间

根据情报主导警务的理想化设计，情报可以引领警务，在各种警务活动中获得广泛应用。然而事实上，在以往警务实践中，公安情报仍只是在案件侦查、治安管控等个别领域发挥作用。目前，大数据在社会各个领域得到了广泛的应用，公安机关应该在大数据的推动下，逐步拓展公安情报应用领域。这样，情报主导"警务"——所有警务活动——或许将成为现实。

① 刘智慧，张泉灵. 大数据技术研究综述［J］. 浙江大学学报：工学版，2014（6）：957－972.

② 美国联邦政府跨部门工作组总统科学技术委员会. 利用数据的力量服务科学和社会［R］. 2009－01. 转引自涂子沛. 大数据：正在到来的数据革命［M］. 桂林：广西师范大学出版社，2012：209.

（一）基于"警务"所导致的制约因素

"警务"（Policing），国内一般称为"公安工作"。就主体而言，特指公安机关所实施的活动；就工作内容而言，包括刑事司法活动、行政管理活动、公共服务活动等。① 可见，"警务"所涉及的范围十分广泛。欧美国家探索情报主导警务，以减少犯罪为目标，通过对犯罪环境进行解释，形成情报产品，然后对警务决策产生影响。② 在西方语境的情报主导警务中，"警务"一般专指警察机关所实施的打击犯罪的活动。我国倡导情报主导警务，是指以情报为依托，提高警务决策的正确性，最终达到预防与打击犯罪、维护社会秩序的目的。③ 在我国语境中，"警务"指的是与公安机关职能相关的各项活动。我国推行情报主导警务，其价值导向不仅在于为打击犯罪提供服务，更希望将情报广泛应用于各项警务活动中，从而引领警务变革，构建一种基于情报的、主动的警务模式。

然而，情报主导"警务"的宏大目标在我国公安机关并未实现。当前公安情报工作着眼于已发生案件、事件的追踪、还原，从而获得情况、线索，以实现精确打击。这实际上仅仅是一种战术层面的情报主导警务，仍是一种被动的警务模式。④ 所谓情报主导"警务"，其实不过是情报主导"侦查"而已。至于情报如何主导预警、防范、控制、管理等，并未真正实施或取得明显的成效。

情报未能广泛应用于警务活动的各个方面，与公安情报工作自身的局限性有关。通常，无论怎样深入的情报工作，都难以达到对客观事物的准确认知，总存在某种近似性。例如，受到各种条件的限制，情报搜集不可能穷尽所有的资料，而且也难以保证所有资料的可靠性；情报分析人员受学识、经验、能力的限制，难以确保不出现情报失误；预测所依据的信息资料来自变

① 程琳. 公安学通论［M］. 北京：中国人民公安大学出版社，2014：41.
② 万川. 西方情报主导警务理论的发展脉络［J］. 北京人民警察学院学报，2009（6）：84 – 87.
③ 彭知辉. 情报信息主导警务基本问题研究［M］//曹凤，彭知辉，陈亮. 公安情报学前沿问题研究. 北京：中国人民公安大学出版社，2008：178.
④ 蔡海南，张浩凯，张林. 情报如何主导警务——情报导警的内涵及发展层次［J］. 湖北警官学院学报，2011（5）：104 – 106.

化中的事物，而事物的动态变化又导致信息滞后，这样预测的结果必然存在不精确性。由于公安情报工作的种种局限，情报仅仅应用于低风险、易于驾驭的侦查破案等个别领域。当公安情报应用于一些复杂多变、风险性高的领域时，必须谨小慎微。如此一来，必然会压缩情报应用的范围。

（二）大数据使情报主导"警务"成为可能

警务活动涉及人的生命和财产安全，往往具有较大的风险。要避免风险，就必须比较准确、全面地了解警务活动所涉及对象的现状，并把握其未来发展趋势，这样警务决策才有依据和目标。公安情报工作特别是基于大数据的情报工作，可以全面掌握事物的"过去"，并科学分析事物的"未来"，这样能达到对事物的"全知"，必然能有效主导"警务"。

大数据几乎是采用全数据的方式对特定事物进行描述。因此，应用大数据，既能分析警务活动的发展现状和局部特点，也能掌握它的整体状况及特征规律。例如，公安机关通常利用 110 接处警情数据来分析社会治安状况，然而，警情数据难以综合、全面反映社会治安的总体状况。如果采用大数据方式，需要尽可能对涉及社会治安的所有数据进行监测，这些数据包括执法办案部门报警案件登记情况、民警值班日志、群众来电来信或亲临报警求助情况等公安业务数据，实有人口、场所特业、重点单位、公共场所等反映社会治安状况的数据，群众社会治安安全感和满意度调查数据等，那么，从这些数据中分析、得出的情报结论就能接近于事实，从而准确掌握社会治安局势。再如，公安交管部门通过道路上的地磁车辆检测器，实时采集交通流量信息，运用大数据技术和算法优化与调整系统控制的路口和区域内的交通信号配时。① 利用电子警察、视频监控、流量检测等数据开展情报分析，可以为交通高峰时段及节假日车辆分流、科学治堵提供情报支持。

大数据应用的核心就是预测。由于大数据能够准确、客观反映事物的"过去"，那么，由"过去"推演"未来"，即对事物做出预测性分析，就具有很强的可靠性。大数据预测之所以能取得成功，是因为它建立在海量数据

---

① 刘媛. 看公安交管"大数据"如何改变生活［N］. 人民公安报·交通安全周刊，2019－04－19（004）.

甚至全数据的基础上。而且，随着接收到的数据越来越多，大数据预测具有自我学习功能，可以自动搜索最好的信号和模式来改善预测方法。因此，将大数据运用于公安情报工作中，有助于提升公安机关的预测预警能力，增强警务活动的针对性、主动性、前瞻性，为真正构建一种主动的、预防为主的情报主导警务模式创造条件，使情报主导"警务"真正成为可能。例如，往日的警情预警研判，主要通过历史数据开展情报分析，形成各种表格、曲线图及文档之类的情报产品，反映社会治安状况。而现在，可以采用动态感知的方式，获取海量数据，运用大数据分析工具，"以数据模型体系为依托，以数据可视化为技术路径，探索建立城市安全风险监测—评估—预测应用体系"。①

（三）大数据将拓展情报主导"警务"的领域

大数据已经在各个领域得到了应用，而且还将具有更为广泛的应用前景。大数据的发展，将改变人们对情报的认知，为公安情报应用领域的拓展创造条件。公安情报可以应用于打击、防范、控制、决策、管理、服务等各个职能的重要环节，在维稳处突、预警防范、领导决策以及推进社会管理等方面发挥重要作用。目前，我国公安机关正在努力顺应大数据发展趋势，积极探索大数据在公安工作中的广泛应用。

打击犯罪是公安机关的主业，这也是公安情报工作的主要着力点。为改变"打不胜打、防不胜防"的局面，我国公安机关借鉴美国 CompStat 模式，利用警情数据分析出犯罪热点地区，这样使打击犯罪更有针对性。然而，由于这些数据往往只反映犯罪活动的某些局部现象，因而情报分析也仅仅是对犯罪活动现状做出粗线条的描述。大数据可以全面反映社会治安的整体状况，准确反映犯罪嫌疑人的行为状态甚至心理动因，基于大数据的情报分析将会使精准打击成为可能。

"打防结合，以防为主"是我国公安工作的基本方针。要防患于先，必须预测于前。强化社会治安防控，情报工作是一个重要抓手。在公安情报工

---

① 杨槐柳. 武汉：警务大数据"神器"为基层增添新战斗力 [N]. 人民公安报，2017 – 08 – 04（002）.

作中，往往是通过历史的、静态的数据来开展社会治安趋势分析。通常，数据量越大，结论越准确。然而，这种利用有限数据加之以经验判断、逻辑推理而得出的情报，有时也会出现不准确甚至误判的现象。大数据分析建立在海量数据基础上，而且，这些数据及时性强，动态更新。将大数据分析运用于情报工作中，就能提高公安机关的预测预警能力，为社会治安防控提供强有力的支撑。

维护社会稳定是公安机关的重要职责。当前，由于社会矛盾不断积聚，公安机关维稳压力很大。通过情报工作，可以获取一些深层次、内幕性情报，及时发现事件的苗头、线索。这些情报一般通过人力手段来获取，工作难度大，成效低。其实，社会矛盾事件发生前后，必然会在信息空间中留下某些"数据痕迹"，借助大数据技术，通过情报分析可以科学预判维稳态势，及时防控，把握维稳工作的主动权。

我国公安机关面临社会治安形势日益严峻、公安工作任务日益繁重与警务资源严重匮乏的多重压力。以情报为先导，实现对有限警务资源的科学合理配置，可以充分发挥警务整体效能。大数据与公安情报工作结合，可以提升警务管理水平，推动公安机关向智慧警务方向发展。在警务指挥、决策活动中，可以实现警务战场实时动态信息、治安监控传感器信息、警务领导与指挥命令等同步传输，提高公安机关的整体作战水平。在警察队伍建设中，大数据方法、技术的运用有助于更加准确地了解与把握民警的需求特征、兴趣爱好、行为倾向等，从而为实施以人为本的警务管理提供情报支持。①

公安机关作为政府重要组成部门，需要履行社会管理与社会服务职能。当前，人、财、物等因素流动频繁、瞬息万变，公安机关既要应对社会管理前所未有的复杂形势，又要积极回应公众需求，社会管理与社会服务的任务日趋繁重。应用大数据，可以摸清群众关注的社会治安突出问题，以民意为导向，按照实际需求科学调剂警力，有针对性地开展工作；可以科学预测社会管理发展变化的趋势，准确把握行业及组织的发展方向，从而提前采取应对措施；在交通管理、110 接警、户籍办理、出入境管理、机动车管理等社

---

① 张兆端. 关于公安大数据建设的战略思考［J］. 中国人民公安大学学报：社会科学版，2014（4）：17－23.

会服务活动中，利用大数据可为公众提供高效、优质、便捷的服务。

当前，我国公安机关已经敏锐觉察并充分认识到大数据发展对公安工作的影响。各地公安机关正积极探索大数据在公安工作中的应用，大数据丰富了公安情报工作的内容，提升了公安情报工作的效能。当然，也应清醒地认识到，推动公安情报工作迈入大数据发展阶段，将大数据融入情报主导警务，这将是一个艰难探索的过程。一方面，打造大数据生态系统涉及方方面面，如创建管理良好的云环境，构建大数据基础物理架构，引入大数据分析技术，改善数据管理模式，培养大数据思维，等等，都需要长期摸索、不断实践；另一方面，应用大数据和实施情报主导警务，必然牵一发而动全身，需要实施警务体制、机制改革，制定一系列配套措施，如整合警务资源、改造警务流程、创新警务模式等。为此，公安机关应找准切入点，一步步推动大数据在实施情报主导警务战略中的应用。

第二节 大数据环境下公安情报流程的优化

公安情报流程是对公安情报工作进行科学规范的结果。它规定了公安情报工作的基本环节、运行模式，是公安情报工作顺畅、高效运转的重要保证。公安情报流程具有相对的稳定性，但并非一成不变。一方面，它在自身的运行过程中会暴露出某些矛盾、缺陷，需要及时加以调整、弥补；另一方面，从外部环境来看，社会环境的变化，新的技术方法的出现等，都会造成公安情报流程的发展演变。目前，公安情报工作尚处于发展、探索的阶段，在传统沿袭中形成的公安情报流程存在一些不合理之处。现在，大数据发展已经渗透到公安情报工作的各个方面，公安情报流程面临调整、整合与重构的契机。基于此，有必要对公安情报流程的形成、情报环节及其构成以及运行模式等进行深入梳理，然后探讨大数据环境下公安情报流程的发展与变革。

一、公安情报流程的形成

流程，是指一些相对复杂的活动，在进行过程中一系列连续而有规律的行动先后次序的安排。例如，某项活动涉及两个以上的业务步骤，由不同的人共同完成，这时，就需要制定出流程，规定活动的程序、内容、方式、责任等。情报活动是一项复杂的集体性工作，情报流程是情报工作发展的自然结果。当情报工作逐步复杂化，涉及的业务环节将日益繁杂，这就需要将情报工作划分为若干阶段或步骤，对它们的先后顺序做出规定。这样，就产生了情报流程。美国情报学家谢尔曼·肯特指出，可采用公式化表述来研究情报活动，也就是将情报活动归结为若干步骤或行动；情报作为一种活动，可以将其表述为"流程"进行阐述。① 所谓情报流程，就是将情报活动分解为若干步骤或行动，并将它们有效地组合在一起。制定情报流程，意在明确"何人为何人做何事"。②

　　情报流程规定了情报活动的基本环节、运行模式等，是对情报活动概括、提炼的结果，它反过来为情报活动的有序开展提供保障。高效运行、运转顺畅的情报流程是情报活动正常开展的前提和基础。③ 同样，公安情报流程是在公安情报工作日益复杂化的情境下，对公安情报活动予以规整的结果，也是公安情报活动规范化、科学化发展的保障。设计科学、规范的情报流程，有助于公安情报工作有序、高效地开展。

　　我国公安情报工作经历了由简单到复杂的发展过程。起初，公安情报工作主要服务于案件侦查，围绕已经发生或可能发生的违法犯罪活动获取情报，如发现案件线索、查找犯罪嫌疑人，或梳理、分析案件规律特征等。这类情报工作规模小，内容单一，一般两三人在短期内即可完成。它主要存在于刑侦、经侦、禁毒等专业警种之中，由其内设的专业情报部门来完成，故称之为专业情报工作。这时，公安情报工作不存在截然分明的活动步骤，因而没必要制定统一、规范的公安情报流程。

　　2005 年以来，随着情报主导警务战略的实施，各地各级公安机关开始设

---

① ［美］谢尔曼·肯特．战略情报：为美国世界政策服务［M］．刘微，肖皓元，译．北京：金城出版社，2015：123．
② ［美］马克·洛文塔尔．情报：从秘密到政策［M］．杜效坤，译．北京：金城出版社，2015：76．
③ 彭知辉．情报流程研究：述评与反思［J］．情报学报，2016（10）：1110－1120．

立综合情报部门——公安情报中心。与专业情报部门面向警种不同，综合情报部门主要面向本级公安机关开展工作，服务于所在公安机关各个警种、部门的各项行动与决策。其核心职能定位于整合、关联、参谋、服务等方面，即整合、汇集各方面情报资源，开展全局性情报综合研判，辅助领导决策指挥，为警务实战提供情报支撑。① 这一阶段的公安情报工作，即公安综合情报工作，内容已趋于复杂，包括情报搜集、录入、核查、存储、检索、传递、会商、研判，以及情报运用、评估、反馈等。同时，它已成为公安机关一项长期性、常规性的工作，需要多部门、多警种共同参与完成。在这种情况下，必然要求确立公安情报流程，明确公安情报流程的基本环节、运行方式等。因此，随着公安综合情报部门的设立，各地公安机关纷纷制定情报工作制度，规范情报流程。

二、公安情报流程的构成

情报流程是对不同类型、不同领域情报活动在基本程序方面的共性，人为概括与归纳的结果。为实现对情报活动规律的科学总结，以及对情报活动的具体描述，需要对作为整体的情报活动进一步分解，这样就形成了不同的环节，若干个环节则组成情报流程。因此，情报环节是公安情报流程的基本单位。确立情报流程内部各环节之间的关系，构成公安情报流程的运行模式。

（一）情报流程环节的名称表述

在早期有关情报流程的描述中，情报环节实际上就是指情报流程中的步骤（Step）。这些步骤都是情报活动过程中的一个阶段，存在时间先后关系。情报活动按一个个步骤逐步推进，这样就构成了情报流程。② 例如，谢尔曼·肯特在1949年出版的专著《战略情报：为美国世界政策服务》将情报

---

① 孙晓伟. 综合情报信息机构设置问题探讨［J］. 公安研究，2010（8）：76－78.
② Federal Bureau of Investigation. Intelligence cycle［EB/OL］. 美国联邦调查局，2016－01－19.

流程划分为七个步骤，这些步骤实际上就是情报活动的七个阶段。① 显然，作为某一步骤的情报环节，不能脱离情报流程而独立存在。

互联网及现代信息技术的发展，使得情报活动不必严格遵循规范化了的情报流程来组织实施。例如，情报环节之间的先后关系可以打乱，不同情报环节可以同时开展，或者某些情报环节可以忽略。这时，情报环节不再是情报流程中具有固定次序的"步骤"，而是具有相对独立性的"情报行动"（Intelligence Operation）。② 情报环节成为一项项"情报行动"，可以让情报流程避免固化、僵化，成为一种类似工业生产流水线的操作规程，确保情报活动的灵活性、多样性。

情报活动作为组织的一项功能，需要依托组织而发展。以往，在情报流程研究中，仅关注情报活动自身，其构成要素也仅为其内部的若干情报环节。根据"价值链"（Value Chain）理论，企业等社会组织活动是由一系列各自独立但又相互关联的创造价值的活动构成。③ 价值链理论给人们的重要启示是，情报活动作为组织的一项价值创造活动，除关注情报流程这一基本活动外，还应关注其他支持性活动。这样，组织结构、人力资源、组织文化、外部环境等，也成为情报环节中的"要素"（Element）。④

情报流程环节的称谓，存在"步骤""行动""要素"等不同表述，体现出对情报环节性质的不同认知。实际上，情报环节既是情报流程中的一个阶段，也是可以独立存在的一项行动，同时还需要将一些与情报活动相关的要素纳入其中。

（二）公安情报流程基本环节的划分

公安情报流程是对公安情报工作的具体描述。公安情报工作本身是作为

---

① ［美］谢尔曼·肯特. 战略情报：为美国世界政策服务［M］. 刘微，肖皓元，译. 北京：金城出版社，2015：130－147.

② U. S. Joint Chiefs of Staff. Joint publication 2－01，joint and national intelligence support to military operations［R］. Washington，D. C：GPO，2004：III－2.

③ ［美］迈克尔·波特. 竞争优势［M］. 陈小悦，译. 北京：华夏出版社，1997：36.

④ 史健勇. 基于价值链重构的企业竞争情报价值增值研究［J］. 情报科学，2014（5）：37－41.

一个整体存在的。然而，由于这项工作内容比较复杂，时间周期长，涉及人员多，为便于整体把握其规律特征，需要从中抽取、提炼出一些关键性环节作为情报流程的要件。因此，公安情报流程基本环节的划分是人为的产物。对这些环节性质、范围的界定不同，关于公安情报流程基本环节的划分，就会出现各种不同的观点。

在实施情报主导警务战略、推进公安综合情报工作过程中，各地公安机关在制定情报工作规范时，对公安情报流程的基本环节做出了规定，出现了不同的划分方法。例如，有的划分为采集、传递、处理、分析、利用；有的划分为采集、传递、研判、运用、评估；有的划分为采集录入、处理研判、报送发布、应用实战；有的划分为采集、核查、传递、会商、研判、应用、反馈、积累；有的划分为采集与录入、核查与报送、情报研判、情报应用与反馈、情报评估与考核等。在公安情报流程基本环节的术语表述、先后次序等方面，存在明显的分歧。

在学术研究中，一些文献对公安情报流程基本环节的划分，也出现了不同的观点。例如，有的划分为情报采集、报送处理、分析研判、预警通报、实战应用；① 有的划分为收集、整理、研判、运用、跟踪、评估；② 有的划分为搜集、传递、整理、鉴别、存贮、检索、分析、应用、反馈；③ 有的划分为搜集评估、采集录入、查询检索、分析研判、情报整编、情报传递服务；④ 有的划分为策划、收集、评估、整理、分析、发布、反馈。⑤ 总的来看，这些文献并没有专门研究公安情报流程，对其环节的划分显得比较随意。

① 陈一兵. 实施情报信息主导警务战略，积极构建具有时代特征的情报信息体系 [J]. 公安学刊：浙江警察学院学报，2006（2）：83-86.
② 丁贤真. 治安情报体系建设的理性思考——刍议治安总队情报处的业务建设 [J]. 上海公安高等专科学校学报，2007（增刊）：159-164.
③ 张平. 公安情报学学科建设思考 [J]. 江苏警官学院学报，2005（4）：146-148.
④ 谢晓专. 公安情报学的研究对象与内容论纲 [J]. 情报科学，2013（9）：128-132.
⑤ 李建辉，陈俊旭，单一唯. 大数据对公安情报流程影响研究 [J]. 湖北警官学院学报，2015（3）：20-23.

（三）公安情报流程的运行模式

公安情报流程是由若干彼此关联、相互作用的环节构成的完整体系。这些环节既有时间上的先后次序和承接关系，还存在紧密的逻辑关联，形成一个完整的体系构架。因此，公安情报流程内部各环节之间的关系，即公安情报流程的运行模式，是情报流程研究的一个重要内容。目前，我国公安机关只是简单地将公安情报流程的各个环节罗列出来，把它们理解为相对独立的并列关系，或前后相连的时间序列关系，并没有构建出一个严谨的、获得普遍认可的公安情报流程运行模式。细加梳理，关于公安情报流程的运行模式存在以下两种代表性观点：一是线性模式，二是循环模式。

线性模式将公安情报流程理解为若干环节按照时间先后关系依次推进的过程。例如，采集与录入→核查与传递→分析研判→应用与反馈→评估与考核。它将公安情报流程划分为几个相对独立的环节，并规定每一环节的责任主体、业务内容、工作机制等，这些环节组合在一起，即构成完整的公安情报流程。线性模式将情报活动规范为类似生产流水线一样的工作流程，有助于情报活动的有序推进和有效管理。然而，这一模式并不符合公安情报工作实际。公安情报流程各个环节并非界限分明、完全独立，情报流程并不是一个线性的单向运行过程，它没有充分考虑情报活动的灵活多变性，即并不是所有情报活动都要遵循这一完整的工作流程，也没有考虑到情报活动在一个完整的流程内可能无法完成的情况。这一线性流程不符合人类真实的认知过程，即思维是非线性的，在寻求解决问题的过程中存在跳跃性、反复性。线性模式的公安情报流程将公安情报工作简单化、机械化，使得各环节难以有效衔接，情报工作难以形成合力。

循环模式将公安情报流程理解为多个环节循环往复的过程，如"规划→搜集→评估→整理→分析→发布→反馈→规划→搜集……"即情报用户提出需求，情报部门予以确定，形成情报规划，并向情报搜集单位分派任务；情报资料搜集后，需要进行加工处理，然后开展分析研判，形成情报产品；情报用户在运用情报产品的过程中就情报需求的满足程度提供反馈信息，产生新的情报需求，启动新的一轮任务，使整个循环再次运转。循环模式将情报活动规范为一个先后有序、依次推进、连续循环的过程，为解决问题提供了一个最为简单的方法。然而，它将公安情报工作视为一种标准作业程序，认为情报人员应严格遵守这一程序，并将它作为基本的情报思维方式和心理定式。① 这显然忽视了公安情报工作的灵活性、多变性，会导致公安情报流程的固化、僵化。事实上，情报工作并不是一项标准化作业程序，情报人员不会严格遵循循环流程来开展工作。他们有可能从情报循环的一个环节跳跃到另一个环节，也有可能情报搜集、情报处理、情报分析等同步进行。甚至，还可以完全颠覆这种模型，采用逆向思维方式，从明确用户所需情报产品出发，确定解决问题的情报分析方法，进而推断应该搜集的情报资料。②

三、公安情报流程存在的问题

公安情报流程由众多环节构成，需要厘清各个环节之间的关系，确保不因环节的区分而导致情报工作脱节。公安情报流程的运行需要不同主体共同参与，因而有必要做好参与各方的协调工作。公安情报工作与公安机关其他业务活动密切相关，公安情报流程必须嵌入整个公安工作中才能实现其价值。因此，规范公安情报流程意义重大，因为它事关公安情报工作的有序开展、高效运行。然而，由于思想认识不到位，或措施不得力，或受到体制、机制等方面的束缚，目前公安情报流程仍存在以下问题。

（一）公安情报流程的环节划分混乱

如前所述，目前对公安情报流程基本环节的划分简单、随意，缺乏科学依据。一是对这些环节的表述不严谨。同一环节出现不同的称谓，如"情报搜集""情报采集""情报收集"，如"情报利用""情报应用""情报运用"，再如"情报分析""情报研判""情报分析研判"。有的内涵不明确，用语不符合学术规范，如"核查""积累""跟踪""考核"等。二是各环节之间的次序混乱。例如，"评估"这一环节，有的放在情报流程的开端，有的放在中间，有的放在最后。实际上，情报识别、鉴别、评估、评价等存在

---

① 崔嵩. 再造公安情报：中国情报主导警务、理念、分析工具、实施策略［M］. 北京：中国人民公安大学出版社，2008：56.
② ［英］杰瑞·莱特克里菲. 情报主导警务［M］. 崔嵩，译. 北京：中国人民公安大学出版社，2010：90-92.

于公安情报流程的多个环节，内涵并不一致，宜用不同术语来表达。三是情报流程环节的划分没有明确的标准，从数量上看，少则4个，多则9个。此外，将两项工作合并为一个环节，如"核查与传递""报送处理""研判与会商"等，不符合情报工作规范。公安情报流程基本环节的划分，是公安情报流程建设的一项核心内容。如果环节划分不科学，公安情报流程就会陷入无序状态。因此，明确公安情报流程的基本环节，是一件十分重要的事情。

（二）公安情报流程各环节之间存在交叉或脱节现象

公安情报工作本来是一个整体，并不存在类似工业流水线那样的简明而严格的流程。区分出若干个环节，构成公安情报流程，只是为了便于组织管理。目前，公安情报流程环节的划分主观随意，过于琐细，且缺乏统一标准，有些环节彼此交叉，容易造成公安情报工作的混乱。例如，情报会商——公安综合情报部门召集相关警种、部门，或者与其他社会组织机构如司法、检察院、信访、工商、税务、民政等，定期开展专题分析研判——本来是情报分析的一种方式，将它单独划分为一个环节，就会与情报分析形成冲突：如果两者结论不一致，以哪一个结论作为最终依据？再如，核查——对所搜集的情报资料来源的可靠性、内容的真实性进行核实、鉴别——与情报搜集紧密相关，应该由情报搜集人员来完成。如果它独立成为一个环节，怎么能保证核查的有效性？公安情报流程的环节划分必须确保各个环节能有效衔接，否则就会人为分割，形成壁垒，造成情报流程的脱节。例如，"采集与录入"和"核查与报送"都应该由情报搜集人员来完成，划分成多个环节，反而会造成情报流转不畅通。

（三）公安情报流程不同参与主体之间缺乏有效互动

公安情报流程各个环节是由不同的主体来完成的。例如，情报搜集由公安机关基层科所队承担，情报分析由情报部门负责，情报利用则是情报用户来实施，情报反馈也需要情报用户的配合。公安情报工作涉及不同的主体，它们必须加强互动、交流，才能确保公安情报流程的正常运转。然而，由于公安情报部门职能定位不清晰，并受公安机关内部层级制管理体制的制约，公安情报流程各参与主体各自为战，互设壁垒，并没有建立良性互动的关系。特别是，在公安情报流程运行模式构建中，普遍忽略了情报用户。既没有设立情报需求分析方面的环节，更没有围绕情报用户来设计公安情报流程。由于情报流程设计的缺陷，情报部门与情报用户没有建立有效沟通的渠道，情报用户及其需求没有贯穿到整个情报工作中去。

（四）公安情报流程与其他业务工作未能有效衔接

目前，各地公安机关提出了公安情报工作"全警采集、全警参与、全警应用"这样一种全局性、整体性布局的构想，然而在实际工作中，公安情报工作与其他业务工作未能有效衔接。例如，一方面，情报产品普遍存在难以"落地"的现象，即情报部门生产的情报产品不能获得情报用户的采纳、应用；另一方面，情报用户则认为，情报产品及情报服务不能满足他们的需求。公安情报工作与决策、实战等警务活动未能有效结合，因而难以产生实效。有些地方公安机关为保证情报流程的正常运转，建立队建制的综合情报部门，即分别在省、地市、县三级公安机关设立兼具情报与行动职能的总队、支队、大队。这样，改变了公安综合情报部门的性质，使之由综合管理机构变成执法勤务机构，造成综合情报部门大而全，与其他公安业务工作相冲突。① 实际上，这种做法仍无法实现公安情报流程与其他业务工作的对接。

（五）公安情报流程存在封闭、孤立的现象

公安情报工作并不是一项独立的专门性工作，而是面向公安机关所有警种、部门，服务于全部警务活动的综合性工作。公安情报流程各个环节需要公安机关各警种、各部门的参与、配合。然而，由于公安情报部门为保护部门利益，或出于情报安全、保密的考量，公安情报流程并不是一个开放的系统，这样造成它封闭、孤立，难以获得公安机关各警种、各部门的广泛支持与全面参与。目前，公安机关虽然规定了公安情报流程各个环节所涉及部门的职责、任务，但由于这些部门对公安情报工作缺乏整体性、全局性认知，它们仅仅是以一种应付的态度来完成所承担的工作。此外，公安情报部门需要获取大量社会信息资源才能弥补自身信息资源匮乏、单一之弊；同时，公安情报工作作为总体国家安全观视角下一项专门领域的工作，有必要发挥社会服务的功能：这些都要求公安情报部门与外部环境建立联系，这样公安情

---

① 孙晓伟. 综合情报信息机构设置问题探讨［J］. 公安研究，2010（8）：76－78.

报流程才能适应动态环境的变化，适时调整、完善。目前，公安情报流程基本孤立于外部环境，显然不利于公安情报工作的开展。

四、一体化公安情报流程的构建

公安情报流程是公安情报工作规范化建设的一个重要方面。我国公安机关正在努力探索构建符合公安情报工作实际情况及特征规律的情报流程体系。针对公安情报流程存在的上述问题，笔者认为，应以情报用户为核心，将情报规划、情报搜集、情报处理、情报分析、情报运用、情报反馈等作为情报流程的基本环节和规范表述（见图3-1）。

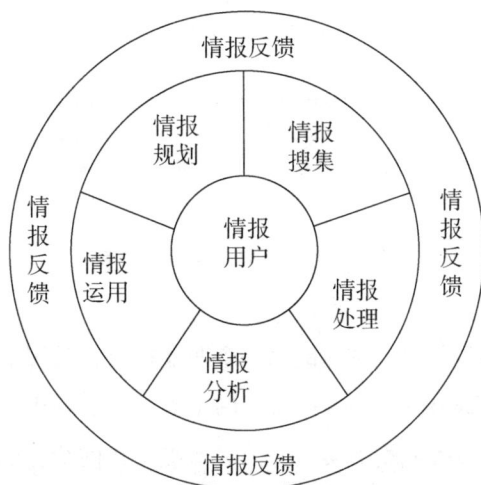

图3-1 公安情报流程的基本环节

情报活动并不是独立、封闭的体系，而应该是一个开放的、动态交融的系统。随着情报与行动、决策的进一步融合，情报活动的边界越来越模糊，已不仅仅是情报部门的一项专门化工作。任何组织都可视为一个完整的系统，生产、管理、营销、人事、资金、物流等构成它的一个个子系统。情报活动作为组织内部的一个子系统，既有其自行运转的独立性，也与其他子系统形成相互影响、互为支撑的关系。孤立地研究情报流程，必然存在某种局限性、片面性。当前，情报活动正朝着组织、流程、技术、决策和文化一体化方向发展。① 因此，应该将情报流程纳入组织的整体构架中，以情报活动为核心，整合组织内部各要素，构建由用户层、业务层、协作层、辅助层以及环境层等构成的一体化情报流程体系（见图3－2）。②

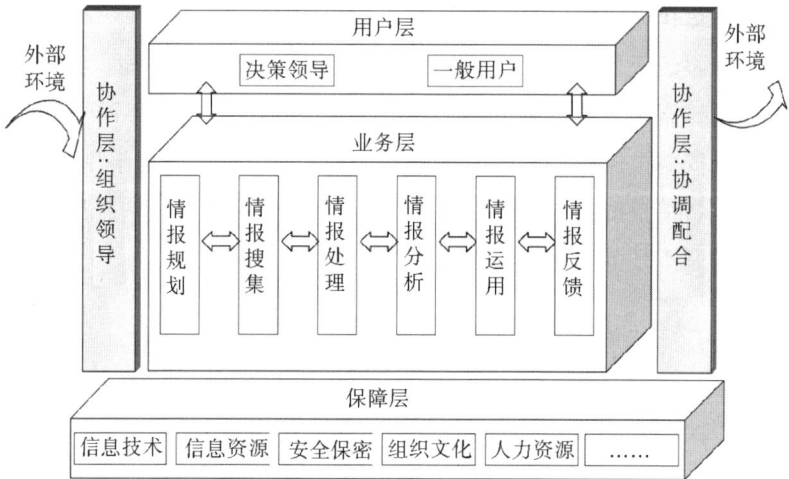

图3－2　一体化情报流程体系

　　公安情报部门是公安机关内部的一个职能机构，公安情报工作是公安业务活动的一个组成部分，公安情报流程的正常运行有赖于它所依托的整体环境。随着情报主导警务战略的实施，公安情报工作的覆盖面越来越广泛。情报与行动、决策逐步融合，公安情报工作的边界也越来越模糊，已不仅仅是情报部门的一项专门化工作。因此，应构建一体化公安情报流程体系，将公安机关内部有关人员、机构、技术、资金、文化等要素结合起来考虑。

五、大数据与公安情报流程的融合

　　公安情报流程并非一成不变，需要针对出现的各类问题加以完善，需要顺应社会发展趋势加以调整。当前，人类社会正在进入大数据发展阶段。大

---

① 　包昌火，赵刚，黄英，等. 略论竞争情报的发展走向［J］. 情报学报，2004（3）：352－366.
② 　彭知辉. 情报流程研究：述评与反思［J］. 情报学报，2016（10）：1110－1120.

数据的理论、方法和技术，将会对情报工作产生深刻的影响，也必然引发公安情报工作的变革。公安情报工作已置身于大数据环境，公安机关应将大数据融入公安情报流程，进而实现对情报流程的重构与优化（见图3-3）。

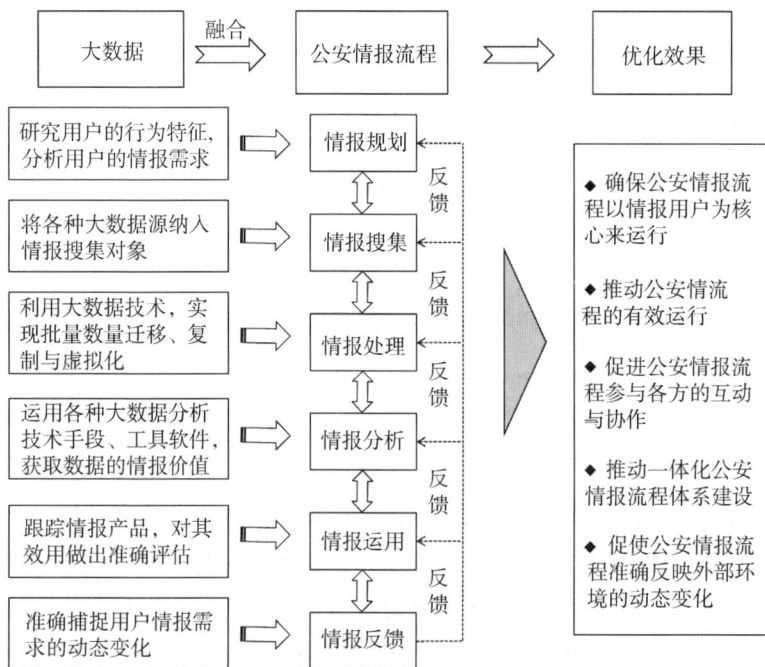

图3-3 大数据与公安情报流程的融合与优化

大数据和情报工作具有许多相通与互补之处。大数据流程一般包括数据获取与记录、信息抽取与清洗、数据集成与表达、数据建模及分析诠释，①与情报流程基本吻合。在公安情报流程的各个环节融入大数据的内容、方法或技术，这样两者可以实现无缝链接与整体融合。

（一）情报规划

即确定情报用户的情报需求。公安情报部门与情报用户沟通交流，识别情报用户的情报需求，界定情报能够发挥作用的问题或领域；然后确定情报

---

① AGRAWAL D, BERNSTEIN P, BERTINO E, et al. Challenges and opportunities with big data［R/OL］. 维善期刊, 2016-01-26.

需求的优先次序，明确情报活动方向，编制情报活动规划；最后向情报搜集单位发出指令。在情报规划环节，其核心内容是确定情报用户的情报需求。用户的情报需求有时比较明确，情报部门与之沟通交流，即可识别其需求。然而，通常情况下，用户的情报需求是潜在的或不明确的。这时，公安情报部门需要调查、分析用户的情报需求，可以运用大数据方法，研究情报用户的行为特征，分析用户的情报需求，甚至对他们的情报需求做出预判，从而加强情报服务的针对性。

（二）情报搜集

即利用各种手段、从各个渠道获取情报资料。公安机关通常通过两种方式来搜集情报资料：一是通过各警种、各部门在日常工作中采取全警采集方式来获取各类业务信息，二是通过与社会其他组织机构交流交换来获取各种社会信息资源。公安情报搜集并不是公安情报部门的主要职责，它有赖于其他部门的参与，在各自的警务活动中完成情报搜集任务。这样导致难以实施有效的情报规划，情报资料的质量也无法得到保障。在大数据环境下，公安情报部门可以将覆盖面十分广泛的各种大数据源作为情报搜集对象。这样既拓展了情报搜集的范围，也提高了情报搜集的自主性、规划性。当前，公安机关根据自身职能职责，正在研发大数据采集系统，从社交网络、传感器、移动设备、GPS 系统、视频监控图像等开源系统中获取所需要的大数据资料，它们实际上也构成公安情报搜集重要的情报源。

（三）情报处理

指对搜集到的情报资料进行加工，使之适用于情报分析。它包括：筛选，去伪存真，剔除虚假的情报资料；鉴别，辨别情报资料的重要性、可用性、新颖性等；关联，对不同来源的情报资料予以整合；序化，即对情报资料实施分类、检索和抽取等。在情报处理环节，需要对所搜集的情报资料进行规范化、有序化加工。传统软件工具只能针对一部分情报资料，即结构化数据进行处理。借助各种大数据技术，可以对内容庞杂、类型多样的海量数据资料进行处理、整合，从而提高情报处理的效率与质量。一是批量数据迁移，就是将一种或多种数据源中的数据转移到目标数据环境的过程。它可以通过提取（Extract）、转换（Transform）、载入（Load）——ETL 技术，以及提取（Extract）、载入（Load）、转换（Transform）——ELT 技术，来完成这一过程。① 二是数据复制，采用 Change Data Capture（CDC）等复制技术，可以将改动的数据传输到目标系统，与原始数据源保留同步。三是数据虚拟化，将多个物理上不同的地址链接起来，使数据拥有统一的引用源，并通过一致的格式提供数据。②

（四）情报分析

通过各种分析工具和方法，对上述情报资料进行综合、分析、联系、评估与推断，揭示情报资料的意义和含义，使之转化为情报，实现情报价值的增值，并且根据情报用户的需求，形成各种类型的情报产品，分发给情报用户。情报分析是公安情报流程的核心环节。情报分析需要依赖人的智能，但人脑无法驾驭复杂、庞大的数据资料。这就需要借助技术手段，特别是大数据分析技术。通过持续不断地输入数据，可让计算机获得"机器学习"的能力，提高预测分析能力。通过科学建模，可以从大数据中挖掘出价值，做出预测性判断。③ 通过可视化分析技术，可以直观地揭示数据中内在的和隐含的属性和关系，帮助情报用户快速分析数据的含义，理解数据的内涵及蕴藏的规律，获取新的知识、洞察力。④ 可视化分析技术强大的数据获取手段、可视化建模能力和丰富的图形分析方法（如关联分析、网络分析、路径分析、时序分析、空间分析、群集分析等），可以揭示数据深层次的关联，挖掘海量数据中有价值的线索，为公安情报分析提供先进的技术工具。⑤

（五）情报运用

指公安情报部门将情报产品传递给情报用户，情报用户将情报产品运用

① ［美］HURWITZ J, NUGENT A, HALPER F, et al. 写给大家看的大数据［M］. 麦秆创智，译. 北京：人民邮电出版社，2014：162 - 165.
② ［美］桑尼尔·索雷斯. 大数据治理［M］. 匡斌，译. 北京：清华大学出版社，2014：238 - 240.
③ 孙红，郝泽明. 大数据处理流程及存储模式的改进［J］. 电子科技，2015（12）：167 - 172.
④ ［美］STEELE J, ILIINSKY N. 数据可视化之美［M］. 祝洪凯，李妹芳，译. 北京：机械工业出版社，2011：9.
⑤ 余协力，陈宇. 信息可视化分析技术在公安行业中的应用［J］. 警察技术，2011（1）：40 - 43.

于实战或决策活动中的过程。情报产品提供阶段的完成并不意味着情报流程的结束，情报产品只有运用于决策或行动，其价值才能得以实现。将情报运用列入公安情报流程，可以促进情报部门与情报用户的沟通。情报运用可以检验情报产品的实效。公安情报部门发布的情报指令、情报线索、预警类情报以及经由领导批示的情报事项等，需要从情报用户那儿反馈其落实情况或最终结果、实际效果等。运用大数据技术手段，可以对情报用户及情报产品进行实时跟踪、调查，及时、准确获取各种反馈信息，进而对情报产品的效用做出准确评估。

（六）情报反馈

情报用户及情报流程各个环节会不断产生各种反馈信息。这些反馈信息能够反映公安情报工作的效果，为公安情报工作的调整与评估提供依据；可以及时反馈外部环境变化状况，从而对情报需求进行重新评估、判断；还可以形成新的情报需求，从而启动下一轮情报工作的流程。将情报反馈作为关键性环节列入情报流程，建立"问题（提出情报需求）响应（提供情报产品）←反馈（不断回馈信息）"的模式，从而驱动情报流程不断循环，达到调整、优化的目的。①

情报反馈是公安情报部门与情报用户交流互动的重要方式。随着公安情报流程的推进，各种反馈信息形成了一组实时、连续、动态的流数据。运用大数据方法分析这些流数据，可以准确捕捉与有效洞察用户情报需求的动态变化，以及对用户对情报工作的态度及评判，从而促进情报部门与情报用户之间的交流互动，提高情报工作的实效。

六、大数据环境下公安情报流程的优化

将大数据融入公安情报工作，不但有利于建立科学合理的公安情报流程体系，还可以起到优化公安情报流程的作用。具体来说，这种优化作用体现在以下四个方面。

---

① 张正亚，顾朝兵. 动态环境下的竞争情报价值链信息流分析［J］. 情报探索，2014（3）：65－67.

（一）确保公安情报流程以情报用户为核心来运行

情报用户，泛指接受情报服务或使用情报产品的组织或个人。情报活动就是以情报用户为中心而展开的。情报用户是实施情报活动的依据，也是情报流程运行的目的和价值所在。情报流程因情报用户而存在，任何情报活动都是为了给情报用户提供满足其需求的情报服务。情报用户与情报流程紧密结合在一起，情报流程的每一个环节都直接与情报用户及其情报需求相关联，从而实现公安工作与公安情报工作的互动与对接。这样，一方面，公安情报流程各个环节都能准确把握情报用户及公安工作的动向，为动态环境下的公安机关各项工作的开展提供实时、灵活的情报服务；另一方面，情报活动的所有参与者都能及时获得用户的情报需求和反馈信息，增强了情报服务的有效性、针对性。

公安情报流程在运行过程中，各个环节应与情报用户保持密切联系，准确把握用户的情报需求及其动态变化。然而，情报需求是一种心理现象，它难以描述，也不易把握，而且时常会发生变化。大数据擅长于用户或客户调查，这在商业领域已获得成功。例如，运用回归分析方法，可以"把一个业务问题定义成一个数据可分析问题"①。只要有充足的数据，就可以分析并确定用户或客户的需求。再如，在商业营销中常采用"购物篮"模式来分析顾客的需求，即根据用户的上一次购买行为预测其下一次购买行为。运用大数据方法，可以"对用户进行用户画像，从而更细致地考虑不同类型用户的偏好特点"②。同样，也可以将大数据应用于公安机关用户情报需求的跟踪、调查与分析。运用大数据技术和方法开展情报用户分析，可以准确了解用户的情报需求，这样就能确保公安情报流程能以用户为先导、为核心来运行。

（二）推动公安情报流程的有效运行

为便于组织管理，将公安情报流程划分为若干环节，但这样又会带来各个环节之间彼此封闭、割裂与孤立的问题。事实上，各个环节并不存在清晰

---

① 王汉生. 数据思维：从数据分析到商业价值 [M]. 北京：中国人民大学出版社，2017：20.

② 李裕礴，练绪宝，徐博，等. 基于用户隐性反馈行为的下一个购物篮推荐 [J]. 中文信息学报，2017，31（5）：215–222.

的界限，它们并不是井然有序地依次推进的一道道工序。公安情报活动本来是一项整体性工作，只是为了便于实际操作与开展学术研究，故而将它区划为若干环节。这些环节是对作为整体存在的公安情报活动人为划分的结果，并不存在任何规定每一环节起止点的固定分界线。各个环节并非相互隔离而自成壁垒，而是彼此关联、互动，构成一个完整的情报流程体系。如图3-3所示（本书第97页），各环节用双向箭头连接起来，表明它们应该实时互动、无缝对接，构成一个完整的整体。公安情报流程只有保持其整体性、关联性，才能确保它的高效运行。

公安情报流程各个环节是通过及时、准确、快速的情报反馈来实现其整合的。情报反馈贯穿于整个公安情报流程，形成微循环系统，可以强化各个环节之间的交流互动。① 在各个环节交流互动与情报反馈的过程中，会产生大量数据资料。运用大数据方法分析这些数据资料，可以准确描述各个环节之间互动与反馈的状况。这样可以及时发现各个环节在对接、互动方面存在的问题，为公安情报流程的有效运行提供保障。

（三）促进公安情报流程参与各方的互动与协作

公安情报活动是一项综合性、全局性工作。然而，公安情报流程的各个环节，是由不同的主体来实施的。参与各方的配合协作，是情报流程正常运行的重要保障。只有既明确各个部门的责任与权利，同时又加强协作，才能确保情报活动的高效运行，以及公安情报流程的顺利推进。为此，应加强公安情报部门内部各组织机构，以及情报部门与其他部门的沟通交流，协调与化解各部门在协作中的矛盾与冲突，共同解决情报协作中遇到的新情况、新问题。

为促进公安情报流程参与各方的协作，突破部门利益局限，解决各自为政、互设壁垒的问题，显得尤为重要。公安情报流程运行过程中，会形成反映不同主体参与状况的数据资料。运用大数据技术方法，分析这些数据资料，可以及时发现情报流程运行中协作、沟通中存在的问题，及时清除障

---

① 马德辉. 警务情报价值链探析［J］. 中国人民公安大学学报：社会科学版，2007（4）：52－56.

碍，从而确保各参与主体保持互动，协调行动。

（四）促使公安情报流程准确反映外部环境的动态变化

在动态环境下，公安机关必须具有良好的适应环境变化的能力，以便及时、准确了解环境变化的状况和趋势，并快速做出回应。警务决策和行动的过程，其实就是一个经常性的环境认知与学习的过程。公安机关需要根据外部环境的动态变化，对其决策和行动不断调整、更新、放弃或重新选择。为感知外部环境的变化，公安情报工作必须拓展到广阔的外部空间，获取各种环境变化的信息，为公安机关了解及顺应环境变化提供情报服务。

社会活动是一个有机的整体和相互关联的系统，即便是面向公安机关内部的情报产品，公安情报工作也应关注外部环境，获取社会面信息资源。公安机关内外部之间实时互动，有效整合内外部信息资源，可以拓展情报活动的空间。同时，也需要通过各种情报活动，对外部环境施加影响，为公安机关营造良好的外部空间。有时，还可以发挥公安情报的社会服务功能，将情报触角延伸至外部空间。

无论是为满足公安机关快速回应外部环境变化的需要，还是公安情报工作自身需要将触角延伸到外部空间，公安情报流程应该是一个面向社会、能与外部环境互动的开放体系。然而，公安机关在以往主要依靠与其他社会组织机构的交流交换来获取社会信息资源，因而掌握外部环境动态变化的能力有限。在大数据环境下，社会各领域丰富多样的大数据资源可以成为公安机关取之不尽、用之不竭的情报资料。因此，大数据融入公安情报流程，有助于后者保持开放性，向外部拓展，也有利于获取丰富的情报资源，准确反映外部环境的动态变化。

第三节　大数据环境下的公安情报搜集

公安情报搜集是公安情报流程中一个关键性环节。我国公安机关一直重视情报搜集，并将它作为基层基础工作的一项重要内容。然而，目前公安情报搜集仍然存在工作量大、效率低下、质量不高、数量不足等问题。随着大数据时代的到来，公安情报搜集将进入以数据为主体的阶段。多结构类型的数据进入公安情报搜集视野，大数据技术将广泛应用于公安情报搜集中。大数据环境下，公安情报搜集既要准确把握这一新的契机，利用大数据推动公安情报搜集的发展与变革；又要继续发挥原有情报搜集方式的特点，避免大数据可能带来的负面影响。

一、公安情报搜集将进入以数据为主体的阶段

公安情报搜集首先需要明确搜集什么，即确定情报搜集的对象。在公安情报工作的不同发展阶段，公安情报搜集的对象有所不同。传统公安情报工作服务于打击与防范敌对势力，在情报搜集中，主要通过专门的情报力量来获取深层次、内幕性的秘密情报。20世纪80年代，公安机关推广实施刑事犯罪情报资料工作，情报搜集的对象转向资料，即有关刑事犯罪活动人、事、物等方面的情况和线索。采用规范的表格、文字等将它们记录下来，便成为可以反复利用的情报资料。后来，随着公安信息化的发展，公安信息因为蕴含丰富的情报价值，成为公安情报的重要来源。这样，公安情报搜集的对象转向公安信息，即公安民警在日常警务活动中形成的、反映公安工作基本活动状况的各类业务信息，或由公安机关与其他政府部门、社会组织交流交换而获得的、反映社会活动状况的信息资料。

当前，大数据正以空前的速度和规模渗透到人类社会生活的各个方面。它既是客观物质世界的"镜像"，也成为人类观察与认识自我的"镜子"。一个由大数据构筑而成的数字世界，虽然不可能穷尽人类社会的全部存在，却也越来越接近世界的本原。① 人类社会正进入大数据时代。"数据为王""数据即资产"等观念，已经深入人心，成为人们的共识。大数据所富含的巨大价值引起了社会各界的关注。公安机关也迅即行动，将大数据纳入公安工作特别是公安情报工作的范畴。在大数据的推动下，公安情报搜集将进入以数据为主体的阶段。

数据是一个外延不断扩展的概念。当前，凡是经由人工或数字化设备处

---

① 杜跃进. 大数据何以成为"主义"［M］// ［美］史蒂夫·洛尔. 大数据主义. 胡小锐，朱胜超，译. 北京：中信出版社，2015：x – xi.

理，便于分析利用的各种文字、数字、字符、图像、语音或视频等，都属于数据。① 从公安情报搜集的角度看，存在两种形态的数据，一种是信息形态的数据，另一种是非信息形态的数据。所谓信息形态的数据，是指数据本身即为信息。数据是信息形成的基础。对数据进行加工，如过滤、组织、归纳与综合；赋予明确的意义，如对数据进行吸收、识别与转化，数据就可以转化为信息。② 从这一点看，数据和信息是一体的：数据是信息的表现形式和载体，信息则是数据的具体内涵。由于数据已成为一个通用性、普遍性概念，人们已习惯于用它取代信息。③ 这样，数据——实际上就是经过人工采集、识别，或者经由计算机处理的信息——成为公安情报搜集的对象，也就顺理成章了。

然而，并不是所有的数据都可以转化为信息，还存在形式多样、数量庞大的非信息形态的数据。图像、语音、视频等非结构化数据，无法使用传统软件工具如数据库管理系统进行处理；传感器数据、生物计量学数据（指纹、DNA、书写与击键等方面的数据）、时间和方位数据等，难以直接赋予具体意义。这些数据如果孤立地看，它们无法描述客观事物或客观事物之间的关系，无法成为具有具体意义、内容的信息。然而，这些数据同样蕴含着丰富的情报价值。而且，由于大数据技术的发展成熟，从这些数据中发掘情报价值已成为可能。这些以往为人们所忽视的数据，也是公安情报的重要来源，应该列为公安情报搜集的对象。

公安情报搜集对象包括秘密情报、资料、信息和数据等多种形式，可将它们统称为情报资料，在单独表述时则仍保留它们各自的名称。从公安情报搜集对象的演变可以看出，公安机关情报搜集的范围在一步步拓展。秘密情报搜集必须遵循法律规章，同时也受到环境、条件的制约，只能在特定范围内实施。随着开源情报时代的到来，公安情报搜集的对象转向各种公开情报

---

① 涂子沛. 数据之巅：大数据革命，历史、现实与未来 ［M］. 北京：中信出版社，2014：257.

② 化柏林，郑彦宁. 情报转化理论（上）——从数据到信息的转化 ［J］. 情报理论与实践，2012（3）：1－4.

③ 钟义信. 信息科学原理 ［M］. 3 版. 北京：北京邮电大学出版社，2002：58.

源，由刑事犯罪情报资料，拓展至各种信息，乃至无所不包的数据。随着情报搜集覆盖到公安工作的各个方面，公安机关所面临的难题是，情报搜集量大面广，公安民警如何才能胜任这一任务，同时又确保情报搜集的质量。实际上，借助信息技术手段，公安情报搜集的能力在逐步提升。当前，各种数据资料无处不在，无时不在，利用各种大数据技术，可以使情报搜集实现智能化、自动化，从而取代大部分人工搜集工作，大大缓解公安民警情报搜集的压力。由此可见，公安情报搜集对象演变为以数据为主体，既是公安工作的内在要求，也是社会发展进步的必然结果。

二、大数据环境下公安情报搜集的发展与变革

当前，大数据已经进入人类社会生活的各个方面。公安情报搜集如果仍固守传统观念，将数据排除在外，那么，公安情报工作就会滞后于时代发展，无法在大数据环境下有所作为。为顺应大数据发展趋势，公安机关应该以数据为主体开展情报搜集工作。这就必然导致公安情报搜集出现一些新的特征和趋向，必然要求公安情报搜集进行调整与变革。

（一）大数据环境下公安情报搜集的理念将发生转变

在大数据环境下，公安情报搜集对象由秘密情报、资料、信息等转向数据；与此相对应，情报搜集的范围、内容、目标和方式等也将发生重大变化。为适应大数据发展的需要，公安机关及其民警应该转变公安情报搜集的理念。

首先，可以适度放宽公安情报搜集容错的比率。准确性是情报搜集的首要原则。当然，这只是一个带有理想化色彩的目标。如果所搜集的情报都准确无误，那么就可以直接加以应用，没必要开展一系列情报工作了。也就是说，情报搜集实际上允许一定程度容错率的存在。运用大数据手段搜集情报，可以容纳庞大的数据，甚至达到全数据的规模。由于数据量足够大，这样就放宽了容错的比率，即所搜集的数据即便存在少量的错误，也不会影响情报结论的准确性。相反，如果事先提出严格的、具体而细化的准确性标准，就会造成部分数据被剔除、过滤。这样，情报搜集不全面，最后的情报结论也会受到影响。

其次，不必将价值性、有效性作为公安情报搜集必须严格遵循的标准。在情报搜集过程中，往往同时包含情报鉴别、筛选等方面内容，即对所搜集的情报资料进行价值评估，剔除无用的部分。然而，基于大数据搜集情报，不能将价值性、有效性作为必须严格遵守的标准。大数据分析是基于整体视角来利用数据的。孤立地看，某些数据可能无用，但从整体看，它们是情报价值的必要组成部分。例如，手机通话状况方面的数据，如时长、频率、时段，看似价值不大，然而如果基于大量数据进行整体分析，就能挖掘出手机机主人际交流状况方面有价值的情报。而且，很多看起来很普通、看似没有价值的数据极有可能蕴含着重要的潜在价值。例如，网民基于"请求＋响应"机制在互联网络、信息系统在线交互所产生的有关查询、选择与使用等方面的行为数据，在分析网民活动轨迹、个性特征等方面，具有重要的情报价值。

最后，不必将具体的情报需求作为公安情报搜集的必然导向。一般来说，确定情报用户及其情报需求，是情报搜集的起点。这样有助于明确情报搜集的范围，便于在规定的时间、有限的人力等条件下，搜集到所需要的情报。[①] 然而，在大数据环境下，公安情报搜集由有限搜集转向无限搜集，也就是将各种情报源都纳入情报搜集的范围。不必事先明确情报用户、界定用户的情报需求，不以具体的情报用户及其情报需求为导向，这样反而有利于全面而广泛地搜集各方面数据。

(二) 大数据环境下公安情报搜集方式由人力搜集转向技术搜集

公安情报搜集主要依靠全体公安民警来完成。作为基层基础工作的一项重要内容，随着"基础工作信息化、信息工作基础化"工作机制的建立，公安情报搜集进入良性发展轨道。情报搜集与日常警务活动紧密结合在一起，由公安民警采用人力方式，伴随警务活动的开展而搜集情报。这种情报搜集方式融入了民警的智能、经验，可以保证情报搜集的质量。然而，随着公安情报搜集工作的逐步细化，情报搜集范围的拓宽，公安民警所肩负的情报搜

---

① 彭知辉. 公安情报源与情报收集 [M]. 北京：中国人民公安大学出版社，2009：181.

集任务日益繁重。当这一任务超出所能承受的范围时，他们可能会采取应付的态度来完成任务，这样就会出现情报搜集不及时、质量低下等现象。

在大数据环境下，运用日益成熟的大数据技术，公安机关可以通过智能化技术手段来完成大部分情报搜集工作。原本由公安民警承担的一部分情报搜集任务，可以由技术工具来完成。由于大数据技术可以自动记录、处理各种结构类型的数据，公安民警没必要像过去那样，采用人工方式逐一搜集数据并录入信息系统。情报搜集方式将多样化，如文档扫描、视频拍摄、图像识别、智能手机实时采集、搜索引擎智能检索等，他们都可以应用于情报搜集中。还可以应用各种技术手段，实现自动采集。以物联网为例，可以利用各种数字化设备或特定程序算法，如传感器设备、RFID 标签、GPS 设备等，针对人员、机器、物体等连续、实时地搜集情报。① 技术搜集方式的广泛利用，让公安民警从繁重的情报搜集工作中解放出来，提高了公安情报搜集的效率。

（三）大数据环境下公安情报搜集的内容将由静态情报资料转向动态情报资料

公安情报搜集的内容可分为静态情报资料和动态情报资料两种类型。静态情报资料反映人员、物体、场所、组织等的真实存在状态。例如，人的姓名、年龄、性别，证件号码、户籍地址等，属于静态情报资料。它们稳定性较强，通常在一段时间内不会发生变化。公安机关可以集中人力、物力，在一定时间内完成静态情报资料搜集的任务。动态情报资料则经常处于动态和变化状态，如犯罪嫌疑人旅行、住宿、消费、娱乐等活动轨迹信息，会时时产生新的信息。② 动态情报资料搜集由于工作量大、持续性强，因而难以保证情报搜集完全到位。静态情报资料和动态情报资料都很重要，但后者情报价值显然更高，情报搜集任务也更为繁重。当前，动态情报资料搜集滞后，影响了公安情报工作的开展。

---

① 张亮，王琼，万可．基于 EPC 物联网的公安情报实时采集技术研究［J］．中国公共安全：学术版，2011（1）：96－100．

② 彭知辉．论公安情报的收集内容与方式［J］．公安学刊：浙江警察学院学报，2012（2）：42－45．

大数据从本质上来说就是"活"的数据，属于动态情报资料。数据的活性，即更新频率，决定数据的价值。① 公安机关必须搜集这些源源不断涌现的数据，才能保证数据的活性，从中获得有价值的情报。随着各种数字化设备的普及，如智能手机、可穿戴式电子设备、射频收发器、传感器及其他智能终端，可以完整地采集与记录由人或物体生成的动态数据。借助大数据技术工具，可以对它们进行实时处理，快速挖掘其中的价值。② 因此，在大数据环境下，公安机关可以不再单纯依赖民警的人工操作，而是运用大数据手段来搜集动态情报资料。这样不但效率更高，而且更加准确、及时。大数据发展，帮助公安机关解决了动态情报资料搜集不到位的难题。这样，公安情报搜集的重心就可以转移到动态情报资料搜集上来。

（四）大数据环境下公安情报搜集的范围将更加广泛

公安情报搜集讲究多多益善。搜集范围越广，搜集到的情报资料越多，越有利于情报工作的开展。然而，这样做必须考虑可行性，以及成本与效益等方面的问题。现在，公安情报搜集全面铺开，覆盖公安工作的各个领域，甚至涉及与公安机关职能、职责无直接关联的其他领域。这样无疑增加了公安民警情报搜集的负担，甚至影响日常工作的开展。

在大数据环境下，人类的社会实践活动无时无处不在产生数据。由于存储技术的进步，这些数据都可以完整地记录和保存下来。利用大数据技术，可以实现对这些数据的自动搜集。这样，解决了公安民警情报搜集任务过重的难题，使得公安情报搜集的范围更加广泛，内容更加丰富。从载体形式看，公安情报搜集由文字、数字，拓展到符号、信号、图像、语音、视频等多种形式。从对象类型看，大数据发展中出现的一些新的数据类型，如网络日志数据、时间和方位数据、网络社交数据、用户行为数据等，都可以成为公安情报搜集的内容。公安情报是一种普遍的社会现象，情报搜集范围的拓展，可以确保所搜集情报资料准确反映事实及事物的本质。

---

① 赵国栋，易欢欢，糜万军，等. 大数据时代的历史机遇：产业变革与数据科学［M］. 北京：清华大学出版社，2013：32.

② ［美］HURWITZ J，NUGENT A，HALPER F，et al. 写给大家看的大数据［M］. 麦秆创智，译. 北京：人民邮电出版社，2014：168 - 170.

（五）大数据环境下公安情报搜集的目标对象由公安机关向全社会辐射

公安情报搜集一般以公安机关及其民警为主体，情报搜集内容主要是由公安机关掌握或内部形成、产生的各类情报资料。然而，公安工作涉及面广，公安情报广泛分布在社会各个领域，公安机关自身掌握的情报资料仍然有限，难以满足公安工作的需要。这样，公安机关需要各种社会信息——除公安机关之外，其他社会组织机构所掌握的、可以应用于公安工作中的情报资料——作为补充。目前，公安机关一般通过协商沟通或行政指令，来获取这部分社会信息。然而，这种方式没有相应的法规制度作为保障，因而难以持续、有效地开展。①

在大数据环境下，公安机关可以从普遍存在的公开情报源中获取情报资料。随着政府数据开放运动的兴起，各级政府部门将逐步在统一的政府门户网站向社会开放各类数据资料。企业为实现数据资产的效益，也会以商业交易的方式向社会开放数据。② 互联网是当今最重要的开放式数据源，运用大数据技术，公安机关可以从互联网搜集各种情报资料。因此，公安情报搜集的目标对象可以由公安机关向全社会辐射，这样就能减少甚至逐步摆脱对其他社会组织机构信息资源的依赖，社会信息搜集将更加快捷、便利。

三、基于大数据的公安情报搜集策略

当数据成为一种普遍的社会存在，同时大数据发展又为数据的处理利用创造了条件之时，数据自然会成为公安情报搜集的主要对象，基于大数据的公安情报搜集也就会越来越普遍。所谓基于大数据的公安情报搜集，是指公安机关运用大数据方法手段和技术工具，大规模地搜集以数据为主体的情报资料的过程。当然，基于大数据的公安情报搜集还处于探索阶段，并未在公安情报工作中全面实施。然而，无论是理论研究还是实践活动，都应该直面

---

① 彭知辉. 论公安情报的收集内容与方式［J］. 公安学刊：浙江警察学院学报，2012（2）：42-45.

② 彭知辉. 论我国地方政府大数据建设的方式、困境及对策：以块数据建设为例［J］. 广东行政学院学报，2016（2）：5-10.

公安情报搜集已处于大数据环境下这一事实。基于大数据的公安情报搜集有助于公安机关顺应大数据发展趋势，化解以往公安情报搜集工作中存在的诸多难题。然而，它并不是对原有情报搜集工作的取代与颠覆，而是基于后者的完善与发展。而且，它自身也存在一些局限性，需要与其他情报搜集方式、手段相结合，以弥补其不足。在大数据环境下开展公安情报搜集工作，既要利用大数据之长，又要避免大数据之短；既要借大数据推动公安情报搜集工作的革新，又要注意发挥原有情报搜集方式、方法的作用。

（一）科学界定公安情报搜集的边界，不能盲目追求数据之"大"

当前，人类社会无时无刻不在生成数据，各种数字化设备、智能终端都在忠实地记录这些数据，云计算也可以不加选择地全部存储这些数据：如此推动数据急剧增加，导致数据越来越"大"。不但数据数量在激增，数据的粒度也在不断细化。从理论上说，数据数量越大，数据粒度越小，从中获取的情报也越多。① 在这场与不断膨胀的追逐数据的游戏中，公安机关也在努力扩大情报搜集的范围和规模。然而，这样一场比拼永远没有尽头，公安机关必然是落败者。随着数据规模的扩大，数据处理的难度也在增大。如果超出了公安机关的数据处理能力，这些数据就会沦为数字垃圾和"噪音"，反而会成为公安情报工作发展的障碍。

大数据没有边界。它广阔如海，各个来源的数据奔涌而来，永不止歇。然而，公安情报搜集不可能穷尽所有的情报资料，必须有明确的边界。应该根据公安机关的基本职能——维护国家安全和社会治安秩序，界定公安情报搜集的边界。公安机关各部门、警种都承担情报搜集任务，可以根据其职责进一步细化情报搜集的内容。只有科学界定公安情报搜集的边界，公安机关才能从浩瀚无边的数据海洋中搜集到所需要的情报资料。

---

① 李静. 数据仓库中的数据粒度确定原则［J］. 计算机与现代化，2007（2）：57 - 58，61.

（二）全面搜集各种类型的情报资料，弥补基于大数据的精确性方面的不足

基于大数据的情报搜集着眼于多而全，不必追求情报搜集的精确性。大数据往往忽略个体的特殊性、个体之间的差异度，而是通过整体来反映事物的本质特性。它通常用概率说话，"不仅让我们不再期待精确性，也让我们无法实现精确性"。正是因为接受这种不精确性，才得以让占95%的、庞杂的非结构化数据获得利用。① 基于大数据的公安情报工作擅长于发现规律，获得洞察，可以应用于宏观分析与趋势预测等方面。然而在公安工作的很多领域，如案件侦查、突发事件处置、防范与打击恐怖活动等，必须要求精确性。基于大数据的情报搜集如果精确性不足，所形成的情报是没有价值的，甚至有可能导致重大失误及生命财产损失。此外，基于大数据的公安情报搜集无法确保精确性，还有可能是大数据本身偏离了事实。例如，大数据并不完全是客观的，有可能被操纵、篡改，即存在"伪大数据"现象。② 再如，大数据也会存在样本量的偏差，即数据样本并非随机抽样，不具有代表性；这样的话，即使样本量足够大，也不能反映事物的真实情况。③

对于基于大数据的公安情报搜集在精确性方面所存在的不足，应该有着清醒的认识。为弥补这一缺失，公安情报搜集不能仅关注大数据的搜集，还应该重视其他类型情报资料的搜集。例如，通过传统的人力搜集手段，可以获取准确性极高的深层次、内幕性、机密性情报；通过刑事登记、讯问、盘查，搜集特定目标对象如犯罪嫌疑人方面的资料，可以准确描述其特征及活动状况；通过调查走访、摸底排查，可以全面搜集某一突发事件起因、经过及参与人员等方面的情报信息。综合搜集各种类型的情报资料，相互补充、印证，这样就能克服公安情报搜集精确性方面的不足。

---

① ［英］维克托·迈尔－舍恩伯格，肯尼思·库克耶. 大数据时代［M］. 盛扬燕，周涛，译. 杭州：浙江人民出版社，2013：55－66.

② ［美］冯启思. 对"伪大数据"说不：走出大数据分析与解读的误区［M］. 曲玉彬，译. 北京：中国人民大学出版社，2015：29.

③ 苏毓淞，姚雨凌. 大数据信息采集及其偏差补救方法——以甜党和咸党的口味地盘之争为例［J］. 清华大学学报：哲学社会科学版，2015（3）：43－49.

（三）充分发挥人的主观能动作用，消除基于大数据的公安情报搜集存在的盲区

在大数据环境下，公安机关将普遍采用技术手段来搜集情报资料。技术搜集是按照事先设定的模型、规格和要求等来实施情报搜集，带有固定性、类型化特征。技术设计再怎么周全，也无法穷尽事物的所有特性。而且，事物总是在发展变化，而技术无法即时跟进、更新。当人类的社会活动经数字化而成为数据时，就会消除个体差异性，归入某一数学模型，情报搜集也就难以容纳某些个别性的特征。因此，采用技术搜集方式获取情报资料，在情报资料的类型、内容、格式等方面保持一致，就会出现同质化倾向，即在强化、突出某些方面情报资料的同时，另一方面的情报资料则被忽略，这样就形成了情报搜集的盲区。

公安情报搜集的主体是人。任何智能工具都无法取代人的作用。人的大脑拥有最为复杂、精密的计算装置。大脑每秒钟可以处理超过1100万条截然不同的信息，而目前计算机还难以应付如此庞杂的数据流。[①] 公安民警综合运用观察、访谈、讯问、盘查、查阅、检索等多种方法手段搜集情报，在搜集过程中，需要充分调动人的各种感觉器官，融入人的知识、经验和直觉，开展复杂的逻辑思维；还可以充分发挥人的主观能动性，根据环境、条件的变化，不断调整情报搜集策略。而且，不同情报搜集人员存在个体差异，这样情报搜集具有个性化特征，所搜集的情报资料就不会雷同，不会出现同质化现象。因此，公安情报搜集应突出人的主体地位，确保情报搜集的灵活性、智能性，这样就可以避免基于大数据的情报搜集盲区的出现。

（四）综合运用人工搜集手段，弥补基于大数据的公安情报搜集存在的空白

随着数字化技术的发展，数字化生存已成为普遍现象。人类的日常社会活动随时随地都可以被记录下来，形成大量数据。然而，无论技术如何发展进步，不可能所有的社会活动都能全部数字化而形成数据。即便技术上可

---

① ［美］斯蒂芬·贝克. 当我们变成一堆数字［M］. 张新华，译. 北京：中信出版社，2009：5 - 11.

行，在现实生活中也不具有必要性。而且，即便这些数据普遍存在，也不一定都能进入公安情报搜集的视野，在有意或无意之间被忽视或遗漏。因此，在大数据环境下，公安情报搜集不可能穷尽所有的数据，仍会存在一些缺漏之处。如果只关注数字化情报资料，而忽视非数字化情报资料，就会出现公安情报搜集的空白。

在大数据环境下，即便数据无处不在，基于大数据的技术搜集手段无所不能，仍不能忽视人工搜集手段的运用。公安民警在日常警务活动中会生成或接触到各种情报资料，情报搜集本身就是他们日常工作的一项内容。当然，公安民警还会根据工作部署，带着具体任务和明确目标指向去搜集特定情报。公安情报的人工搜集是由具体的人来实施，是一种有意识、有目的的活动。它可以根据情报需求，有针对性地搜集情报，这样就能填补公安情报搜集中的空白，纠正基于大数据的情报搜集可能存在的偏差。

第四节　大数据环境下的公安情报分析

我们正处在一个飞速发展的社会环境。新世纪初，公安信息化发展驱动公安情报分析进入智能化阶段，公安机关纷纷从存储于各信息系统的海量数据中掘取情报。进入大数据发展阶段，才发现这些"海量数据"仅仅是"小数据"而已；体量更为庞大的"大数据"成为公安情报分析下一步必须攻克的难关。大数据发展推动时代变革，也让公安情报分析面临新的挑战与机遇。一方面，大数据虽然包含丰富的情报价值，但可用性低、价值稀疏，同时公安机关数据管理技术和架构落后，公安情报分析如何从中掘取有效的情报，面临巨大的挑战。另一方面，大数据分析具有强大的数据处理能力，拥有各种智能化分析工具，这对于大数据环境下公安情报分析的开展，具有促进作用。在大数据环境下，将大数据分析融入公安情报分析，是时代发展提出的要求，也是公安情报分析面临的契机。目前，在学术研究方面，除探索大数据环境下情报分析的发展与创新外，仅有少量文献论及大数据分析与情报分析的关系，如比较两者的共性和差异，① 阐述大数据分析方法在情报分析中的适用性状况等。② 笔者认为，为适应大数据发展的需要，应该将大数据分析融入公安情报分析，利用它来提升公安机关的情报分析能力。

一、公安情报分析与大数据分析融合的依据

随着大众传媒特别是互联网的兴起，情报工作进入开源情报时代。大数据时代的到来，更是开启了开源情报时代新的篇章。互联网社交媒体、移动智能终端、数字化传感器、可穿戴式电子设备等，在源源不断地形成数据，为情报分析提供了取之不尽用之不竭的情报资料。当前，公安情报分析主要采用信息资源挖掘利用的方式来提取有价值的情报。然而，现有信息资源远远不能满足公安情报分析的需要。大数据来自社会生活各个领域，数量庞大，获取便捷，它从根本上解决了公安情报分析难为无米之炊的困境。可以预见，随着公安机关将大数据列为情报分析的对象，公安情报工作将会进入一个新的发展阶段。

数据早已有之，其外延在不断扩大。它原本指各种统计、计算、科学研究或技术设计等所依据的数值，即以数字形式表达的信息。③ 20 世纪后半叶，出现了经由计算机处理的数字化形式的数据。大量数据汇集，成为有价值的信息资源。近年来，出现了结构复杂、类型多样的大数据。其实，大数据早已存在，只不过是以往在计算机处理过程中，只截取了部分结构化数据——用二维表结构来表示、存储在数据库的数据。随着信息技术的发展与成熟，原本常规软件工具难以处理的非结构化数据，已经能够得到有效挖掘与利用，所以大数据引起了社会各界的广泛关注。

数据一直属于公安情报分析的对象。数值形态的数据，是事实的一种表现形式。在传统情报分析中，常采用人工研判的方式，即情报人员运用逻辑

---

① 李广建，化柏林. 大数据分析与情报分析关系辨析 [J]. 中国图书馆学报，2014 (5)：14 - 22.

② 江信昱，王柏弟. 大数据分析的方法及其在情报研究中的适用性初探 [J]. 图书与情报，2014 (5)：13 - 19.

③ 中国社会科学院语言研究所词典编辑室. 现代汉语词典（第 5 版）[M]. 北京：商务印书馆，2005：1271.

推理的方法，对其事实属性进行辨析、评估。数值型数据是情报分析的重要依据。结构化数据其实就是信息资源，需要采用智能化分析手段，即通过计算机及网络平台，利用情报分析系统与软件工具，从海量数据中发掘出有效的情报。当前，大数据已经能够通过现代信息技术手段进行处理，从中提炼萃取情报，也就具备了条件。当然，从公安情报分析现状来看，从大数据中获得情报，还面临许多难题。例如，在开展公安情报分析时，难以应对庞大的数据量，不能有效处理数据流、数据抽样及建模缺乏精度，情报分析时效性不足等。这就需要借助大数据分析的技术、方法来提高公安情报分析的水平。

二、公安情报分析与大数据分析融合的意义

公安情报分析就是通过对各种情报资料的分析研究，查明事实，揭示事物的本质、规律及发展趋势等，为打击违法犯罪，维护国家安全和社会稳定提供决策参考。① 在这里，情报分析的对象——"情报资料"具有广延性，可以不断拓展，包括事实、资料、信息、数据等多种形式。大数据分析（Big Data Analytics）是指从大数据中找出有助于决策与行动的隐藏模式、未知的相关关系以及其他有用信息的过程。② 在英语语境中，analytics 区别于 analysis，更强调广泛运用数据、使用统计与量化分析方法、运用描述性与预测性模型来影响决策和行动。③ 大数据分析与情报分析具有诸多相似、相通之处，例如，都以数据为对象，都重视定量分析方法，都注重从数据中获取价值等。这是它们融合的前提和基础。所谓公安情报分析与大数据分析融合，即以数量巨大、复杂多样的数据为对象，运用大数据分析技术手段，来开展公安情报分析。

大数据分析有助于公安机关全面提升情报分析能力，特别是预测分析能力。有文献将情报分析理解为针对特定问题寻求答案，根据问题的不同，分

---

① 马忠红. 情报主导侦查［M］. 北京：中国人民公安大学出版社，2006：129.

② 李广建，化柏林. 大数据分析与情报分析关系辨析［J］. 中国图书馆学报，2014 (5)：14-22.

③ 郑毅. 证析：大数据与基于证据的决策［M］. 北京：华夏出版社，2012："前言".

为以下几种情报分析模式：一是描述分析，回答"发生了什么"；二是归因分析，回答"为什么会发生这样的事"；三是预测分析，回答"未来会发生什么"；四是对策分析，在解答前面一系列问题的基础上，进而回答"那又怎样""现在该干什么"①。目前，公安情报分析侧重于第一、二、四类情报产品的生产，而第三类情报产品还不能满足现实需要，这反映出公安机关情报预测分析能力的不足。特别是在群体性事件、公共安全事件、暴力恐怖活动等重大事件的预测预警方面，公安情报工作未能充分发挥关键性的作用。预测分析需要以理论假设为前提，这是公安情报分析难以摆脱的桎梏。大数据分析可以破解这种桎梏，它是基于相关关系而不必受限于因果关系来开展预测分析。而且，它建立在海量数据的基础上，并且具有机器学习的功能，可以不断提高预测能力。大数据分析具有强大的分析能力，特别是在精细分析、整体分析、全程分析、扫描分析等方面，它可以成为公安情报分析的利器。

（一）精细分析

大数据体量巨大，数据粒度小。数据粒度越小，则信息细化程度越高，表达的内容越具体、越详细。类似显微镜下观察生物组织切片，获取某一局部或某一点高分辨率的数据资料，开展深入、细致的分析，往往能得出平常难以发现的一些认识。根据大数据分析的这一特点，公安机关可以围绕事物的某一方面开展精微、细致的情报分析。例如，针对一些社会治安复杂场所，采用大数据这种精细分析的方式，在发现疑点、把握敏感点等方面，具有十分突出的成效。

（二）整体分析

大数据分析可以采集全部或几乎全部数据来开展分析研究。虽然"全数据模式"之说有所夸大，但的确区别于公安情报分析基于样本即代表性数据的分析方式，能获得更多的洞察力。当针对目标对象巨细无遗地采集其全部

---

① ［美］MINELLI M，CHAMBERS M，DHIRAJ A. 大数据分析：决胜互联网金融时代［M］. 阿里巴巴集团商家业务事业部，译. 北京：人民邮电出版社，2014：138 - 139.

数据，那么就可以获得对它的整体观照。如同全息摄影，捕捉到整个光场所有的数据。相反，如果只选择聚焦于某一点，数据经过筛选，则必然有所遗漏。① 在公安情报分析中，如社会治安局势、维稳态度分析，采用大数据整体分析的方式，可以利用所有数据从不同角度、方方面面开展研究，不但能获得整体认知，把握其规律特征，而且置于整体环境之下，更容易发现一些常为人忽略的异常情况、特殊情况。

（三）全程分析

在大数据环境下，可以针对动态变化的目标对象持续跟踪，不间断地采集数据，形成数据流。这样，数据流与事物的演变链高度重合，达到逼真模拟的效果。采用大数据方法开展情报分析，不再局限于"点"，而是拓展到"链"，即事物发展的全过程。公安机关在针对一些重大事件的防控、预警中，利用大数据开展全程分析，对事件的过去、现状了然于心，就能准确掌握其动态变化及规律特征，对其发展态势、趋势做出准确评估与预判。

（四）扫描分析

公安情报分析是以用户的情报需求为导向而开展的一项目标明确的活动。在利用各种信息系统开展情报分析时，受限于数据库特定结构属性，在数据查询、分析时也只能围绕特定问题展开。这样，情报分析虽然目标明确，但也存在认知局限，会造成主观性偏失或缺漏。大数据分析则不被局限在预先定义好的问题中，可以随时定义新的变量。哥白尼曾写过一句让人有些费解的话，"To know that we know what we know, and to know that we don't know what we don't know, that is true knowledge"。大意可能是说，"你只知道你所知道的只是你知道的，你并不知道你所不知道的"②。这句话揭示了人类认知难以摆脱的局限性。"你并不知道什么是你不知道的"，即"未知的未知"，这种现象在情报分析中比较常见：难以清晰界定或准确描述所要解决的问题，即无法判断哪个问题需要寻求答案。探索"未知的未知"，这是公

① ［英］维克托·迈尔-舍恩伯格，肯尼思·库克耶. 大数据时代［M］. 盛扬燕，周涛，译. 杭州：浙江人民出版社，2013：37-43.
② 汪晖. 全球化视野下的人文传统［J］. 北京大学教育评论，2018（3）：2-15，187.

安情报分析的最高境界。大数据分析具有类似扫描的功能，可以在问题模糊或根本没有问题的情况下，在"漫无目标"中也可能获得一些"未知的未知"方面的情报，这无疑可以大大地提升公安机关的情报分析能力。

三、公安情报分析与大数据分析融合的方式

公安情报分析需要大数据分析的融入，而大数据分析也能适应公安情报分析的需要。两者的融合是全方位的，体现在分析对象、业务流程、技术方法和分析系统等多个方面。大数据分析融入公安情报分析，将为后者带来全新的变革。

（一）分析对象的融合

公安情报分析和大数据分析都以数据为对象，这是两者融合的重要基础。当然，分析对象同为"数据"，但具体指称有所不同。公安情报分析是以结构化数据为对象。这些数据虽然反映了事物的部分特征属性，但经过取舍与简化处理，带有明显的主观性、局部性特点。大数据分析以大数据，即形态各异的非结构化数据为对象，涵盖文本、数字、信号、图片、音频、视频等不同类型，以及网络、智能终端、记录仪、传感器等不同载体。这些数据几乎反映了事物以数字化形式表现的全部特征，客观、真实、全面，可以说是客观事实的反映。显然，大数据是重要的情报源，必须纳入公安情报分析的对象。

大数据分析的融入，拓展了公安情报分析的领域，突破了公安情报工作的瓶颈。在以往，公安机关掌握有互联网、智能手机、摄像探头、车载 GPS 等方面的大数据资源，但受限于数据处理能力，无法从中有效获取情报价值。现在，大数据分析为公安情报分析开方便法门，使得大数据进入公安情报分析的视野。当然，其意义不全在于此。大数据分析还为公安情报分析提供了一些新的数据类型，如动态数据、实时数据、时间与方位数据等，拓展了情报分析的功能。动态数据反映目标对象如涉案人员的活动轨迹，以及具体事件如群体性事件的动态变化，可为公安情报分析提供鲜活的数据。实时数据以数据流的方式快速、持续反映事物的现状和活动进程，减少了时滞，这样便于开展实时情报分析，为指挥、决策提供可靠依据。时间与方位数据

是由移动终端、GPS等形成的数据，利用它们开展情报分析，可以描述目标对象的运动规律及特定时空的状况。

（二）业务流程的融合

公安情报分析与大数据分析都以数据为对象，因而其流程也存在相似性。一般认为，大数据分析包括以下五个阶段：数据获取与处理，信息抽取与转换，数据整合与表示，数据建模及分析，诠释与可视化呈现。[①] 公安情报分析流程（指广义的情报分析流程，类同于情报流程）包括情报规划、情报搜集、情报处理、情报分析、情报编写等。两者在流程上具体环节大体相似，但侧重点有所不同，大数据分析强调数据的智能化处理，而公安情报分析突出以情报人员为主体的情报生产。

在大数据环境下，公安机关应以情报分析为核心和主线，融合大数据分析的一些环节，实现对情报分析流程的重构与优化。新的公安情报分析流程包括如下环节：需求调查—情报规划、数据获取—情报搜集、数据整合—情报处理、数据建模—情报分析，数据可视化—情报编写。这样，就能将丰富的大数据源纳入公安情报分析中，并且利用强大的大数据技术提升公安情报分析的技术水平。

（三）技术方法的融合

如何针对特定的情报需求，准确、高效地分析海量数据，这是大数据环境下公安情报分析面临的严峻挑战。目前，公安情报分析的方法广泛借鉴了各学科领域的理论方法，形成了以逻辑推理为主的定性分析方法，以数理统计为主的定量分析方法，公安领域一些独有的情报技战法如数据碰撞分析、连线分析、轨迹分析等，以及用于话单、图像、地理位置、时间、可视化等方面的专业分析软件工具。然而，这些方法和技术都不足以让公安机关对来源广泛、规模庞大、实时多样的数据开展有效分析。大数据发展中形成了一系列可用于统计、挖掘、发现、预测与集成等方面大数据分析的关键技术，

---

① AGRAWAL D, BERNSTEIN P, BERTINO E, et al. Challenges and opportunities with big data [R/OL]. [2016-01-26]. http://cra.org/ccc/docs/init/bigdatawhitepaper.pdf.

如 A/B 测试、数据聚类、数据挖掘、机器学习、空间分析、时间序列分析、可视化技术等。① 这些方法大多可以移植、应用于公安情报分析中。例如，通过模式分析可以识别某一类型犯罪活动的行为模式，通过关联分析可以梳理出恐怖分子的活动网络，通过聚类分析可以对某些人群进行区分并掌握其活动特征等。②

为提升公安机关从海量数据中提炼萃取情报的能力，公安情报分析应该融入大数据分析技术方法。特别是定量分析方面，由于这些技术方法都源于相同的学科领域，如统计学、计算机科学、应用数学等，因此，大数据分析的技术方法在公安情报分析中具有较强的适用性，可通过直接移植或调整改造等方式应用于公安情报分析中。

（四）分析系统的融合

利用海量数据开展情报分析，需要搭建具有强大数据管理功能的专门的情报分析系统。情报分析系统的核心是数据库技术。在以往，公安情报分析系统一般属于关系型数据库，采用结构化查询语言 SQL 来操作系统。在大数据环境下，这种情报分析系统无法处理规模庞大、多源异构、实时变化的大数据，这就要求新的情报分析系统具备高度的可扩展性、高度容错性、较低的分析延迟以及支持异构性等，以满足大数据发展的需要。③

为此，公安机关需要采用云计算、大数据计算框架、面向服务的体系架构等新技术，借鉴大数据分析系统，建立基于大数据的公安情报分析系统。④当然，这种系统不是对原有系统推倒重建。可以采用以分布式并行处理体系为主体的总体架构，与当前公安层级管理模式和应用现状相匹配，统筹不同

---

① MANYIKA J, CHUI M, BROWN B, et al. Big data: the next frontier for innovation, competition and productivity [R/OL]. Mckinsey Digital, 2011 - 05 - 01；江信昱，王柏弟. 大数据分析的方法及其在情报研究中的适用性初探 [J]. 图书与情报，2014 (5)：13 - 19.

② 化柏林. 从棱镜计划看大数据时代下的情报分析 [J]. 图书与情报，2014 (5)：2 - 6.

③ 夏立新，陈燕方. 大数据时代情报危机的发展演变及其应对策略研究 [J]. 情报学报，2016 (1)：12 - 20.

④ 李毅. 基于大数据的公安情报分析系统研究 [A] //中国指挥与控制学会. 第二届中国指挥控制大会论文集（下）[C]. 2014：858 - 862.

类型数据库技术的综合应用，支持不同类型海量数据的分布存储与异地计算，支持不同结构类型数据的标准化处理。①

四、理性看待大数据分析在公安情报分析中的地位和作用

当前，大数据已经暴露出不少弊端，大数据发展也出现了偏差，这集中体现在"大数据主义"的发展倾向。当数据越来越普遍，由数据所构成的数字世界，已经接近社会的本原，改变人们的日常生活以及观察、认识、思考的方式，那么，"大数据"成为"主义"，就是必然的走向。②"大数据主义"认为宇宙由数据流组成，万物皆为数据处理系统；具有高度智能的大数据算法是人类大脑无法企及的终极算法，比我们更了解自己及所处的人类社会。这种对大数据的信奉、膜拜，呈现出"大数据主义"的倾向：数据无处不在，可将人类社会简化为数据流；高度信任大数据分析，不再依赖人的感觉、体验、思维；将一切决策交由大数据分析，而忽视人的知识、经验的价值……当"大数据主义"征服世界，人类将降级为芯片、数据，在数据洪流中融解分化。③"大数据主义"夸大了大数据的功能，不利于大数据发展。

公安情报分析与大数据分析的融合，应该以前者为主体和核心，坚持公安情报分析的主导地位。将大数据分析融入公安情报分析，利用大数据分析的优势来强化公安情报分析，而不是用大数据分析取代公安情报分析；应该保持公安情报分析的原有特征，而不能全盘袭用大数据分析，导致公安情报分析的"泛大数据化"；要理性认识大数据分析，避免滑入"大数据主义"的泥坑。现在，大数据分析本身还在探索与发展之中，将它融入以公安情报分析，还有一个较长时期的探索的过程。大数据让我们充满期待，但应该求真务实，不能过于理想化。

---

① 李伟. 大数据技术在公安综合情报工作中的落地与应用［J］. 警察技术，2015（3）：8－10.

② ［美］史蒂夫·洛尔. 大数据主义［M］. 胡小锐，朱胜超，译. 北京：中信出版社，2015：推荐序（杜跃进）.

③ ［以色列］尤瓦尔·赫拉利. 未来简史：从智人到神人［M］. 林俊宏，译. 北京：中信出版社，2017：335－361.

（一）数据并不完全可靠

在大数据环境下，人们主张"用数据说话"，似乎数据即事实。的确，数据具有客观性，但它并不代表事实，只是客观事物的一种反映。看似"客观"的数据，实际上也存在主观性。例如，数据经过人为筛选，会以偏概全，以局部替代整体；通过操纵数据分析的标准，可篡改数据、曲解数据。在公安情报工作中，情报分析对象有些是属于主观的东西，如犯罪嫌疑人的作案动机、意图，恐怖分子发动恐怖袭击的心理特征等，一般来说不存在可以测量其客观值的数据及其标准。如果情报人员事先设定测量标准并且预设这一标准是"准确"的，在这一主观性标准下，数据就难以摆脱被操纵的命运。因此，数据不一定就是事实，同样具有不可靠性。

大数据本身是问题与解决方案的矛盾综合体，大数据分析的准确性、有效性也受到数据自身一些条件的制约。① 例如，大数据分析在基于"已知"探索"未知"中存在一个普遍性陷阱，即体现事物过去和现状的"已知"并不能推演出反映事物未来的"未知"。以"购物篮分析"为例。它是从追踪顾客过去所购商品入手，了解顾客的购物行为，从中发现循环模式，然后据此分析推测顾客的购物特征、需求及可能取向。然而，这种分析针对的是常客，忽略了不常来或第一次来的顾客；将所有顾客理解为"一般人"，掩盖了那些特殊的"一个人"。② 公安机关对恐怖分子或有犯罪倾向的人员进行筛选、界定及其行为的分析预测，也存在类似陷阱。我们只能对现有的、已掌握的对象开展分析，对于不在掌控范围之内的人员却无从分析预测。然而，实际上后者才是公安机关重点关注的对象。这样就出现了"预测已知的，忽视未知的"这一偏差。

（二）数据不是公安情报分析的唯一对象

随着互联网、物联网、数字化等技术的全面应用，人类社会的复杂关系和发展过程大多会以数字化形式反映出来，因而可以通过大数据分析来研究

---

① 陈喜乐，朱本用，刘伟榕．大数据分析的理论与实践挑战［J］．自然辩证法研究，2016（7）：90 - 95.

② ［美］冯启思．对"伪大数据"说不：走出大数据分析与解读的误区［M］．曲玉彬，译．北京：中国人民大学出版社，2015：121 - 125.

人类社会，了解社会发展现状、规律和趋势。例如，公安机关可以运用大数据分析方法来探究人际传播规律、人际交流模式、突发事件走向和舆情发展趋势等。然而另一方面，大数据并不是人类社会的完整镜像，只是人类社会的某些领域、某些侧面、某些片段的局部反映，仍有许多方面并没有通过数据反映出来。① 大数据本身存在片面性、局限性。如果将数据作为公安情报分析的唯一对象，就会夸大由数据所反映的事实，造成情报分析的片面性，甚至出现情报失误。

公安工作面对的是形态万千、复杂多变的人类社会，这一切并不是都能予以数据化。数据不足以反映一切。在当前大数据环境下，公安情报分析仍会出现数据匮乏的现象。例如，关于反恐行动的情报分析常常缺乏有效的数据：恐怖组织采用封闭性自我保护方式，不使用信息和通信技术手段，基本上没有连续的、可供分析的数据流；恐怖分子活动隐秘，行踪孤立，混迹在正常的社会交往中，难以发掘出反映其异常性的数据；不为人知的恐怖组织和"独狼"式恐怖分子，处于"未知"状况，他们的数据根本没有进入公安机关的视野。② 在这些情况下，大数据分析无用武之地。这时，公安情报分析必须依靠非数据形式的事实、情况、现象、资料、信息等，采用传统的情报工作手段及人工研判方式来开展工作。

（三）公安情报分析不能完全依赖大数据分析

大数据分析具有强大的运算能力。它可以开发出先进的算法，并且通过机器学习，让这些算法独立演进、自我改进。然而即便如此，大数据分析仍无法确保准确无误。任何分析都是一半数据，一半理论。大数据分析不可避免需要进行理论假设。数据与理论会相互依托，也会互相拆台。数据赋予理论合法性，数据越丰富，就越能支持理论。然而，如果是错误的理论，数据再丰富，也无法保证大数据分析的准确性。大数据分析与公安情报分析融合，相关分析与因果分析混淆使用，更让人难以辨别大数据分析存在的谬

---

① 张家年，王文韬. 融入工程化思维：大数据环境下情报分析机制的构建 [J]. 情报理论与实践，2016（6）：1-6.

② 万向阳. 反恐行动情报分析系统大数据障碍及其改进 [J]. 情报杂志，2015（5）：7-10.

误。号称只作相关分析，不作因果判断，继而认定由相关分析而得出的结论是"客观"的。实际上，相关分析将隐含的理论假设作为前提（"因"），由此得出结论（"果"），再以"果"来推断出前面的"因"，构建出因果关系（实际上，分析之前就已确认了因果关系）。表面上是由果及因，实际上因、果交错使用，循环论证，违背了逻辑分析的基本规律。

同时，大数据分析并非无所不能。公安情报分析的目标对象主要是人，或者与人相关的事件。大数据分析对"人"本身的研究，如人的心理、情绪、意识等，往往难以深入，也难以得出准确的结论。人具有自由意志，具有主观随意性，不完全受因果必然性的支配。同样，由人参与的事件，也具有不确定性。即便运用大数据方法开展公安情报分析，也无法对具有随机性的人的行为和不确定性的案（事）件，进行准确地分析预测。

基于此，只能将大数据分析视为公安情报分析的有机组成部分，而不能忽视其他情报分析手段的运用。大数据分析以多源异构的大数据为对象，公安情报分析则仍应该重视通过抽样调查、基础信息采集等获得的"小数据"，以及各种非数据形式的其他情报资料。大数据分析或可以在网上侦查、网上摸排、网上追逃等方面大显神通，但在实际工作中，仍需要通过现场勘查、排查摸底、跟踪守候等工作手段来获取情报资料，仍需要遵循逻辑推理的规律，采用头脑风暴法、德尔菲法、假设分析法和 SWOT 分析法等人工研判方法。

（四）"人"始终不能缺席公安情报分析活动

当前，数据体量之大，已远非人脑所能驾驭，因而数据处理、分析应该交给能力远超人类的大数据算法。然而，大数据分析只是一种手段。公安情报分析从本质上来说，是一个科学抽象的思维过程，是一种知识认知和知识创造活动。在公安情报分析中，"人"是核心和主体，情报人员的感觉、经验和智慧应该贯穿并主导情报分析。即便运用大数据分析，情报人员也应该对其算法、结论进行跟踪、探究，必要时提出质疑与挑战。

如前所述，无论是数据还是大数据分析，都存在缺陷和不足，而公安情报分析中"人"的智慧正好可以弥补这一点。大数据分析擅长"解惑"，即解决"是什么"的问题，针对特定问题寻找明确的答案。例如，在针对某恐怖组织的情报分析中，可以从大量公开源信息中，获取该组织的核心人物、组织构架、活动范围、物资装备、资金流转等方面的情报，揭开该组织神秘的面纱。然而，大数据分析难以进一步"解密"，即破解"为什么"，难以深入分析复杂现象的内在本质，进而提出预判与预测。例如，关于恐怖组织内部的人际网络，内在凝聚力的形成，恐怖分子的观念、动机、情绪、意识等，大数据分析往往无能为力。①

情报分析是一个意义构建的过程，即情报资料不是独立于人类行为单独存在的东西，情报人员会把他们的观点、看法、经验、意识等投射于其中。因此，情报分析除需要关注来自客观世界的情报资料之外，还应该重视情报人员自身在情报分析过程中的主观作用。② 公安情报分析既能"解惑"，又能"解密"，而且具有较之于大数据分析的比较优势。在"解惑"方面，它不但能全面获悉各方面情况，还能由情报人员利用自身知识、经验，结合相关背景、环境，对所获得的情报资料进行验证、辨析；并与情报需求关联，进行深入挖掘，获取情报用户所需要的情况。在"解密"方面，公安情报分析更是独擅专长。它可以充分利用情报人员的"专家智慧"，深入探究"为什么"，特别是深入到"人"的分析。例如，关于恐怖分子特别是那些"独狼"式恐怖分子思想信仰、价值观念、情绪心理、意识意念等方面的分析，需要依赖情报人员的职业敏感、敏锐的洞察力、专业知识和阅历经验，从而深入到恐怖分子的思想世界和内心深处，进行揣摩与模拟，想他们之所想，推测他们之所为。只有真正对他们捉摸透了，才能对恐怖活动开展前瞻性分析，提出具体有效的干预性、预防性措施。

---

① 胡向春. 大数据时代的防务情报分析［J］. 现代军事，2016（2）：99－108.
② 曾忠禄. 情报分析：定义、意义构建与流程［J］. 情报学报，2016（2）：189－196.

第五节 大数据环境下的公安情报服务

公安情报服务是公安情报机构的重要职能。当前，我国公安机关情报服务手段单一、质量不高，影响了公安情报机构的发展以及情报服务工作的开展。在学术研究领域，公安情报服务研究尚未引起普遍关注。仅有少量文献论及公安情报服务的概念、原则和模式，[①] 以及公安情报服务的发展变化等。[②] 当前大数据发展已对公安情报工作产生深刻影响，将推动公安情报服务进入新的发展阶段。在大数据环境下，公安情报服务何去何从，将会出现哪些变化，这是一个值得深入探索的课题。可以肯定的是，大数据发展不会取消而只会强化公安情报机构的地位，当然，对公安情报服务也必然会提出新的、更高的要求。

一、公安情报服务及其构成要素

当前，我国公安机关设立了不同级别、不同性质的情报机构。在确定这些情报机构的职能时，存在一些偏差。一些地方公安机关为了推动情报主导警务战略的实施，赋予公安情报机构特别是公安情报中心极为重要的职能地位。例如，提出通过公安情报机构来实现"大集中、大整合、高共享、高权威"，建立"情报主导下的合成作战""多轨联动"等工作机制。[③] 为此，对公安情报机构实行"高配"，即行政级别高于其他部门，使之具有行政管理甚至指挥决策的职能，以此来强力推动公安情报工作，实现对警务活动的"主导"。然而，公安情报机构的这种职能定位是不科学的。情报工作通常具有耳目（及时获取信息）、尖兵（事先打探情况或进行预测）和参谋（利用

---

① 刘硕. 大数据环境下的公安情报服务基本模式探析［J］. 中国刑警学院学报，2015（2）：29–32.

② 欧三任. 公安情报需求与服务的发展研究［J］. 北京人民警察学院学报，2007（1）：82–85.

③ 吕雪梅. 公安综合情报部门的发展困境与战略转向［J］. 情报杂志，2015（6）：16–19，26.

情报辅助决策）等功能。① 它服务于管理和决策，但绝不能直接以情报为手段来实施管理和决策活动。如果将"主导"理解为统领全局，策动或引领事物发展，那么，情报实际上无法"主导"警务，它只能"服务"警务。公安情报机构是利用情报来为公安机关及其民警提供服务的专门机构。开展公安情报服务，是公安情报机构的基本职能和主要工作内容。将公安情报服务确立为公安情报机构的职能、职责，有助于公安情报机构准确定位，改变公安情报机构长期以来在"越位"与"失位"中无所适从的尴尬境地；也有益于公安情报服务工作的开展，避免出现"上不着天，下不着地"，情报服务无所依傍的情况。

所谓公安情报服务，是指公安情报机构利用各种情报资料，形成情报产品，然后提交给情报用户，满足其情报需求的过程。公安情报服务并不是公安情报机构一项独立的情报活动，它贯穿于公安情报工作的各个方面。公安情报机构应该将其职能定位于情报服务，即以情报资料为基础，以情报用户为核心，以提供高质量的情报产品为目标，为公安机关各部门及其民警提供高效、优质的情报服务。情报资料、情报用户和情报产品是决定公安情报服务价值的基本要素。

（一）公安情报服务的基础是情报资料

公安情报服务的出现，以及公安情报机构成为情报服务的主体，是公安信息化发展的产物。自2000年前后开展公安信息化建设以来，公安机关内部各种信息资源越来越丰富，同时社会上也存在海量信息资源供公安机关开发利用。这些信息资源是公安机关开展工作时必不可少的、重要的情报资料。然而实际上，公安机关各部门及其民警欲从中提炼出有效的情报，反而越来越困难，因为他们无法驾驭如此复杂的、海量的信息资料。在无法通过自身力量获取情报的情况下，就需要依靠专门的情报机构来解决这一难题。这样，就有必要设立公安情报中心等情报机构来履行情报服务的职能，即通过情报资料的发掘利用，为公安机关各个部门及其民警提供有针对性的、高质

---

① 包昌火. 对我国情报学研究中三个重要问题的反思［J］. 图书情报知识，2012（2）：4－6.

量的情报产品。

公安情报机构是利用情报资料生成情报产品，然后提交给情报用户来完成情报服务工作的。情报资料是公安情报机构开展情报服务的依据。具体来说，要通过公安情报机构来实现情报资料由客观状态向激活状态、应用状态的转化。情报资料是一种客观存在，它们大多以数字化形式储存于公安机关各类信息管理系统。公安情报机构根据用户的情报需求，从信息管理系统中抽取部分情报资料，与用户的情报需求发生关联，这样情报资料进入激活状态。公安情报机构对这些情报资料进行加工处理，形成情报产品，传递给特定用户，这样情报资料（已转化为情报产品）进入应用状态。

拥有足够丰富的情报资料，这是公安情报机构开展情报服务的前提和基础。公安情报机构应该建立庞大的、可以满足用户基本需求的综合情报资料库。其情报资料来源于公安机关内部各信息管理系统，也汇集与公安业务有关联的外部信息资源，要求能够实现情报资料的动态更新。在大数据环境下，海量、多源、异构的社会数据资源，是公安机关重要的情报源。公安情报机构应该采取"养数据"① 的战略，根据公安机关自身需要，从社会大数据中主动采集有价值的数据资源。当公安情报机构积累的情报资料规模越来越庞大，内容越来越丰富，来源越来越广泛的时候，它在公安情报服务中的主体地位就能得到巩固。

（二）公安情报服务的核心是情报用户

公安情报机构一直存在情报产品"落地难"的问题，即情报产品生成后，未能得到有效利用。为此，有些地方公安机关将公安情报机构设置为队建制，赋予它执法勤务方面的职能。② 这样，情报产品自产自销，即由公安情报机构直接将它们应用于实际工作中。然而这种做法是不可取的。因为情报产品类型多样，应用范围广泛，公安情报机构如果要负责情报产品的应用，必然会造成人员队伍的庞大，并与其他部门在职能上交叉，产生冲突。公安情报机构应该定位于情报服务，将情报产品交给情报用户使用。情报用

---

① 车品觉. 决战大数据：驾驭未来商业的利器 [M]. 杭州：浙江人民出版社，2014：95-97.

② 孙晓伟. 综合情报信息机构设置问题探讨 [J]. 公安研究，2010（8）：76-78.

户，是指需要利用情报的机构或个人。由于日常警务活动都离不开情报的支持，公安机关各个部门及其民警，都有可能成为情报用户。当然，公安情报服务对象有时也可以拓展到党政部门，甚至延伸到其他社会组织机构。但考虑到这类对象并不具有普遍性，故在此略而不论。

再深入一层，情报用户之所以成为公安情报服务的对象，是情报需求驱动的结果。情报需求是指情报用户对情报产品和情报服务的意向、愿望和要求。用户的情报需求构成公安情报服务的起点。公安情报机构应该准确把握用户的情报需求，情报服务才有针对性，所提供的情报产品才能产生实效。

公安情报服务对于情报用户存在依赖性。正是因为情报用户的存在，才有情报服务。情报服务活动的开展并不仅仅是情报机构的事情，还需要情报用户的参与。这种依赖性还表现在，情报用户决定情报服务：不同的情报用户乃至同一情报用户在不同时期，其情报需求都会不同，情报服务也就存在差异。因此，情报用户作为情报服务的对象，并不是被动的受支配者。情报用户具有鲜明的自主性。① 在情报源的选择、情报内容的构成、情报产品的形式以及情报生产的时限等方面，情报用户拥有发言权，甚至决定权。因此，公安情报机构应该树立以情报用户为核心的理念，尊重情报用户的自主性。在情报服务中，始终与情报用户协调、沟通，充分了解情报用户的需求，紧紧围绕情报用户开展工作。

（三）公安情报服务的目的是向情报用户提供高质量的情报产品

公安机关拥有海量的、蕴含着丰富情报价值的情报资料，但它们不能直接应用于实战、指挥与决策。公安情报机构需要针对这些情报资料开展一系列情报活动，才能获得情报价值，应用于实际工作中。即对情报资料进行深度加工，最后向情报用户提供具有高附加值，且能满足其情报需求的公安情报产品。所谓公安情报产品，是指公安情报机构根据情报用户特定的情报需求，利用各种情报资料，经过一系列情报活动生产出来的，准备交付用户并应用于公安决策与实战指挥的情报成果。② 在这里，情报产品的外延比较宽

---

① 王桂艳，袁颖. 试论用户的主体性［J］. 情报理论与实践，2000（5）：340 - 342，388.

② 彭知辉. 论公安情报产品及其构成［J］. 情报杂志，2013（5）：61 - 65.

泛，既指经过一系列复杂的情报活动如情报搜集、加工、分析、编写等生产出来的情报成果，也指经由一些简单的情报活动如检索、比对、浏览、整理，而获得的具有情报价值的事实、情况、线索、资料等。

公安情报服务是一种具体的、有形的服务，其载体就是公安情报产品。公安情报机构通过情报产品开展情报服务，情报产品是公安情报服务的主要载体。情报产品在公安实践中发挥作用的过程，就是情报服务价值实现的过程。因此，公安情报产品也是评估情报服务质量的重要依据。及时提供情报产品，确保情报产品的有效性，是公安情报机构开展情报服务的基本要求。

二、大数据有助于提升公安情报服务水平

大数据发展推动公安情报工作进入一个新的发展阶段，也为公安情报机构提升情报服务水平提供了契机。从公安情报服务的上述三个要素来分析，目前公安情报服务都面临一些困境，而大数据发展有助于公安情报机构化解这些难题，为公安情报服务的开展提供有力的保障。为此，公安情报机构应该努力顺应大数据发展趋势，在公安情报服务中融入大数据资源、方法和技术，提高情报服务质量和水平。

（一）各种类型的大数据可为公安情报服务提供充足的情报资料

在公安情报服务中，公安情报机构一直受制于情报资料数量不足、来源不广。公安机关虽然建立了各类信息管理系统，并发动全体民警广泛采集信息，但这些信息资源仍不能完全满足公安情报服务的需要。公安机关还通过交流、交换等方式，从外部获取部分社会信息资源，但数量、类型仍极为有限。各种情报资料必须采用数据库技术处理形成结构化数据，这需要投入大量人力、物力，而且在处理过程中还会造成情报资料部分要素的缺失。现在，随着大数据技术的发展与成熟，可以从多源异构的非结构化数据中提炼、萃取情报价值。这样，公安机关情报资料的获取范围可以拓展为各种类型的大数据。

数据是当前情报资料的主要来源。特别是将大量非结构化数据列入其中，可以缓解甚至最终解决公安机关情报资料匮乏的问题。从数量来看，在大数据环境下，数据量呈爆炸式增长，体量越来越巨大；从范围看，数字化一切，一切数字化，使得数据正成为社会生活的映象；从类型看，社交媒体数据、视频图像数据、时空序列数据、网络交易数据等无所不包。公安情报机构努力提高大数据采集、处理水平，就能全面获取情报资料，在开展情报服务时就可以少受甚至不受情报资料方面的制约。

（二）运用大数据方法可以准确界定情报用户并分析其情报需求

公安情报机构是以情报用户为中心开展情报服务，因而需要清晰界定情报用户，准确分析用户的情报需求。情报用户及其情报需求的调查，是开展情报服务的首要环节。通常的做法是，首先通过调查来获取情报用户方面的特征资料。调查方式分为直接途径和间接途径，前者包括问卷调查、实地考察、咨询、信息反馈等，后者是指查阅反映情报用户业务活动记录等方面的资料。然后，对所获取资料进行数据统计，从而分析研究情报用户的行为特征及情报需求。① 采用上述方法研究情报用户及其情报需求，存在一定局限性，如投入人力大，数据不全面，抽样统计可能存在偏差等。

大数据最有效之处，就是能够准确识别人群和个体，洞悉或者还原他们的真实需求。这一点，在商业领域已取得突出成效。例如，"购物篮分析"就是运用大数据方法，来分析顾客购买商品的行为规律和心理特征。首先尽可能采集反映顾客购物行为的数据，从中发现循环模式，从而辨识顾客的行为规律，然后分析、推测顾客的购物特征、需求及取向。② "购物篮分析"虽然在辨识顾客个体方面可能存在偏差，但是在顾客群体的分析方面还具有科学性。基于同样的原理，公安情报机构也可以将大数据方法应用于确定情报用户，分析其情报需求。

在大数据环境下，人的大部分行为都以数据的形式被记录下来。这样，可以采用全数据模式来分析情报用户及其情报需求：全面采集有关情报用户行为的数据，如公安民警业务活动数据、在信息管理系统的浏览与查询记录，以及反映民警基本情况及其他方面的数据。这可以充分了解情报用户，

---

① 胡昌平. 信息管理科学导论［M］. 修订版. 北京：高等教育出版社，2001：236 - 240.
② ［美］冯启思. 对"伪大数据"说不：走出大数据分析与解读的误区［M］. 曲玉彬，译. 北京：中国人民大学出版社，2015：122 - 123.

如他们的岗位、职责、工作内容、工作环境，以及学历层次、知识结构、情报素养等；可以深入挖掘用户在情报活动方面的行为特征，如对情报的关注程度、理解状况，以及情报利用方面的行为习惯等；还可以全面分析用户的情报需求，既掌握他们的现实需求，又能推测其潜在需求。显然，运用大数据方法来研究情报用户及其情报需求，更加科学、有效。基于对情报用户这种全方位的了解，公安情报机构在开展情报服务时就会更有针对性，更加高效。

（三）大数据有助于提高公安情报产品的有效性

公安情报服务的最终目标是向情报用户提供合适的情报产品。当前公安情报机构提供的情报产品存在以下问题：一是"没有用"。情报产品质量不高，价值偏低，在公安实战与指挥决策中发挥不了作用。二是"用不了"。情报产品报送时机不当，或存在指向性偏差，难以发挥作用。三是"不好用"。情报产品没有抓住情报用户的"痛点"，没有切中情报用户的需求。这些问题反映出公安情报产品有效性不强，当然会影响公安情报服务的质量。

运用大数据方法、技术，可以提高公安机关情报产品的有效性。首先，大数据有助于提升公安情报产品的质量和价值。来自社会各个领域、各种类型的大数据使得在情报搜集环节能够尽可能全面占有情报资料，强大的大数据处理技术有助于公安情报机构驾驭复杂的、海量的情报资料，大数据分析在发现规律、开展预测等方面可以提高公安情报分析的水平。其次，大数据可以提高公安情报产品的针对性。运用大数据手段，可以全面、系统捕捉情报用户的各类反馈信息，可以跟踪用户情报需求的动态变化。这样，就能采用多样化手段报送情报产品：分类报送，即分为不同类型来报送情报产品，如动态类情报、线索类情报、预测类情报、综述类情报等；分级报送，即根据不同情报用户对象来报送情报产品，如面向所有部门及全体民警可以广泛发布，面向某一具体部门可以定向发布，面向决策领导和上级部门可以专题呈报；分时报送，根据情报产品的紧急程度及重要性，将它们分成不同级别，按不同时限要求报送。第三，大数据能增强公安情报产品与用户情报需求的吻合度。如前所述，大数据能对情报用户及其情报需求进行准确定位与描述，那么，公安情报机构就能按"需"提供情报产品。

三、大数据环境下公安情报服务方式的创新

公安情报服务没有固定的模式。公安情报机构应该与时俱进，根据公安工作的新发展、新要求，以及情报用户及其情报需求的变化，推动公安情报服务的变革与创新。在当前大数据环境下，公安情报机构可以创造性地探索一些新的情报服务方式。

（一）个性化情报服务

所谓个性化情报服务，是基于情报用户的偏好、身份以及利用情报的行为、习惯，为满足其特定情报需求而提供的情报服务。① 在这里，"个性化"不等同于"个体化"，即并不是说情报服务必须面向单一个体，而是指情报服务要具有个别的、特定的指向性和针对性。准确地说，个性化情报服务就是针对特定用户的特定情报需求而开展的情报服务。当前，公安情报机构往往对情报用户不做明确区分，对用户的情报需求未做清晰界定，情报产品大多宽泛，看起来适用面广，实则大而无当。通常只是根据部门或业务岗位来开展情报服务，这样失之于简单、笼统，情报用户被同质化了，情报需求也就模糊化了。即便是面向特定对象如决策领导的情报服务，也只是遵循固定程序而已，并不是严格意义上的量身定制情报产品。

随着大数据发展，人类社会将进入一个标举个性化的时代。万物皆联网，无处不计算，使得数字化生存成为普遍现象。无处不在的数据，让物理环境领域的计算掀起一场巨变。例如，以 3D 打印为代表的第三次工业革命，使得生产和消费进入个性化模式。在社会生活领域，"社会计算"（Social Computing）也变得越来越普遍：许多社会现象可以转化为数据，通过计算进行分析。② 那么，"人"也是可以计算的，可以从作为整体的"社会"脱颖而出，成为个性化的存在。因此，在大数据环境下，个性化的公安情报服务是可以实现的。当社会计算越来越普遍，利用大数据，对某一群体乃至每一

---

① 胡昌平，汪会玲. 个性化中的信息资源重组和整合平台构建 ［J］. 情报科学，2006（2）：161 – 165.

② 涂子沛. 数据之巅：大数据革命，历史、现实与未来 ［M］. 北京：中信出版社，2014：270 – 288.

个个体行为和心理的分析，都可以交给算法来完成。① （当然，也不要夸大这种算法的普遍性意义。）这样就能够对情报用户进行逐层分类，乃至区分出具体的个体来。这时，公安情报服务是以具体的、明确的情报用户为对象，就能根据他们特定的情报需求来提供与其需求高度符合的情报产品。

（二）精细化情报服务

目前，公安情报机构所提供的情报产品出现了明显的程式化现象，反映出情报服务方式的简单粗放。一是类型相对固定。如每周、每月、每个季度及至半年、全年等不同时间周期的警情分析、类案分析、社会治安形势分析、社会稳定形势分析或犯罪趋势分析等，陈陈相因，缺乏变化，形成了相对固定的写法。二是结构框架形成套路。例如，对犯罪前科人员、某一类型犯罪人员、涉毒人员等群体基本情况的分析，凡性别、年龄、地域、民族成分、受教育程度等，一一罗列，而不顾及这些要素的分析有无必要性。再如，综合研究类情报产品大多是"现状＋趋势＋对策"几大板块的简单拼接，并无严密的逻辑性、连贯性。三是写法单一。例如，情报产品中的图表样样俱全，如饼状图、柱形图、折线图、条形图等，然而大多是文字内容的重复，显得可有可无。再如，趋势分析类情报产品，大体是通过几类数据的同比、环比，得出"XX 上升""XX 下降"之类的结论。总之，这样的情报产品内容宽泛、形式单一，对于情报用户来说，几乎没有什么吸引力。

上述问题的存在，表面上看是情报产品编制的问题，其实，从根子上说则是因为受到数据资源的限制，情报的深度挖掘不够。将大数据融入公安情报服务，可以改变这一现状，使情报服务特别是情报产品向精细化方向发展。首先，有更多的数据资源为依托，对公安情报产品类型的区分可以进一步细化、具体化。例如，社会治安形势分析方面的情报产品，可以按刑事案件、治安案件、交通事故等类型逐一编写；刑事犯罪形势分析方面的情报产品，可按危害公共安全、侵犯财产等犯罪类型细化。其次，利用大数据可以深入挖掘情报价值，在公安情报产品内容的取舍安排上会有更多的选项。例

---

① ［以色列］尤瓦尔·赫拉利. 未来简史：从智人到神人 ［M］. 林俊宏，译. 北京：中信出版社，2017：354－361.

如，关于人员基本情况的分析，除性别、年龄、民族成分等要素外，可以拓展到其他更多的要素，如习惯、兴趣、性格、家庭、经济收入、社交网络等，甚至关于习惯这一要素还可进一步细化，如上网习惯、手机使用习惯、出行习惯等。最后，大数据还能丰富公安情报产品的表现形式。例如，情报产品的可视化不仅仅是情报事实、结论的描述与呈现，它还具有观测与发现的功能：通过数据属性的可视化映射，帮助情报用户识别与理解数据间的模式和意义；在可视化交互的环境中，情报用户可以选用不同的方法来展示数据，通过与数据互动来探索"为什么"，从而获得新的洞察。①

（三）跟踪式情报服务

情报用户的情报需求并不是静态的、固定的，而是常常处于动态变化的状态。公安情报机构根据情报用户"此时"的情报需求，于"彼时"提供情报产品，就会出现时过境迁、情报产品失效的情况。因此，最好的情报服务应该对情报用户进行全程跟踪，根据用户情报需求的变化来调整情报服务方式。然而，在以往的情报工作中，由于公安情报机构需要面向公安机关全体民警及各个部门开展情报服务，这种跟踪式情报服务需要投入大量人力、物力和时间，它几乎不具备现实可行性。

大数据发展让跟踪式情报服务成为可能。现在，数字化在公安机关中已成为普遍现象。公安民警不但采集各种数据，而且也无时无刻不在生产数据：他们随身携带的手机、警务通等移动设备，日常巡逻盘查的车载 GPS 等方面的数据，全面呈现他们的日常警务活动状况；浏览公安内网、查询各类信息管理系统、使用搜索引擎等方面的数据，反映他们的情报需求及其变化；他们对情报产品的理解、接受程度，情报产品在实际工作中的应用状况，也会以信息反馈的方式表现出来……利用这些海量数据，采用大数据算法，可以对情报用户进行日常性跟踪，了解他们的工作内容、行动状况，进而准确捕捉他们的情报需求。这样，无论情报用户及其情报需求发生了什么变化，公安情报服务总能及时到位，提供合适的情报产品。

---

① ［美］MINELLI M，CHAMBERS M，DHIRAJ A. 大数据分析：决胜互联网金融时代 ［M］. 阿里巴巴集团商家业务事业部，译. 北京：人民邮电出版社，2014：108 - 114.

（四）前瞻式情报服务

公安情报机构应该努力做好情报服务工作，而且应该认识到这种追求是没有止境的。对于情报用户有求必应，属于被动式或响应式服务，这是情报服务的第一重境界；想情报用户之所想，是主动式服务，这是情报服务的第二重境界；能想情报用户之所未想，让情报服务走在需求的前面，是前瞻式情报服务，显然这是情报服务的最高境界。

要实现前瞻式情报服务，关键要做好潜在情报需求的发掘工作。潜在情报需求包括用户没有表达出来的情报需求，以及潜在情报用户——尚未通过情报机构的服务而获得满足的用户——的情报需求。① 因此，发掘潜在情报需求，一是要帮助情报用户表达自己的情报需求，二是要让潜在情报用户转化为现实情报用户。目前，潜在情报需求的发掘，一般采用逻辑思维方法，如系统分析法、逆反思维法、发散思维法，量化分析工具如因素矩阵法，或者人际交流方法如咨询、反馈等。② 这些方法都需要投入大量人力，难以全面推广。

情报需求虽然是一种意识，有时甚至是无意识，但总会通过行为表现出来。运用大数据方法来分析公安民警的行为活动，可以打开他们的意识和无意识这一神秘之窗。全面采集反映公安民警警务行为方面的数据，建立数学模型，通过特定的算法，可以对大量数据进行自动分析，挖掘那些可能需要情报作为支持的行为；再与大量已有的情报支持下的行为进行比照、验证，就能比较准确地识别出民警的哪些行为需要情报支持；这样在他们还没有形成明确的情报需求之前，公安情报机构能够及时将情报产品提供给他们。当然，这种前瞻式情报服务带有理想化色彩，但它仍然是公安情报机构努力的方向和追求的目标。

---

① 盖红波，武夷山. 潜在情报用户及其转化问题研究［J］. 情报学报，2001（4）：421－426.

② 王均林. 隐性情报需求的特征及其开发方法［J］. 情报科学，2001（9）：910－913.

第四章

大数据环境下公安情报应用研究

公安情报应用研究是公安情报学理论体系中一个十分重要的、有着广阔发展前景的内容板块。当前这一方面的研究还相对薄弱，既因公安情报工作多领域的广泛应用并未实现，也因理论研究滞后，未能为实践工作提供指导。当前，大数据全面融入各项警务活动，已在公安工作中获得初步应用。大数据原本是公安情报工作的对象和公安情报学的研究对象，大数据应用与公安情报应用可以融合互补。因此，大数据环境下公安情报应用研究是新形势下公安情报学一个新的课题。

原则上，公安情报应用可以覆盖警务活动的各个方面，包括打击、防范、决策、管理、服务等各项职能活动。大数据应用融入公安情报应用，也可以在各个领域发挥作用。因此，关于大数据环境下公安情报应用的研究，所包含的内容十分广泛。限于时间、精力，本书无法对每一个领域以及这些领域的每一个方面开展全面、系统的研究，只选取刑事侦查、警务预测、警务决策和公安维稳等，采用专题研究的方式，阐述大数据应用与公安情报应用的结合。当然，上述每一个专题仍有复杂而丰富的研究内容，试图对这些专题做深入、系统而全面的研究，仍是不现实的。本章以理论研究为主，故有关具体实践活动开展方面的内容，如大数据和公安情报应用于案件侦查所形成的各种技战法，一般略而不论；重点围绕一些基础性理论问题开展研究，如大数据与具体警务活动结合的理论依据是什么，如何评估大数据在这些警务活动中的地位和作用等。

大数据应用与公安情报应用结合的方式是，将大数据应用融入公安情报应用之中。也就是说，大数据在公安领域的应用实际上是公安情报应用的一种具体体现，大数据环境下的公安情报应用实际上包含了大数据应用方面的内容。正因为如此，在具体研究中，没必要强调大数据应用、公安情报应用的区分，也没必要依次研究这两个方面。关于公安情报应用，本人曾做过专门研究，出版有专著《公安情报应用研究》。① 为避免重复，本章主要阐述大数据在刑事侦查、警务预测、警务决策和公安维稳等领域的应用，而将公安情报应用方面的内容融入其中，不再专门予以论述。

第一节　公安大数据应用和公安情报应用的融合

大数据的价值体现在应用。目前大数据已广泛应用于商业、金融、医疗、娱乐、公共服务等领域，在公安工作中同样得到了初步应用。大数据，包括数据资源、技术工具和方法手段等，都可以融入公安情报工作。特别是大数据应用与公安情报应用有很多相通之处，它们都是从数据、信息中发掘有效的价值，将其应用到实际工作中。当前，公安情报应用并没有深入到公安工作的各个方面，而大数据应用能覆盖众多领域且成效显著。将大数据应用融入公安情报应用，可以推动后者的发展。公安情报应用与大数据应用相结合，使得公安情报应用研究有了新的拓展、延伸，形成了大数据环境下公安情报应用研究这一新的课题。本节将从理论角度阐释两者融合的依据。首先调查、梳理公安情报应用和公安大数据应用的发展状况和研究现状，从而发现，两者在应用领域和研究内容方面具有相通、相同之处，这说明它们的融合是社会实践发展的必然结果；接下来，具体阐述大数据应用融入公安情报应用而形成的新的研究内容，以及大数据环境下公安情报应用研究的原则、策略。

一、公安情报应用及其研究现状

公安情报应用，就是将公安情报工作与具体警务活动相结合，并融入其

①　彭知辉. 公安情报应用专题研究［M］. 北京：中国人民公安大学出版社，2013.

中，充分发挥其作用的过程。所谓"警务活动"，是指公安工作中那些具有全局性、整体性的业务活动，如指挥决策、社会维稳、治安预警等，不涉及各警种如刑侦、禁毒、经侦、反恐、治安、交管等开展的活动。所谓"结合"，是指公安情报工作贯穿于警务活动的始终，而不只是作为一种补充性手段或辅助性措施。公安情报应用不同于公安情报流程中的"公安情报运用"。公安情报运用是情报流程中的一个环节，是指将情报产品运用到公安工作中，促成情报产品的落地，使之发挥效用的过程。公安情报应用的重心不仅仅在于情报产品的运用，更在于公安情报工作如何与警务活动实现全方位、全过程的结合。① 加强公安情报应用是公安情报工作的目的和宗旨。因为公安情报工作并不是一项完全独立的工作，它需要与具体警务活动相结合；只有在具体的警务活动中发挥作用，公安情报工作的价值才能得到体现。将公安情报工作与具体警务活动相结合，这一过程就是公安情报应用。公安情报应用是衡量公安情报工作成效的重要标准。

（一）公安情报应用现状

在实施情报主导警务战略过程中，各地公安机关积极探索公安工作各个领域情报工作的开展，公安情报应用在某些方面取得了比较突出的成效。例如，在案件侦查中，已建立比较完善的情报主导侦查的工作机制，形成了适用于不同案件类型、不同场合条件的各种网上侦查的技战法；公安情报工作已经融入侦查工作中，成为案件侦查不可或缺的工作手段。然而就整体而言，公安情报应用目前只在警务活动的个别领域得到有效开展，在重大突发事件预警、警务指挥与决策、公安队伍建设、流动人口管理、社会矛盾纠纷化解等众多领域，公安情报工作未能有效融入其中，充分发挥其作用。

情报资料不全面、情报处理技术滞后、情报分析手段单一等因素，制约了公安情报应用在实践工作中的成效。基层民警在情报搜集时不可能穷尽所有的情报资料，而且这些情报资料质量参差不齐，甚至存在一些虚假的、错误的情报资料；面对日益庞杂、不断激增的信息、数据，公安机关显得力不

---

① 彭知辉. 公安情报应用专题研究［M］. 北京：中国人民公安大学出版社，2013：22.

从心，不能及时、有效地进行加工处理；情报人员自身素养尚不能完全满足公安情报工作的需要，受经验、学识、能力和技术等方面条件的制约，情报分析存在近似性、模糊性，情报失误也难以避免。而且，警务活动的许多领域存在复杂性、多变性和不可预测性，公安情报应用面临较大风险。为避免误导警务活动，必然会压缩公安情报应用的范围。

（三）公安情报应用研究现状

公安情报学是一门应用性学科，与公安实践联系紧密，因而公安情报应用研究必然是公安情报学一个重要的研究内容。公安情报应用研究主要探讨公安情报工作与具体警务活动相结合的原理、原则、要求，两者结合的方式、方法，两者结合而形成的新的工作流程、工作机制和对策措施等，以及在这些警务活动中公安情报工作的组织实施等。

目前，有关公安情报应用的研究，既有对公安情报应用实践活动的总结、提炼，也有学术层面的理论探索。笔者曾于2016年5月20日利用中国知网学术期刊数据库对公安情报学研究文献做过全面调查，于2017年11月3日再进行补充检索，筛选出公安情报应用研究方面的文献共105篇。这些文献虽然分布面比较广，但主要集中在打击犯罪和治安预警两个领域，治安管控和警务管理领域也有较多文献分布，社会维稳和社会管理与服务领域则只有零星文献（见图4-1）。整体而言，目前公安情报应用研究并未引起学术界的高度关注，理论成果还相当少。这不但体现在这一方面的文献总量偏低，在具体研究中存在空泛、粗疏之弊，而且公安情报应用中还有许多具体内容没有开展研究，很多方面还没有文献涉及。① 公安情报应用研究涉及多学科理论知识，研究对象比较复杂，要求研究者具备较强的学术驾驭能力，需要与实践工作紧密结合，然而这一方面的公安实践还没有充分开展，学术研究难以与实践工作互动。这是公安情报应用研究所面临的困境，也是它难以有效开展的原因。

---

① 彭知辉．公安情报学研究30年（上）：研究内容及其分布状况［J］．北京警察学院学报，2017（1）：52-65.

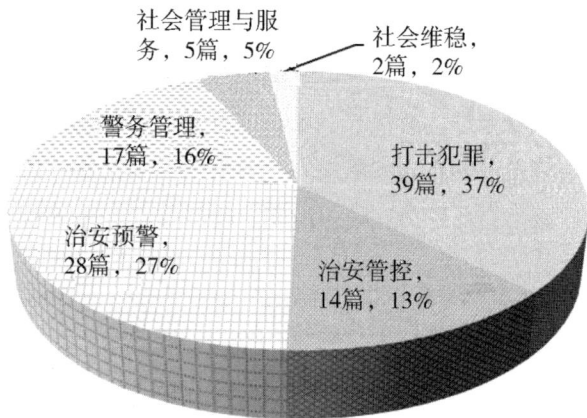

图 4-1 公安情报应用研究文献分布状况

二、公安大数据应用及其研究现状

2013 年被称为中国"大数据元年",此后数年间,在全国已形成大数据热潮。公安机关原本重视数据(结构化数据)挖掘,并掌握有大量数据资源,大数据发展为公安机关进一步开发利用数据资源创造了条件。目前,各地公安机关正在开发大数据平台,研发大数据技术,整合大数据资源,大数据在某些领域获得了初步应用。与此同时,公安大数据应用研究也是当前学术研究的一个热点,近年来集中涌现出了一批学术成果。

(一)公安大数据应用现状

当前大数据发展迅猛,已逐步应用于社会生活各个领域。近年来,公安机关顺应大数据发展趋势,积极探索大数据在公安工作中的应用。下面,笔者通过检索中国知网报纸类数据库,以《人民公安报》以及其他报纸所刊载文献来说明公安大数据应用现状。采用"报纸名 = 人民公安报 and 题名 = 大数据"以及"题名 = 大数据 and 公安"作为检索式,于 2017 年 11 月 3 日实施检索,筛选出报道公安大数据应用的文献 79 篇(见图 4-2)。《人民公安报》等是公开发行的报纸,由于公安工作具有涉密性,因此上述文献不足以全面反映大数据在公安工作中的应用现状,但还是能从一个侧面说明大数据应用的主要领域及分布状况。

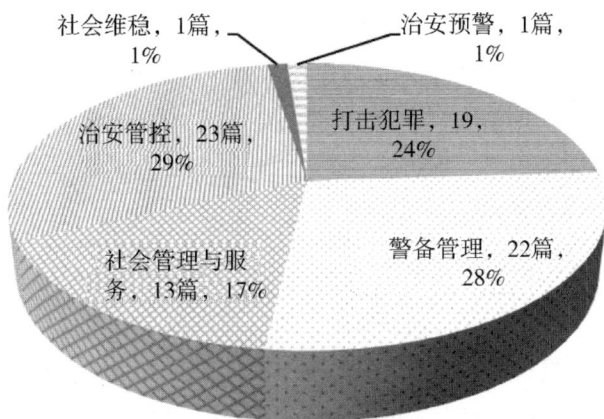

图4-2　公安大数据应用报刊文献的分布状况

从图4-2可以看出，大数据在公安工作中得到了比较广泛的应用。从文献分布状况看，有关治安管控和警务管理方面的文献居多。在治安管控方面，公安机关应用大数据推动平安城市建设，构筑立体化治安防控体系，推行智能化、智慧型防控模式，破解社会治安综合治理难题等。社会治安管控是一项复杂的、系统的工程，而遍布于社会生活各个方面的大数据，可以比较全面地反映社会治安管控各方面状况，二者的结合相得益彰。在警务管理方面，公安机关应用大数据推动警务改革，推行"智慧警务"，规范队伍管理，提升指挥决策能力等。将大数据应用于公安机关自身的管理，使之具有"外"（打击犯罪）和"内"（服务自身）双重功能，这是一个重大突破与发展。此外，在打击与防范违法犯罪活动方面，大数据有力地提升了公安机关的实战能力；在社会管理与社会服务方面，大数据有助于公安机关创新服务与管理模式、践行群众路线等。当然，相对于公安机关复杂多样的职责职能，大数据应用还有许多领域值得进一步拓展与深化。

当前，公安机关正在积极尝试大数据在各个领域的应用，然而也应看到，公安机关在大数据应用上存在浮夸的成分以及理解偏差等方面的问题。因推崇大数据，急于在大数据应用方面立标杆、出成效，而片面夸大大数据的功用。对大数据的理解不准确，将原本早已存在的数据处理方法视为大数据手段。例如，某地公安机关声称通过大数据集成系统，可以分析确定作案高发区，描绘出"反扒地图"。所利用大数据包括公安派出所值班民警受理报案及110警情方面的数据，日常户籍申报、违章处理信息以及前科信息等。① 在这里，所应用的数据实际上是公安机关各个业务系统存储于数据库中的结构化数据。公安机关常常将结构化数据与大数据混为一谈，所谓"大数据"不过是"动态的海量结构化数据"而已。② 其实，"大数据抓小偷"也有可行的办法。例如，某学术团队利用北京市2014年4月至6月间约16亿次公交卡刷卡数据记录，建立数据分析、预测模型，通过机器学习算法可以从异常出行数据中挖掘出潜在的小偷。③ 如果仅仅是针对结构化数据的挖掘利用，这是公安机关早已掌握的常规性手段，不能称之为大数据应用。

大数据在公安工作中的应用还存在诸多难以突破的瓶颈。例如，公安机关所利用的数据类型以结构化数据为主，大量新型数据如日志类、文本类、图像类、时间类、位置类数据尚未纳入其视野；数据处理分析水平较低，针对非结构化数据的处理缺乏有效的平台和工具；公安机关内部各警种的大数据采集平台未能有效整合，存在较为严重的数据壁垒现象；大数据应用机制不完善，如数据安全保密与使用权限不足之间存在冲突；技术标准薄弱，大数据采集、整合、应用等多个环节的标准缺失，或缺少可操作性。④ 上述因素制约了大数据在公安工作中的普遍推广与深度应用。总体而言，目前公安机关较少有典型而成熟的大数据应用范例；受资源、技术、人力和制度等方面因素的制约，公安大数据应用还处于起步阶段。

（二）公安大数据应用研究现状

大数据是当前公安学术研究的热点。笔者于2017年11月3日通过中国

---

① 吴艺. 通过"大数据"集成系统分析确定作案高发区［N］. 人民公安报，2014 - 04 - 04（002）.

② 李伟. 关于公安大数据的"冷思考"和这些年所谓的大数据历程［EB/OL］. 中国大数据产业观察，2016 - 04 - 11.

③ 王梦遥. 对话"大数据抓小偷"研究者：提高精准度依靠更多数据［EB/OL］. 新京报网，2016 - 09 - 12.

④ 刘向荣，农忠海，陈雅. 公安大数据应用研究的几点思考［J］. 数字通信世界，2016（11）：38 - 41；程明. 公安大数据应用的现状及完善［J］. 天津法学，2016（2）：94 - 99.

知网学术期刊数据库，对有关公安大数据方面的学术文献进行检索。根据公安类文献的特点，采用了以下检索式："题名＝公安 or 警务 and 题名＝大数据""题名＝犯罪 and 题名＝大数据""刊名＝公安（或'警察''警官''刑警''武警'等类似表述，以及'政法学刊'等）and 题名＝大数据"，共检索出文献350篇，对文献主题、内容逐一加以辨别，其中属于大数据应用（不包括大数据在各个警种的应用）研究的文献121篇。公安大数据应用研究始于2013年，以后逐年递增，成为公安学术研究中一个重要的增长点（见图4-3）。这些文献短期内迅速增加，相当一部分是在大数据热潮的刺激下形成的，带有追逐学术热点的倾向，学术价值参差不齐。有的只是简单套用大数据方面的术语，所研究内容实与大数据无关；有的炒作大数据方面的新概念、新理论，看似大胆创新，实则缺乏学术严谨性。

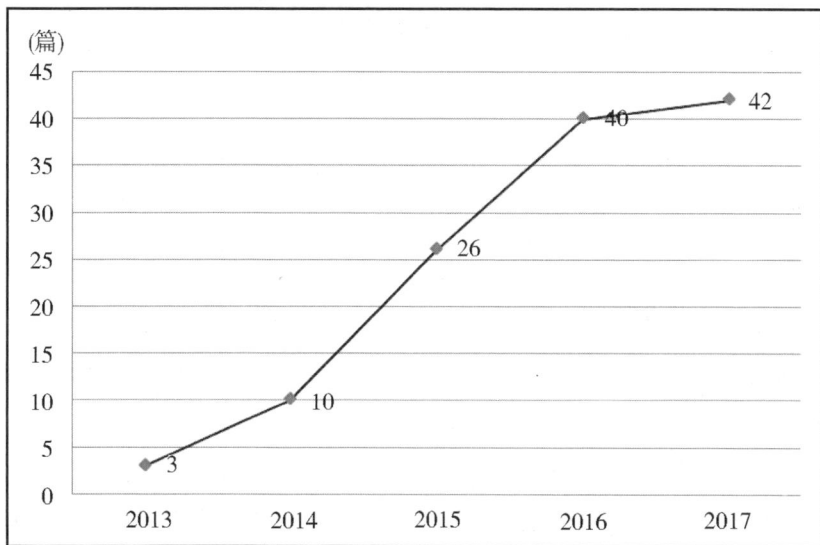

图4-3　公安大数据应用研究文献2013—2017年度分布折线图

上述文献分布于打击犯罪、治安预警、治安管控、警务管理和社会维稳等多个领域（见图4-4）。从具体研究内容看，对这些领域的研究有了进一步拓展与深化。例如，在理论研究方面，对大数据侦查模式、侦查思维和侦查过程，以及基于大数据的犯罪现场、预测警务、智慧警务等做出了新的理论阐释。在对实践经验的总结、提炼方面，能围绕大数据在实际工作中的应用开展具体而深入的研究，如在打击多发性盗窃案件、机动车缉查布控、境外追逃，促进公安管理精细化，以及推动合成作战警务模式等方面，探索大数据应用的方法、方式和策略等。

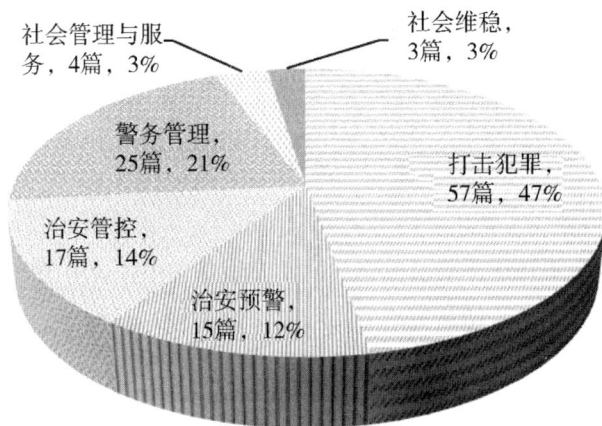

图4－4　公安大数据应用研究文献分布状况

公安大数据应用研究和公安情报应用研究有着大致相同的研究领域，而且在这些领域它们的研究内容大部分交叉重合。相比较而言，公安大数据应用研究进一步拓展了研究的范围，丰富了公安情报应用研究的内容。例如，在警务管理方面，公安情报应用研究文献16篇，研究内容包括舆情应对（8篇）、指挥决策（7篇）和队伍建设（1篇）等；大数据应用研究文献25篇，研究内容包括警务变革（15篇）、指挥决策（5篇）、监督考核（3篇）、舆情应对（1篇）和队伍建设（1篇）等。公安情报活动可以在"知彼知己"方面发挥作用，然而关于"知己"方面的应用一直不为人重视。警务管理领域大数据应用的研究，对于推动公安情报在"知己"方面的应用，有着积极的意义。当然，大数据应用研究也存在概念炒作、简单套用理论之弊，不如公安情报应用研究求真、务实，需要以后者之"实"济前者之"虚"。

三、大数据应用研究与公安情报应用研究的融合

如前所述，公安情报应用在实践探索与理论研究上，都未能得到全面发展。当前，大数据在公安工作中的应用已有初步成效，而且它将是公安工作

发展的方向。大数据作为公安情报的数据资源、技术工具和方法手段等，可以推动公安情报工作的开展。大数据应用可与公安情报应用融合互补，大数据发展将为公安情报应用创造新的机遇。在学术研究中，大数据环境下公安情报应用研究将是一个值得探索，具有丰富内涵的研究课题。

（一）公安情报应用可以与大数据应用相融合

大数据应用可以融入公安情报应用，是因为数据同样具有情报属性和情报价值。在由事实、数据、信息、知识和情报等要素构成的信息链中，数据位列其中，一直是情报生成一个不可忽略的要素。数据概念在社会发展过程中内涵发生变化，外延也在拓展。随着社会信息化发展，运用数据库技术，可以对数字和文本等形式的数据进行编码化、序列化处理。在这种情况下，数据和信息这两个概念已没有严格的区分，数据取代信息，逐渐成为习惯性用语。随后，计算机技术和数字化技术进一步推广普及，图片、信号、声音、视频等经技术处理后，可以转换成各种形式的非结构化数据。当前不断发展的大数据技术，有效地解决了原有数据库技术无法处理非结构化数据的难题。从结构类型复杂的海量数据中获取情报价值，已经具备了条件。这样，在信息链中，数据无须转化为信息之后才能成为情报，它本身就可以直接转化为情报。[①] 这样，大数据就自然成了一种重要的情报资源。

数据具有重要的情报价值，从数据中获取情报价值已成为一种比较普遍的现象。在大数据环境下，公安情报部门已将工作对象拓展到数据，或者说，数据已成为公安情报工作的对象。大数据应用包括资源、技术、方法等不同层面。大数据在公安情报工作中的应用，实际上是大数据作为资源层面的一种应用，也就是将大数据作为重要的情报资料——可以生成公安情报的数据资源。公安大数据应用与公安情报应用存在交叉叠合的关系，因而可以将大数据应用融入公安情报应用，推动后者的发展。具体来说，在公安情报应用中，"情报"应该包含数据；探索公安情报在各项警务活动中的应用，应该将数据作为一种具有重要情报价值的资源，可以生成公安情报的一种不

---

① 彭知辉. 数据：大数据环境下情报学的研究对象 [J]. 情报学报, 2017 (2)：123 – 131.

可或缺的资料。数据作为一种情报资料，可以丰富公安情报的来源。情报来源不广，则情报产品形式单一、质量不高，公安情报应用必然受到限制。在大数据环境下，各种类型的数据资源不但数量庞大、内容丰富、不断更新，而且由于来自公开渠道，在数据采集上不必受到严格的限制。当数据资料齐全，甚至能达到全数据规模时，据此形成的公安情报产品必然具有很高的情报价值。

当然，大数据技术、工具、方法等，也可以为公安情报应用吸收、借鉴。当前，公安情报应用大多是以情报产品提供为主，尚未实现对警务活动整个过程的全程跟踪、全程服务，这主要受限于情报技术手段滞后。将大数据技术引入公安情报应用，可以为公安情报应用提供强大的技术支撑。例如，利用各种数字化设备、智能终端，可以全面采集、迅速传送突发事件现场的数据资料，然后采用大数据技术开展情报分析，可以快速形成情报产品，这样就能及时为公安机关现场处置提供情报支援。

（二）大数据环境下公安情报应用研究的内容

将大数据应用融入公安情报应用，是公安情报工作顺应大数据发展的必然要求。警务活动已置于大数据发展这一整体环境之下，公安情报应用自然应该与大数据应用相结合。在学术研究中，大数据环境下公安情报应用研究必然是新时期公安情报学一个重要的研究课题。

开展大数据环境下公安情报应用研究，涉及三个关键性要素：大数据、公安情报，以及公安情报应用的具体领域，如打击犯罪、治安管控、社会维稳、警务决策等。于是就需要阐述这三个要素之间的关系，如公安情报与大数据的关系，公安情报工作与具体警务活动的关系，大数据与具体警务活动的关系，以及它们之间如何融合、相互作用。要同时兼顾这三个要素开展研究，头绪纷繁，难度较大。笔者此前已开展过有关公安情报应用的一些基础性研究，撰写有专著《公安情报应用专题研究》，对公安情报工作在各个领域的应用做过比较系统的研究，从理论上阐述了公安情报工作与具体警务活动，如侦查破案、治安管控、群体性事件治理、警务决策、社会服务和社会管理之间的关系。关于公安情报与大数据的关系，笔者也做过一些基础理论研究工作。因此，开展大数据环境下公安情报应用研究，可以基于这些研究成果，不必再阐述大数据与公安情报、公安情报工作与警务活动具体领域的关系，而是集中精力研究包含大数据在内的公安情报工作与具体警务活动的结合。

具体来说，开展大数据环境下公安情报应用研究，可以从宏观与微观两个层面进行。在宏观层面，主要研究大数据环境下公安情报应用的原理、原则、理论依据，研究方法、内容框架，以及数据、情报在具体警务活动中的地位、作用等。在微观层面，主要研究大数据和公安情报融入具体警务活动所形成的新的工作模式、业务流程、工作机制、实施策略等，还可以进一步细化到大数据和公安情报在某些特定领域的应用，如某一专门工作、某一特定对象或某一专项行动中大数据环境下公安情报工作的组织实施。因此，大数据环境下公安情报应用研究具有十分广阔、可以不断深化与拓展的研究内容。

四、大数据环境下公安情报应用研究策略

目前公安情报工作在各个领域的应用并未全面实现，大数据在警务活动中的应用才刚刚起步。大数据环境下公安情报应用将获得新的发展契机，但仍处于探索阶段。因此，总体而言，大数据环境下公安情报应用研究仍带有理论预设色彩。当然，这种理论探索是十分必要的，它不但是公安情报学研究一个新的、重要的课题，而且也可以为公安实践提供指导或借鉴。开展大数据环境下公安情报应用研究，应采取以下策略、方法：

（一）坚持跨学科的研究方法

大数据环境下公安情报应用研究是多重研究视角的综合，需要采用跨学科研究方法。跨学科（Interdisciplinary）是指"不同科学门类之间、科学和工程之间、自然科学和社会科学之间的多种合作形式"①。科学研究的跨学科性质体现在，一是由于研究对象具有高度的交叉性、复杂性和整体性，往往单一学科难以完成研究任务，必须依靠多学科的交汇、融合才能揭示问题

---

① FRODEMAN R，KLEIN J T，MITCHAN C，et al. Interdisciplinary studies in science，technology, and society：new directions：science, humanities, policy［J］. Technology in Society，2007（29）：145－152.

的本质；二是运用的研究方法具有高度的集成性、综合性、互补性等特点。①跨学科研究适用于解决复杂的、超出任何一门单独学科范围的问题，需要融合不同学科的研究范式。它通常采用以"问题解决"为中心的研究模式，可以推动许多重要实践问题的解决。②

打击犯罪、治安管控、治安预警、社会维稳、警务管理和社会管理等，在实践活动中具有高度的复杂性，在学术研究中需要采用跨学科方法。融入公安情报和大数据理论、方法，进一步丰富了它们的研究内容以及这些问题研究的跨学科属性，因为大数据和公安情报学本身都具有跨学科的性质。因此，大数据环境下公安情报应用研究应该坚持跨学科的研究方法，多学科理论知识相互关联、渗透、融合，围绕警务活动中的一些具体问题，提出具有现实针对性和可操作性的解决方案。

（二）坚持本体的、整体的研究理念

大数据环境下公安情报应用研究存在多个研究视角，它们从不同角度为具体警务问题的解决提出各种方案、对策。以案件侦查为例，在公安实践中已形成现场勘查、调查走访、摸底排查、搜查、讯问、缉捕等工作手段，这些构成侦查学的研究视角；将公安情报工作手段引入侦查破案，形成网上侦查、网上摸排、网上串并、网上缉捕等新的手段，这些构成公安情报学的研究视角；将大数据方法应用于侦查破案，使得犯罪现场重建、侦查决策、侦查途径选择、侦查分析、侦查预测等都围绕数据运行，或将形成"大数据驱动的侦查模式"，或"预测型侦查"方式，③ 这些构成大数据的研究视角。基于不同研究视角所提出的策略、方法存在历时演变的关系，反映了人们在不同时期对研究对象的不同认知。总体而言，这些认识是在不断深化。然而，我们不能将不同发展阶段的这些变化，基于社会进化论理论进行简单的价值判断，即认为"今胜于昔"，"新"取代"旧"，后者必然优胜前者，而

---

① 林学达. 从跨学科角度看新时期理论研究的创新空间 [J]. 理论前沿, 2002（7）: 39 – 40.

② 金吾伦. 关于跨学科研究的哲学思考 [J]. 哲学动态, 1992（9）: 25 – 26.

③ 何军. 大数据与侦查模式变革研究 [J]. 中国人民公安大学学报: 社会科学版, 2015（1）: 72 – 80.

前者必然遭到淘汰。例如，为了倡导"情报主导侦查"，将原有侦查模式归入"传统"之列，贬低其功能和价值，以此来突显"情报主导侦查"的创新意义；① 认定"传统侦查方式"在侦查启动、现场勘查、案情分析以及证据利用等方面已难以跟上时代发展的步伐，为证明"大数据侦查"的价值以及侦查模式的转型、变革张本。② 事实上，上述各种侦查模式并不是更迭取代的关系，并不具有排他性；它们是一种共存的关系，具有相容性、互补性。

开展大数据环境下公安情报应用研究，应坚持本体的、整体的研究理念。所谓"本体"的理念，就是要认识到，大数据环境下公安情报应用研究是以应用的领域——具体警务活动，如打击犯罪、社会维稳、治安预警等——为本体，而公安情报、大数据应当服从、服务于这一本体。如果本末倒置，就会出现偏差。例如，因"情报主导侦查""大数据侦查"等新生事物的出现，而否定公安机关在长期侦查实践中形成的方法、手段，这是不足取的。所谓"整体"的理念，就是要认识到，事物的发展具有延续性，应基于整体来认识事物。警务活动发展过程中不同时期、基于不同视角所形成的方法、手段，不能割裂开来，而要整体把握、判断它们的作用，让它们取长补短、融为一体，这样才能推动公安工作不断适应新形势、新发展的需要。

（三）坚持理论与实践的紧密结合

公安情报学是一门实践性很强的学科，这体现在它的理论来源于实践，又可以指导实践。大数据环境下公安情报应用研究更应突出理论诠释与实践导向的高度结合。

首先，善于从公安实践中提炼、抽象出理论观点。当前，公安情报应用及大数据应用在某些领域已经形成了一系列成熟的做法，积累了比较丰富的经验。公安情报学应密切关注实践工作动态，采用科学抽象的方法使之体系化、理论化。例如，公安机关通过信息资源的挖掘利用形成了各种网上侦查的技战法，在大数据环境下又形成了基于大数据的新的侦查手段。这些根据

---

① 马方，崔金成，江焕辉，等．论我国情报主导的全景式侦查控制模式构建［J］．中国人民公安大学学报：社会科学版，2012（3）：111－119.
② 方斌．大数据时代侦查思维变革［J］．中国人民公安大学学报：社会科学版，2017（3）：89－97.

工作经验而提炼出的新的侦查方法、手段，都需要从学术角度予以阐释，使之具有学理上的科学性和推广应用的普适性。

其次，善于针对公安实践中的具体问题开展研究。大数据环境下公安情报应用是一项新的探索，在实践过程中必然面临许多新的问题，这些问题都可以作为学术研究的课题。在具体研究中应以问题为导向、以提供解决方案为宗旨。例如，公安机关将大数据应用于警务预测和决策时所面临的问题是：过于倚重大数据，可能会让人失去独立思考与自主决策的能力；以相关分析取代因果分析，将出现关注"是什么"而放弃追索、探求"为什么"的倾向。这些问题实际上都是亟须予以系统研究、做出理论解释的重要课题。

第三，倡导理论阐释与实证研究相结合。大数据环境下公安情报应用尚未全面开展，学术研究应做好理论阐释工作，为实践活动提供理论指导。当然，也不能脱离实际，成为纯粹的理论研究。在具体研究中，要从丰富多样的公安实践活动中全面获取第一手资料，使理论观点建立在大量实践素材的基础上；采用社会调查、案例剖析、定量分析等方法开展实证研究，使理论阐释建立在坚实的事实基础上。

大数据环境下公安情报应用研究是公安情报学一个重要的课题。这一课题紧跟时代发展步伐，也与公安工作发展同步，因而具有重要的学术价值。它的研究内容非常丰富，可以不断延伸、拓展与深化。可以断言，这一课题是公安情报学体现其学科属性与优势之所在，是学术研究的高地。当然，既然是"高地"，必然也是学术研究需要突破的难关。大数据环境下公安情报应用研究涉及多个研究对象、众多学科领域知识，要求研究者具有开阔的学术视野和良好的学术素养。目前，大数据环境下公安情报应用还处于探索阶段，随着公安实践的推进，它将为学术研究提供更多的素材，提出更多的问题，这样必然会推动这一领域学术研究的发展。

第二节　大数据在刑事侦查中的应用

随着大数据的兴起，公安机关掀起了一股大数据的热潮。特别是在侦查领域，① 大数据似乎已成为打击犯罪的利器和重要抓手，各种关于运用大数据有效打击违法犯罪活动的报道，时常见诸报端。② 然而细加分析，这些所谓的大数据手段，不过是"新瓶装旧酒"。只要深究数据的形式、类型和内容等，仍只是针对结构化数据的挖掘分析，不过是用"数据挖掘"替换"信息挖掘"而已。学术界也热衷于将侦查置于大数据背景下开展研究，提出了一些新的概念，如"大数据侦查""数据化侦查""人数据驱动的侦查模式"等。这些概念看似具有创新性，实际上理论依据不足，有蹈空虚造之嫌。它们反复出现，相互袭用，久而久之仿佛成了无须论证的常识。笔者认为，大数据发展必然会对侦查实践及理论研究产生深刻影响，但是否会导致它们发生根本性变革，目前还无法做出推断。夸大大数据对侦查的影响，提出"大数据侦查"之类的"创新性"概念，会导致对大数据与侦查关系认识的混乱，反而不利于大数据在侦查领域的应用。为此，以下特对"大数据侦查"等概念加以辨析，阐释大数据与侦查的关系，以期有助于大数据在侦查领域的应用。

一、"大数据侦查"及相关概念辨析

社会的发展变化推动新概念的产生，同时，新概念的普遍流行也标志着这些发展变化已成为事实，并获得大众的认可。例如，Hadoop 等软件工具的出现，解决了巨量非结构化数据处理的难题，这样促成"大数据"与"海量数据""巨量数据""数据洪流"等相似概念区别开来，成为专门术语，最终从"数据"概念中脱离出来而形成新的概念。大数据概念的出现说明，大数据发展已成为大众普遍认可的事实。因此，新概念是对新的社会现象和事实的一种认可；先有新现象、新事实，后有新概念，二者不可颠倒。学术界在推出"大数据侦查"等新概念时，则存在标新立异、急于抢占理论高地而

① 文中的"侦查"，特指公安机关刑事案件侦查。为研究的便利，本节主要针对以公安机关为主体的刑事案件侦查开展研究。

② 任文岱. 大数据助力公安破案［N］. 民主与法制时报，2017－07－16（006）；徐佳. 依托大数据分析、"网格化"防控揪出命案嫌疑人［N］. 人民公安报，2016－06－10（002）；陈颖婷. 大数据绘制"犯罪热点图"像"卷福"那样破案［N］. 上海法治报，2014－03－31（A02）.

罔顾事实或走在事实前面的现象，违背了新概念形成的一般规律。下面，试对这些新概念略做梳理、辨析。

（一）"大数据侦查"和"数据化侦查"

"大数据侦查"被认为是在大数据背景下，用以概括利用大数据资源、方法、技术等开展侦查活动的一个专门术语。它是指以现代技术平台为支撑，通过对海量数据的深度挖掘、智能处理和专业分析而开展侦查工作的理念与方法之统称。① 据此定义，大数据主要为侦查提供数据资源和技术平台。为侦查提供资源、技术、方法的要素有很多，今后还有可能会出现新的要素，然而有没有必要形成一系列专门概念，如"情报侦查""信息侦查""图像侦查""视频侦查"或"智能侦查"？这些要素能否独立支撑侦查并贯穿于整个侦查活动？如果大数据只是侦查的一种辅助性手段，又何必提出这样一个专门的概念？"大数据侦查"似乎是从"侦查"中脱离出来的一种新的类型，那么，它与一般性侦查有无本质区别？在大数据刚刚兴起，它在侦查活动中仅有初步应用的情况下，"大数据侦查"能否成为现实……如果无法对诸如此类的质疑做出答复，"大数据侦查"概念则不具有理论自洽性。

一些文献提出，大数据将对侦查产生巨大影响，将引发侦查本质的变化，并用"数据化侦查"来概括这种影响。所谓"数据化侦查"，就是以海量数据资源为基础，分析预测犯罪形势、趋势，通过从数据到案件，掌握犯罪活动规律特征，从而有针对性地采取侦查措施。② 基于"数据化侦查"这一理念，侦查被赋予双重功能，即"宏观层面的准确判断和微观层面的精准打击"。③ 打击犯罪原本是侦查的核心功能，"数据化侦查"概念改变了侦查的原有内涵，赋予侦查新的职能——预测犯罪趋势（关于这一点，后文再展开论述）。这样，使得大数据与侦查基于"预测"建立了关联。"数据化"实际上是"大数据化"的一种简化的表述方式。"化"作为后缀使用，加在

---

① 李蕤. 大数据背景下侵财犯罪的发展演变与侦查策略探析——以北京市为样本 [J]. 中国人民公安大学学报：社会科学版，2014（4）：150-156.

② 冯欣. 大数据在盗窃机动车犯罪侦查中的应用 [J]. 中国刑警学院学报，2015（3）：19-22.

③ 李蕤. 大数据背景下侵财犯罪的发展演变与侦查策略探析——以北京市为样本 [J]. 中国人民公安大学学报：社会科学版，2014（4）：150-156.

名词或形容词之后就具有了动词的属性，表示转变成某种性质或状态的含义。① 单从词义分析，"大数据侦查"描述大数据应用于侦查这一现象或事实，这种应用或许还是局部的，毕竟还存在非"大数据"的侦查；"数据化侦查"则表示大数据应用于侦查的最终结果，即侦查已被"大数据化"，而非"大数据"的侦查已趋于消亡。在大数据兴起之初，公安机关探索大数据应用的起始阶段，"数据化侦查"这一概念太过于超前，过于理想化了。大数据为什么能"化"侦查，以及如何"化"侦查，论者对此未加阐释，留下了明显的理论空白及逻辑漏洞。

（二）"信息化侦查"和"数字化侦查"

如果进一步溯源，"大数据侦查""数据化侦查"等概念可以追溯至21世纪初出现的"数字化侦查""信息化侦查"等概念。这些概念形成于大数据兴起之前，社会信息化发展及数字化普及之后。"信息化侦查"是指将各种信息技术手段应用于侦查破案，为侦查工作提供全方位支持。② "数字化侦查"是指运用信息技术搭建工作平台，并采用数字化手段在这一平台开展侦查工作。③ 它们都是侧重于从技术的角度来定义的。后来一些新的定义则突出信息资源或数字资源在侦查中的应用。例如，"信息化侦查"是指通过各类信息的关联查询、比对、挖掘与分析，为案件侦查提供线索和证据的一种侦查方式；④ "数字化侦查"是指充分利用信息系统平台中的各种数字化信息开展侦查活动。⑤ 有些文献将"信息化侦查"和"数字化侦查"理解为两个不同的发展阶段，或认为"信息化侦查"是"数学化侦查"发展的高级

① 中国社会科学院语言研究词典编辑室．现代汉语词典（第5版）［Z］．北京：商务印书馆，2006：587.
② 牛纪刚．浅谈公安刑侦工作信息化［J］．公安研究，2000（1）：43 - 46.
③ 李双其．试论数字化侦查［J］．中国刑警学院学报，2003（3）：3 - 4.
④ 邬明汉，张乐平．关于提高公安机关刑侦部门信息化侦查能力的思考［J］．公安研究，2010（9）：41 - 44.
⑤ 黄卫．数字侦查策略之管见［J］．公安研究，2010（8）：34 - 38.

形态,① 或认为"数字化侦查"是"信息化侦查"的进一步发展。② 其实,数字化与信息化交叉重合,其发展基本上是同步的;由于大部分信息都已数字化,而数字化资源同时也是信息资源,因此这两个概念并无实质性区别。

当前,侦查活动中的数字化、信息化现象已经十分普遍。然而,能否说"数字化侦查"或"信息化侦查"已经实现,成为普遍事实;或者说,能否说它们已从一般性"侦查"中脱离出来,成为新的侦查模式? 实际上,由于侦查资源来自社会生活的各个方面,非数字化、非信息化,甚至无法数字化和信息化的领域仍然普遍存在,这是单凭侦查工作信息化或数字化所无法解决的问题。因此,"数字化侦查"或"信息化侦查"实际上很难全面实现。而且,将数字化、信息化手段应用于侦查,大多只是侦查手段、形式方面的一些变化,是否会导致侦查本质的蜕变,出现"数字化侦查""信息化侦查"与非"数字化侦查"、非"信息化侦查"的严格分野呢? 证之以这十余年侦查工作的开展,恐怕难以做出肯定的答复。侦查还是走在原来的道路上,并没有出现被现代数字技术及资源、信息技术及资源"化"了之后的巨大变化。"数字化侦查""信息化侦查"与"大数据侦查""数据化侦查"存在关联性、延续性。大数据原本属于数字资源和信息资源,只是类型更为多样,范围更加广泛而已。"数字化侦查"和"信息化侦查"等概念自提出至今,已有十来年的时间了。这些概念对侦查工作所做的描述,仍停留于理论层面,并没有完全成为现实。这可以从一个侧面来印证与推测"大数据侦查"和"数据化侦查"在当下乃至未来的发展走向。

(三) 大数据与侦查的关系

侦查工作是侦查人员与犯罪事实进行信息交换和实践认知的过程。③ 犯罪主体针对某一犯罪目标实施犯罪行为,必然形成犯罪事实,产生反映其作案过程、状态和特点的信息。侦查机关则由案件结果回溯到发案原因,通过

---

① 李双其. 论信息化侦查方法 [J]. 中国人民公安大学学报: 社会科学版, 2010 (4): 9 – 14.

② 郝宏奎. 论数字化时代侦查活动的演进 [J]. 铁道警察学院学报, 2014 (1): 5 – 13.

③ 樊崇义, 张自超. 大数据时代下职务犯罪侦查模式的变革探究 [J]. 河南社会科学, 2016 (12): 39 – 46, 123.

搜集、处理与分析和案件相关的信息，还原犯罪事实，从而锁定犯罪嫌疑人（见图4-5）。

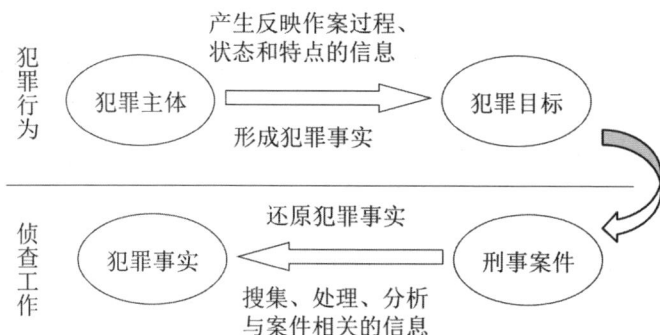

图4-5 犯罪行为与侦查工作的关系

信息资源是信息化时代公安机关必须倚重的重要侦查资源。侦查中的信息资源有不同的表现形态。在以往，侦查主要在现实空间进行，如现场勘查、摸底排查、调查访问、询问、搜查、讯问等，通过形态痕迹、实物证据、目击证人等实体性资源获取信息，如痕迹、指纹、DNA、证人证言、犯罪嫌疑人供述等。在信息化社会和大数据环境下，侦查工作从现实空间拓展至虚拟空间，可以从互联网和手机等智能终端、视频监控装置、GPS定位器等所储存的海量数据资料中，通过数据搜集、处理、分析以及数据关联、碰撞、比对等，获取各种数据形态的侦查资源，如身份识别数据、时空定位数据、活动轨迹数据、人际网络数据、社会交往数据等。[①] 实体形态的侦查资源与数据形态的侦查资源往往交织、交错为一体，难以截然分开。当前，许多实体形态的侦查资源已经数字化，转化为数据资源。数据形态的侦查资源则必须依托实体形态的侦查资源，与后者发生关联（见图4-6）。或者说，纯粹的、单一的数据形态的侦查资源，是没有存在价值的。例如，网络犯罪以网络为工具、手段或目标实施犯罪，但必须在现实空间形成侵害事实，才能称之为犯罪。因此，通过计算机系统、互联网等获得的数据形态的侦查资

---

① 郝宏奎. 论虚拟侦查［J］. 中国人民公安大学学报：社会科学版，2008（1）：1-10.

源，必须与实体形态的侦查资源（如具体的受害人、作为事实存在的犯罪结果等）相结合，其价值才能得以实现。由此可见，"大数据侦查"只不过是将部分侦查工作搬至技术平台上进行，利用大数据资源进行逻辑证明而已。虚拟空间的侦查工作与现实空间的侦查工作本质一致，都是搜集与利用各种信息资源来侦办案件。"大数据侦查"仍是"侦查"，不能脱离"侦查"而独立存在。于"侦查"之外别创"大数据侦查"之说，既没有必要，也缺乏充足的理论依据。

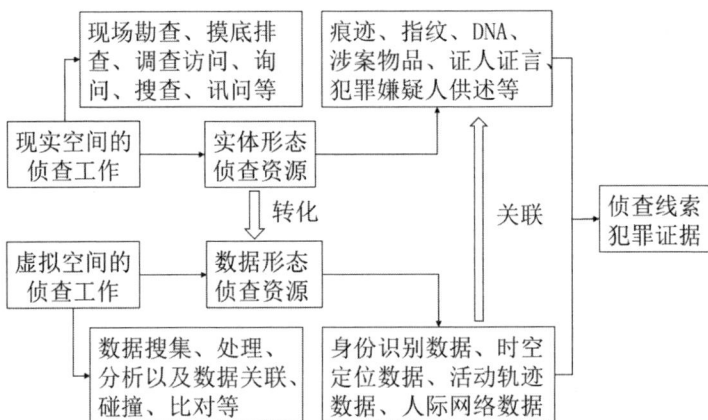

图4-6 两类侦查工作和两种侦查资源的关系

根据情报学理论，事实、数据、信息、情报等，依次转化、推演，构成信息链。信息链描述了情报生成的过程；反过来，它也反映出事实具有不同的形态，可以利用情报、信息、数据等，逆向反推，从而还原事实。后者构成了侦查工作的基本前提和依据。情报、信息、数据，是犯罪事实的不同表现形态，是侦查所依赖的资源。在不同时期，追溯、还原犯罪事实的关注点有所不同，故而出现了信息引导侦查、情报引导侦查或数据引导侦查等不同方式（见图4-7）。这几种不同的侦查方式并没有导致侦查属性特征的改变，它们也并没有从侦查中分离出来成为新的侦查类型。近年来，随着大数据技术的发展，从多源异构的大数据中获取情报、还原事实，逐步成为现实。这样，在侦查工作中，应该将大数据作为还原犯罪事实的依据，大数据就成了侦查的关键性要素。同样，大数据虽然推动了侦查的发展演变，但并未导致侦查本质的变化。所谓"大数据侦查""数据化侦查"等，只是反映侦查自身演化的状况，很难说它们是侦查的高级发展阶段。总之，当前学术界虽然推出了"大数据侦查""数据化侦查"等概念，但如果不能从学理上对这些概念做出系统而深入的理论阐释，并构建出以大数据为基础的、新的侦查理论体系，那么，就可以进一步追问，是否有必要提出这些新的概念？

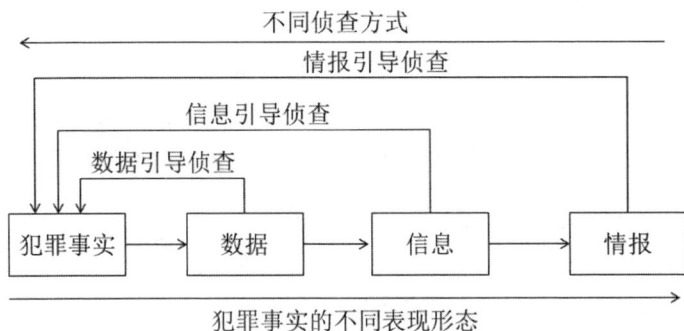

图 4 - 7　犯罪事实的不同表现形态及与侦查工作的关系

二、大数据并未推动侦查模式的转型

学术界提出"大数据侦查"等概念，其主要理论依据是，"大数据将使侦查模式发生根本性变革"，形成"大数据驱动的侦查模式"；这一模式是建立在大数据和云计算平台的基础上，侦查过程就是数据储存、提取与分析过程，数据贯穿于侦查的各个环节。侦查模式反映侦查要素的结构关系和运行逻辑。在"大数据驱动的侦查模式"中，数据支配着侦查的运行，"犯罪现场重建、侦查决策、侦查途径的选择、侦查分析、数据摸排、侦查预测等无不围绕数据运行"。[①]

然而，所谓"大数据驱动的侦查模式"，只是一种理想化场景和想象式预设。这一预设的前提是"有关犯罪的一切现象皆可数据化"，这显然不符合事实。大数据发展至今，"一切数据化、数据化一切"并未实现，而且在

---

① 何军. 大数据与侦查模式变革研究 [J]. 中国人民公安大学学报：社会科学版，2015（1）：72 - 80.

今后也难以成为现实。更何况，犯罪嫌疑人有可能会采取反侦查措施，有意规避犯罪行为的数据化。侦查模式是指侦查主体进行侦查活动时所采用的行为模式。① "大数据驱动的侦查模式" 的基本环节包括："受案（立案）—案件数据的收集、研判（现场勘查、调查）—确定犯罪嫌疑人—破案（结案）。" 而原来的 "现场驱动" 的侦查模式包括："受案（立案）—现场勘查调查—现场分析认识—确定犯罪嫌疑人—破案（结案）。" 两者相比较，其模式构成基本一致，只是前者增加了数据收集、研判环节。将这一变化称之为侦查从 "现场驱动" 演变为 "数据驱动"，由此形成不同本质的侦查模式，② 这是不符合事实的。模式具有相对独特性和排他性。"大数据驱动的侦查模式" 仍采用从案到人、从人到案、从案到案、从物到案等方式，只是在适用的案件类型以及侦查的切入点、思维方式等方面有一些不同而已。将它称之为一种新的侦查模式，显然依据不足。

认为大数据可以推动侦查模式的转型，并提出 "大数据驱动的侦查模式"，是基于侦查模式的类型理论。这一理论将侦查模式分为被动型侦查模式和主动型侦查模式两种类型。前者是针对已经发生特定犯罪行为的一种侦查方式，后者是针对正在进行或将要实施的犯罪行为的一种侦查方式。③ 这一分类还带有价值判断色彩。被动型侦查向主动型侦查的转换，被认为是传统向现代的转型，是被动、粗放、人力密集、低效率效益型侦查模式，向主动、精确、信息密集、高效率效益型侦查模式的演进。④ 大数据发展被认为是导致侦查模式由被动型向主动型转换的重要推动力，"大数据驱动的侦查模式" 自然归属于主动型侦查模式。正是基于这一认识，"大数据驱动的侦查模式" 的出现，被认为是一种全新的侦查模式，是传统侦查模式在信息化

---

① 樊崇义，张自超．大数据时代下职务犯罪侦查模式的变革探究［J］．河南社会科学，2016（12）：39－46，123.

② 倪北海．"大数据" 时代侦查（思维）模式初探［J］．贵州警官职业学院学报，2016（6）：11－16.

③ 杨郁娟．论主动型侦查与被动型侦查［J］．铁道警官高等专科学校学报，2011（1）：23－26.

④ 郝宏奎．论数字化时代侦查活动的演进［J］．铁道警察学院学报，2014（1）：5－13.

时代背景下的一种转变。① 然而，如果从学理角度加以辨析，就会发现，"大数据驱动的侦查模式"并不具有这些光环，它自身存在的明显的理论漏洞，会导致这一概念及相关观点的瓦解。

　　首先，"大数据驱动的侦查模式"不具有普遍意义。实际上，被动型侦查模式是一种常态化模式，在侦查工作中处于基础性地位，因为这一模式符合侦查的本质和规律。从侦查程序看，必须先有案件发生，立案之后，才能启动侦查；从主客体关系看，侦查客体同时是犯罪主体，正是侦查客体促成侦查主体的行为，因此侦查活动必然处于被动的地位；从时间角度看，侦查属于历史性回溯，即由案件结果回溯原因，还原犯罪事实；从实体法律关系看，为避免侦查权的启动和侦查措施的实施对公民私权利的侵犯，必然要求限定侦查的边界。② 主动型侦查模式是针对犯罪预备实施的侦查，有"监控型"方式和"诱导型"方式两种方式，特别是后者，采取"促使犯罪嫌疑人以侦查人员设定的时间、地点、方式实施犯罪活动"，③ 与现代法治理念存在冲突。因此，一般认为，要以被动型侦查模式为原则，以主动型侦查模式为补充和例外，这样才能实现权利保障和犯罪控制的价值平衡。④ "大数据驱动的侦查模式"有可能指向未然犯罪，它只能适用于一些特殊类型犯罪的侦查与防控。如此，"大数据驱动的侦查模式"的应用范围受到极大限制，也就谈不上能推动侦查模式的转型，或推动侦查工作进入一个新的阶段。

　　其次，"大数据驱动的侦查模式"不具有实际应用价值。大数据具有强大的预测分析能力，它为主动型侦查模式的实施创造了条件。有文献进而提出了"预测型侦查"概念，也就是将侦查行为介入时间向前推进，与犯罪行

---

① 董邦俊，黄珊珊．大数据在侦查应用中的问题及对策研究［J］．中国刑警学院学报，2016（2）：7-13.

② 王晓楠．大数据时代下的主动型侦查模式研究［J］．辽宁警专学报，2015（3）：18-21.

③ 杨郁娟．论主动型侦查与被动型侦查［J］．铁道警官高等专科学校学报，2011（1）：23-26.

④ 韩德明．回应抑或主动：侦查程序启动的模式选择［J］．山东警察学院学报，2006（2）：77-82.

为时间同步，构建"预测—行动"的侦查模式。① 侦查是刑事诉讼的一个重要阶段，通常是从立案开始后进行，严禁用非法的方式对未立案案件进行侦查。先有案件后有侦查活动，侦查实际上就是还原案件事实的过程。即便在大数据环境下，侦查行为与犯罪行为之间的时空差距正在日益缩小，为此可以加快侦查启动和侦查活动的节奏，② 但同步侦查或前瞻式侦查仍是不可能的。因此，所谓"预测型侦查"在学理与实践中都是行不通的。"大数据侦查可以更为准确地预测犯罪事件、犯罪区域和犯罪趋势"之类的说法，③ 是将案件侦查与犯罪分析混为一谈。大数据提供可量化的预测，可用于预测犯罪趋势，发现犯罪热点及规律，从而服务于犯罪预防、控制，这些属于犯罪分析，而不属于案件侦查。将"大数据驱动的侦查模式"用于对"未来犯罪发展趋势进行判断"，这已经脱离了侦查的范畴。

第三，"大数据驱动的侦查模式"未能开辟"由数据到案""由数据到人"等新的侦查方式。一般认为，被动型侦查是基于已发生案件"由案到人"的侦查方式，而主动型侦查是对预谋案件的侦查，采用"由人到案"的侦查方式。④ 其实，在各种侦查方式中，"由案到人"是基础和核心，即先有"案"后有"人"。没有案件就不存在针对"人"的侦查活动。所谓"由人到案"实际上是"由案到人"的变异：仍是先有"案"，包括没有立案的隐案或没有及时破案的积案，故而能以"人"为起点开展数据查询、比对，获得线索和证据，从而侦破案件。因此，将"由人到案"称之为主动侦查，这是一种不准确的说法。"大数据驱动的侦查模式"提出，利用社会化大数据，可实现全景式侦查，即利用时间、空间、人员、物品、案件、事件等全

① 何军. 大数据与侦查模式变革研究［J］. 中国人民公安大学学报：社会科学版，2015（1）：72 – 80.

② 方斌. 大数据时代侦查思维变革［J］. 中国人民公安大学学报：社会科学版，2017（3）：89 – 97.

③ 李蕤. 大数据背景下侵财犯罪的发展演变与侦查策略探析——以北京市为样本［J］. 中国人民公安大学学报：社会科学版，2014（4）：150 – 156.

④ 陈闻高，王云刚. 论侦查的主动性与被动性［J］. 上海公安高等专科学校学报，2005（3）：55 – 59.

景式数据开展比对碰撞和分析;① 这样，就能为"由数据到案""由数据到人"的侦查方式提供支撑。② 其实，无论数据怎么充足，数据分析如何精准，这种线上的数据，如果不与线下的"人"和"案"发生关联，侦查岂不成为空中楼阁？在大数据环境下，"人"和"案"大多可以转换为数据形式。所谓"由数据到人""由数据到案"，实际上与"由案到人""由人到案"无异，以此作为"大数据驱动的侦查模式"所开辟的新的侦查方式，其实无"新"可言。

三、大数据应用于侦查应把握的原则

由于中文表述常常缺乏严谨的语法规则，不能像英文等可通过大量修饰性、限制性词语来表达语义，这样在概念表述时，容易产生歧义，或者出现表达含糊和不准确的现象。"大数据侦查"罗列了两个术语，即"大数据"和"侦查"，那么，这两者是什么样的关系呢？单从短语结构分析，可以理解为并列式、偏正式、主谓式或支配式，即便结合具体定义，也让人莫衷一是。概念缺乏精确性，容易造成学术研究上的混乱。"大数据侦查"等概念似是而非，含糊不清，极易产生误导作用。其实，大数据并没有改变侦查的本质，"大数据侦查"实际上就是将大数据资源、方法和技术等应用于侦查活动中而已。大数据是对侦查活动的支撑、补充，并没有促成一种新的侦查模式的产生。相较于自造新词，不如采用"基于大数据的侦查""大数据在侦查中的应用"或者"大数据环境下的侦查"等表述更为严谨。上文从质疑、批判的角度对"大数据侦查"等概念作了辨析，这对于清理侦查理论研究中的概念炒作及大数据崇拜现象，避免因大数据而造成侦查学的迷失，具有积极的意义。当然，大数据对侦查的影响是一种客观存在，而且，其影响力在今后还将进一步扩大。为此，下文将具体阐述在大数据应用于侦查实践活动及理论研究中应该把握的原则。

---

① 何军. 大数据与侦查模式变革研究［J］. 中国人民公安大学学报：社会科学版，2015（1）：72－80.

② 张俊岳. "大数据"背景下侦查工作的变革［J］. 北京警察学院学报，2014（4）：48－50.

（一）准确把握大数据环境下侦查工作"变"与"不变"的辩证关系

大数据掀起时代变革，对于侦查工作来说也是如此。侦查工作应该顺应大数据发展趋势，主动做出一些调整与变革。以犯罪现场为例，出现了现实空间与虚拟空间交叉融合的现象。现在，很少有纯粹存在于现实空间的犯罪现场，虚拟空间更成为主要的犯罪场所，出现网络诈骗、黑客犯罪、网络恐怖袭击、网上赌博、网上洗钱等新型犯罪活动。犯罪嫌疑人在购买作案工具、选择逃窜线路、销赃、与作案团伙联络及其他活动，都有可能在虚拟空间留下数据痕迹这些留下的数据痕迹，构成数字化犯罪现场，可以运用大数据手段进行分析与还原。犯罪现场已由现实空间拓展到虚拟空间。在现场勘查时，除在现实空间收集痕迹物证、实物证据等实体资源外，还应在互联网、通信网络、物联网以及电子终端设备等虚拟空间采集各种类型的数据资料。[1]

当然，大数据对侦查工作的影响仍然是局部的，而不是对侦查工作颠覆式的革命。无论社会环境如何发展变化，侦查工作一些本质的、内在的东西仍不会改变。例如，侦查工作的基本任务仍然是收集证据，揭露和证实犯罪，查缉犯罪嫌疑人，制止和预防犯罪等。[2] 基于这一基本任务而构建的刑事案件侦查流程一般保持不变，仍然是"立案—收集证据—确定犯罪嫌疑人—破案（结案）"。只是在收集证据阶段，以往通过现场勘查、调查访问获取案件信息，大数据环境下则需要考虑各方面数据的获取、加工与分析。无论是现场勘查、调查访问、摸底排队，还是数据提取、查询，都是围绕侦查的基本任务而实施的调查活动，侦查的过程、模式并无本质的不同，只是调查的范围、对象、方式等存在差异而已。在大数据环境下，侦查工作只有坚守"不变"的一面，才不至于造成侦查本质的迷失与混乱。一些文献主张通过大数据开展"预测型侦查"，提出"侦查过程就是数据储存、提取和分析

---

① 郝宏奎. 大数据时代与侦查学术创新［J］. 中国人民公安大学学报：社会科学版，2016（6）：38－43.

② 杨殿升，张若羽，张玉镶. 刑事侦查学［M］. 2 版. 北京：北京大学出版社，2001：12.

过程", 主张"让数据说话"成为侦查的基本思维,① 这些都是过分强调大数据环境之"变"而忽视侦查之"不变"而产生的偏差。

(二) 坚持多种侦查方式的融合互补

传统侦查方式如现场勘查、调查访问和摸底排队等, 突出人的作用, 主要依靠侦查人员的观察、言谈、思考与判断, 借助知识、经验和逻辑推理等来开展侦查活动。基于大数据的侦查方式以数据为核心, 突出技术的作用, 借助专门的数据分析软件工具, 对大数据资源进行抽取与集合, 开展数据清洗、挖掘与分析, 获取情报线索, 从而引导侦查活动的开展。这两种侦查方式并非截然对立, 实际上可以融合互补。

传统侦查方式可以采用转化、拓展的方式, 与基于大数据的侦查方式相融合。随着公安信息化的全面实现, 大部分实体侦查资源, 如现场勘查所获得的指纹、痕迹等, 都需要录入信息系统, 转化为数据资源。同时, 传统侦查方式应由现实空间向虚拟空间、由实体形态向数据形态拓展。以摸底排队为例, 可以将数据摸排 (通过各类信息系统和视频监控系统等开展数据查询) 和人力摸排 (对有作案迹象和作案可能的人员逐个调查与甄别) 结合起来运用。② 再如, 在现场勘查中, 犯罪行为的载体不仅指留存各种犯罪痕迹物证的物品, 还包括可作为证据的计算机、网络及其数据。③ 同样, 案件串并、跟踪守候、刑嫌调控、赃物控制等, 都有必要延伸到虚拟空间, 实现人力手段与大数据等技术手段的结合。

基于大数据的侦查方式也应该落实到实体形态和现实空间, 与传统侦查方式融合。运用大数据手段开展逻辑运算与数据分析, 可以挖掘出犯罪主体的个体特征、行为方式、人际网络、活动规律等方面的情报资料。但它们必须与实体形态的侦查资源相印证, 才能作为犯罪证据使用。数据只是事实的镜像而非事实本身, 看似"客观"的数据, 也会存在主观性。而且, 大数据

---

① 董邦俊, 黄珊珊. 大数据在侦查应用中的问题及对策研究 [J]. 中国刑警学院学报, 2016 (2): 7 – 13.

② 郝宏奎. 大数据时代与侦查学术创新 [J]. 中国人民公安大学学报: 社会科学版, 2016 (6): 38 – 43.

③ 贾永生. 大数据视野下犯罪现场概念及其应用探讨 [J]. 政法学刊, 2013 (4): 73 – 81.

难以开展精确性分析，可能会存在误差。特别是，大数据的算法逻辑是建立在相关关系上，与基于因果关系的法律证明逻辑存在差异。因此，必须将大数据的算法体系转化为符合法律规范要求的证明体系，将数据确定转换为法律确定，才能实现侦查的目的。①

（三）规范并节制大数据在侦查中的应用

将大数据应用于侦查，属于新生事物。目前，侦查机关在探索这一新的手段在实际工作中的应用，学术界则应深入研究它的属性特征，以及如何对它予以规范。例如，将大数据技术应用于侦查，将面临对这些技术手段定性、定位的问题。侦查是"依照法律进行的专门调查工作和有关的强制性措施"（2012 年《刑事诉讼法》第一百零六条）。将大数据技术应用于侦查，必然涉及法律属性问题：它是属于技术侦查措施，还是辅助统计分析手段？如果是技术侦查措施，那它是任意侦查措施还是强制侦查措施？② 这些问题关乎侦查工作如何科学合理运用大数据技术，关乎公权力与个人权益、打击犯罪与保护权利之间的平衡。为此，应该推动大数据应用于侦查的法律程序建设，确保在法律规范授权的范围内使用大数据技术。③ 只有从法理上明确大数据技术的法律属性，才能保证它合理、规范的使用。加强学术层面广泛而深入的研究，有助于达成共识，最后推动相关法律规制的形成。

在目前法律规制空缺或不完善的情况下，大数据在侦查中的应用也不能随心所欲、无所节制。大数据侵犯公民隐私、损害公民权益的问题，已引起社会各界的广泛关注。将大数据应用于侦查，更存在难以控制的危害和风险。例如，大数据资源保密性措施不到位，则会损害个人、组织和国家利益；大数据技术在侦查工作中的乱用、滥用，则会危及公民权益，破坏社会公平正义。因此，大数据在侦查中的应用，应遵循适度性、必要性原则。处理好"大数据手段—侦查结果"的关系，即侦查结果与大数据手段要相称，

---

① 何军．大数据与侦查模式变革研究［J］．中国人民公安大学学报：社会科学版，2015（1）：72 - 80.

② 欧阳爱辉．侦查中的大数据挖掘技术法律属性辨析［J］．青岛科技大学学报：社会科学版，2015（2）：71 - 73，86.

③ 刘熊．当前我国信息化侦查法律规范的缺陷及其完善［J］．山西警官高等专科学校学报，2016（1）：77 - 80.

兼顾与权衡程序价值和结果价值。认识到大数据手段处于补充性、辅助性地位，特别是在可能侵害公民合法权益的情况下，坚持非必要时不得使用，或在严格限制的前提下使用。①

（四）以理性的态度看待大数据在侦查中的应用

当前，大数据已成为一种社会潮流，引发人们的狂热追捧。例如，夸大大数据的功能，追求对大数据不加限制地使用；认为数据能够解决一切问题，将导致"理论的终结"；提出相关关系将取代因果关系②等。这种"大数据主义"倾向神化大数据，学术界已对此做出深刻批判。③将大数据应用于侦查，应该保持理性、客观的立场。

一是认识到大数据应用于侦查存在的缺陷和不足。大数据长于整体性、宏观性分析，而短于精确性、微观性分析。其结论建立在概率的基础上，存在模糊性。侦查取证要求绝对的准确。任何模糊、错误，不但会误导侦查活动，还会制造冤假错案，给当事人造成极大的损失。因此，将大数据应用于侦查活动，必须清醒地认识到大数据的不足。犯罪现象非常复杂，数据往往只能反映事实的一个方面，不能单凭数据说话；应该将数据分析与逻辑推理相结合，用逻辑推理指导数据分析，用数据分析的结论来检验逻辑推理提出的假设。④应将基于逻辑思维的因果关系分析与基于大数据的相关关系分析结合起来，用相关关系分析拓宽侦查思维，用因果关系分析来满足基本的法律解释。

二是认识到大数据应用于侦查无法作为的一面。大数据并非万能。认为"有关犯罪的一切现象皆可数据化"，甚至"与犯罪相关的无形之物如人的价

---

① 王玉宝，魏延明. 大数据时代"数据信息引导侦查"模式研究［J］. 安徽警官职业学院学报，2016（3）：45－49，52.

② ANDERSON C. The end of theory：the data deluge makes the scientific method obsolete［EB/OL］. Wired，2014－06－24.

③ 齐磊磊. 大数据经验主义——如何看待理论、因果与规律［J］. 哲学动态，2015（7）：89－95.

④ 单勇. 基于犯罪大数据的社会治安精准防控［J］. 中国特色社会主义研究，2016（6）：54－61.

值观念、态度、情绪等也可以量化和数据化"①，这是不符合实际的夸大之辞。在侦查活动中，数据化不可能覆盖一切。例如，具有反侦查能力的犯罪嫌疑人在作案时可能不携带任何数字化装备。同时，也存在大数据技术手段无法提出解决方案的领域，如犯罪嫌疑人的心理特点、作案动机等。在这种情况下，大数据无用武之地。而且，大数据本身存在技术瓶颈，尚未实现对所有数据资源的有效处理与分析，在侦查中的应用会受到限制。因此，传统侦查手段并不会因大数据的兴起而消亡，它不但可以与大数据融合互补，而且还可以在某些领域独自发挥作用。

三是认识到大数据应用于侦查时"人"的主体地位。大数据分析通过各种工具软件、关键性技术处理海量的、多源异构的数据，而且还具有"机器学习"的能力，这样使得它可以超越人类，具有强大的洞察力和预测力。然而，在侦查活动中如果主张"用数据说话"，而让"人"退场，则是十足错误，也是十分危险的。人在侦查活动中处于主体地位，始终是侦查活动的主导者。从侦查过程看，分析案情、确定侦查范围、选择侦查途径、制订侦查计划、运用侦查策略等，都是在侦查主体的主导下实施的。从侦查思维看，整理线索、提出假说、验证假说、推证案情等，都离不开侦查主体的经验、知识和智慧，都需要依赖侦查主体的主观能动性。大数据只是侦查活动的重要补充和辅助手段，例如，弥补人在驾驭数据等方面的不足，提高侦查假说的准确性，验证侦查假说等。因此，应该由人来决定侦查手段和方法的选择，而不能让大数据来左右人的思维判断。②

总之，大数据作为一种新生事物，既"虚"又"实"。从"实"的方面说，大数据是一种客观存在，大数据发展是不可逆转的时代潮流，它是侦查工作及侦查学研究无法回避的课题。从"虚"的方面说，大数据刚刚兴起，仍在发展之中，它对侦查实践及理论研究的影响，可能引发的效应以及未来走向等，仍有许多不确定性。是让大数据主导侦查，还是利用大数据推动侦

①　何军. 大数据与侦查模式变革研究［J］. 中国人民公安大学学报：社会科学版，
　　2015（1）：72 - 80.
②　刘洪波. 公安大数据背景下的侦查思维考量［J］. 贵州警官职业学院学报，2016
　　（6）：17 - 25.

查的发展，抑或大数据引发侦查的根本性变革，这些都有待于进一步观察与探索。

第三节　大数据在警务预测中的应用

预测一直是人类追逐的梦想。准确的预测，意味着对事物的未来可以进行先知先觉式的预知、预判，进而据此干预未来，使之朝预期的方向发展，达到预期的目标。在公安工作特别是打击违法犯罪活动中，公安机关如果能实施有效的警务预测，准确把握目标对象的发展动向及趋势，就能增强工作的预见性、针对性和主动性。随着大数据技术的发展进步，人们的预测能力将得到显著提升，这也为警务预测提供了更大的可能性。然而，无论科学技术发展达到什么样的水平，对预测特别是警务预测应秉持谨慎的态度，理性认识预测存在的不足和缺陷。在大数据环境下，警务预测并非万能，更不能推而广之，使之成为一种主导性的警务模式。

一、可预测论与不可预测论

预测，就是对尚未发生的、目前还不明确的事物进行预先估计，并推测其未来发展趋势的一项智能活动。简单地说，预测就是预知未来。预知未来，进而摆脱未知对人类的主宰，这是人类长期以来的梦想。预测，体现出人类不断挑战未知世界的强大意志和勇气。科学技术的不断进步，推动了预测的发展。当前，人类在对某些自然规律的认识及自然现象的预测上，技术日益成熟，预测结果日益精准。可以说，人类已经具备足够的驾驭能力了。然而，对于人类自身各种社会活动及个体行为的预测，还是一片空阔的未曾征服的领域。现在，人们在不断尝试借助科学的方法和先进的技术，以实现对人类活动及行为的预知预判。然而，在这里首先必然回答一个前提性问题，即人类活动及行为是否具有可预测性？

（一）可预测论

预测是建立在可知论的哲学基础上，即思维与存在具有同一性，人的意识能够正确认识客观世界及其规律。先有规律，后有预测。预测是建立在规律的基础上，科学的预测实际上就是一种寻找规律的方法。规律是事物发展变化的法则、定律。作为一种客观存在，规律体现在事物发展的全过程，当然也存在于事物发展的趋势之中。规律根源于事物发展的连贯性原理，即事物的发展在一段时间内呈现延续性，在事物由过去到现在、到未来的发展中存在一种线性关系；规律基于重复性原则，以前发生过的情况在同样情境下，以后仍会重复出现；或基于同一性、类推性原理，即依据历史上曾经发生过的事实类推未来可能发生的事情，依据彼地区曾经发生过的事件类推此地区可能发生的事件，或依据事物现有的局部特征类推事物的总体发展趋势等。因此，预测的必然前提条件是，事物是可认知的，事物的发展存在某些规律现象。

自然现象存在普遍的规律。现在，通过科学技术手段，人类可以逐一破解、描绘这些规律，并对自然现象做出科学预测。那么，人类社会是否也存在可以认识的规律，进而能据此做出预测？社会物理学搭建了由自然科学进入社会科学的桥梁。它认为，人类社会是自然界的一部分，应用以物理学为核心的自然科学的原理和方法，可以解释和探寻人类社会规律。① 社会物理学等理论为人类活动及行为预测提供了理论支撑。例如，美国科学家艾伯特–拉斯洛·巴拉巴西在《爆发：大数据时代预见未来的新思维》一书中指出，人类活动及行为都受制于规律，其"可重现性和可预测性与自然科学不相上下"。与自然界一样，人类活动及行为背后隐藏着幂律支配之下的有序模式：人类的种种活动"长时间休息之后就会出现短时间的密集活动"。巴拉巴西把这种模式命名为"爆发"（Bursts）。人类活动及行为看上去是随意的、偶然的，实际上都具有爆发模式的规律特征，因而极其容易对它们实施预测。②

基于事物的过去、现状来总结规律，推断未来，这是实施预测的基本原则、方法。规律是一种客观存在，它是从事物中抽取出来的具有普遍性、一

---

① 牛文元. 社会物理学：学科意义与应用价值［J］. 科学，2002（3）：32 – 36.
② ［美］艾伯特–拉斯洛·巴拉巴西. 爆发：大数据时代预见未来的新思维［M］. 马慧，译. 北京：中国人民大学出版社，2012：13，119.

般性的东西。基于规律来实施预测，具有可行性。特别是借助现代信息技术，人们可以更加全面掌握事物的发展状况及规律，因而预测也将更加科学、准确。规律体现了事物发展的常态，预测分析在应用于研究事物发展的整体态势和趋势方面，具有明显的优势。然而，事物的差异性、多样性也是一种客观存在，规律只代表普遍性、一般性，它无法解释各种特殊的、个别的社会现象。对于一些突发性、突变性事物，预测实际上无能为力。因此，在坚持可认识论时，应清醒认识到，仍存在一些预测无法深入的领域。

（二）不可预测论

不可知论是一种否认认识世界之可能性的哲学理论。例如，休谟认为，人们是依靠经验而得到某些事物的因果联系，从而在人的理性中产生习惯性结论，并按这一习惯性结论而联想其他的因果联系。或然的归纳推理是建立在"未来和过去相似"，"相似的性质可以产生相似的结果"的假设之上，然而这种因果联系观念不能给予逻辑的证明。① 再如，康德认为，人类可以认识事物的现象——通过大脑加工过的意识表象，但永远不能认识物自体——一种存在于人们感觉和认识之外的客观实体。他批判独断论哲学盲目信仰理性的力量，在没有对人的认识能力进行批判考察之前就断定理性具有把握客体的绝对能力。② 不可知论曾被当作唯心主义而遭到批判。实际上，关于可知论与不可知论，这是一个争论已久且仍没有最终答案的哲学命题。人类不可能超越自己的能力去理解事物。我们理解的事物永远是我们能够理解的事物。不可知论还原了世界的复杂性，肯定了人类的理性极限。

不可知论提醒人们关注与思考预测的局限性，认识到事物的不可预测性。美国学者纳西姆·尼古拉斯·塔勒布《黑天鹅：如何应对不可预知的未来》指出，人们在思维方面存在一些不为人知的结构性局限，从而导致预测能力的不足：一是筛选性思维，即忽视计划之外的不确定性来源。二是愚人效应，即只专注于我们所知道的，而忽视其他风险。三是锚定思维机制，即预测者头脑中先设置一个参照点，然后与这个参照点进行思维。同时，人们

① 刘荣清. 休谟和康德的"温和不可知论"[J]. 池州师专学报，2004（3）：7-9.
② 戴茂堂，胡蓉. 从康德的不可知论说起[J]. 中共南京市委党校学报，2008（6）：24-30.

还存在认知自大的倾向，既高估自己的知识，又低估事物的不确定性。"你所知道的与你以为你知道的远远不是一回事。"认知自大导致人们不能准确预测：面对一个超出人们想象之外的复杂世界，人们习惯于那种事后的、假想的理解，而忽视正在发生和可能发生的事物；人类的记忆存在过滤机制，倾向于记住那些事后看来与事实相符的信息；掌握大量知识和信息并不具有预测的优势，反而成为阻碍人们预知预测的因素。①

实际上，只有完全可知才叫"可知"，任何一项"未知"都足以推翻可知论。事物本身非常复杂，必然存在许多未知的领域。由于认识的特定指向性，人们往往只是截取某一方面来认识事物。所有的可知都只能是局部的可知、有限的可知。人们对"未知"的"可知"，或许只是"未知"的一个局部，甚至是对"未知"的错误认知。据此，不可预测性是事物的必然属性。不可知论揭示了人的预测能力的局限性。它提醒我们，人类不可能实现未卜先知，从而从容驾驭一切；人类的科学精神并不能破解一切未知，进而主宰一切社会活动；人类所推崇的知识、科学并非无所不能，可以消除一切认知的盲区；人们习得的规律，并不能为人类在未来世界中导航。事物具有普遍的不确定性。有时承认无知要比费尽周折来预测未来更为有效。② 因为只有承认事物的不可预测性，才能清醒地认识到各种未知的存在，并正确地去面对这些未知的领域。

预测是可能的，还是不可能，目前难以形成一致性结论。综合而言，人类活动及行为既是可预测性的，也是不可预测性的。正因为可预测，事物是可认识的，从而激发人们不断探索人类活动及行为的规律特征；正因为不可预测，提醒人们认识到不确定性的普遍存在，任何规律特征都有其局限性。

二、大数据与警务预测

在现代警务活动中，各国警察部门日益重视警务预防工作。"打防结合，

① [美] 纳西姆·尼古拉斯·塔勒布. 黑天鹅：如何应对不可预知的未来 [M]. 万丹，刘宁，译. 北京：中信出版社，2011：141-169，7-15.
② [美] 伊藤穰一，杰夫·豪. 爆裂：未来社会的9大生存原则 [M]. 张培，吴建英，周卓斌，译. 北京：中信出版社，2017：18-20.

以防为主"，也是我国公安机关坚持的基本方针。警务预测是实施警务预防的重要基础和前提条件。在传统警务模式中，警务预测基于知识、经验或直觉，其准确性、实效性不能得到充分保障，因而难以全面实施。进入信息化社会，可以从大量数据、信息中获得知识，形成支持人们行动与决策的智慧。大数据发展将进一步提升人们从各种数据资料中获取价值的能力。因此，在大数据环境下，警务预测将成为公安机关应对复杂治安形势、提升警务效能的重要手段。

首先，大数据将为警务预测提供数据支持。数据是事物客观真实的反映。警务预测依赖于数据的获得。融合巨量的、不同类型的数据资源可以为警务预测奠定坚实的基础。只有在充分占有预测对象数据的基础上，才能做出可靠的预测。在以往，数据资料是通过实地调查、数据库提取等方式获得，以概率方法抽取样本，运用计算机统计分析技术开展警务预测。虽然采用定量分析的方法，但受限于数据资料的有限性，警务预测存在较大的模糊性、不准确性。大数据带有全数据特征，各种结构类型的、体量巨大的、实时流动的数据都可以作为警务预测的依据。警务预测的数据来源不仅包括案（事）件、警情、犯罪活动、嫌疑对象等方面的数据，还包括人员活动轨迹、消费偏好、社交网络、时间与方位以及物流、地理、交通等相关数据。① 大数据能够全面反映事物的"已知"状况，这样，由"已知"推演"未知"，警务预测必然更加科学准确。

其次，大数据将为警务预测提供技术支持。目前，警务预测已由经验判断发展为定量分析。然而，基于有限数据、局部数据的量化分析，仍不足以掌握预测对象的规律特征。采用大数据技术，构建数学模型，开发各种软件工具，可以获得强大的数据分析能力。它们可以帮助人们剖析预测对象的特点，发掘其模式特征，发现其趋势，进而开展比较准确的预测分析。大数据凝聚了非常丰富的值得学习的经验，能让计算机获得"机器学习"的能力。通过持续不断地输入数据，计算机能够自动"学习"如何预测。在自我学习过程中，计算机会自动获取新知识和新能力，从大数据中发现规律，从各种

---

① 李国军. 论大数据驱动下的预测警务创新［J］. 中国人民公安大学学报：社会科学版，2015（6）：3－8.

发现中提高预测能力；并尝试不同的算法，持续改善预测技术，使科学预测得以实现。①

第三，大数据将为警务预测提供方法支持。传统预测是建立在因果关系分析的基础上。因果关系是客观事物普遍联系的一种反映。然而，原因与结果不是一种简单的一对一的关系，其表现形态存在一因多果、一果多因、多因多果、多果多因等多种方式。受到认识能力的限制，人们在开展预测分析时，对事物复杂、多样的因果关系难以全面、准确地把握。大数据创新出相关关系分析的方法，由探求"为什么"转向挖掘"是什么"。采用大数据分析技术，可发现存在于两个或多个数据集合之间的关系，识别出有用的关联物，进而揭示事物中某些属性同时出现的规律和模式。建立在相关关系分析基础上的预测是大数据的核心。② 相关关系分析为警务预测提供了全新的视角和方法。以群体事件预测为例，在难以深入探究事件内部复杂因果关系的情况下，可从大数据中发现与群体性事件相关联的各个因素之间的相关关系，从而有效地评估现状并预测未来。例如，从互联网某些社区论坛帖子的点击量、网页的浏览次数、微博跟帖数量及转载数量等可以量化的大数据中，预测哪些群体、哪种言论以及哪类思想观念可能会产生集群现象。将互联网上和现实生活中相关联的数据进行整理分析，挖掘隐藏在现实社会背后的深层关系，就能发现各类不稳定因素，从而有效防范群体性事件的发生；或者准确预测现有群体性事件的发展走向，为群体性事件的有效解决与综合治理提供支撑服务。③

大数据的价值主要体现在预测未知领域。大数据的兴起，将使人类进入用数据进行预测的时代。大数据也将提高警务预测水平，推动警务决策机制从"业务驱动"向"数据预测"的转变。④ 然而，另一方面也应看到，未来

---

① ［美］埃里克·西格尔. 大数据预测——告诉你谁会点击、购买、死去或撒谎［M］. 周昕，译. 北京：中信出版社，2014：导论.

② ［英］维克托·迈尔-舍恩伯格，肯尼思·库克耶. 大数据时代［M］. 盛扬燕，周涛，译. 杭州：浙江人民出版社，2013：75.

③ 郭跃军，侯江雷. 大数据时代网络群体性事件治理［J］. 人民论坛，2015（29）：132-134.

④ 冯冠筹. 大数据时代实施预测警务探究［J］. 公安研究，2013（12）：10-15.

充满不确定性，任何预测只是对事物发展可能性的一种估量与推测。大数据并不能改变警务预测存在诸多局限性的基本事实。

首先，大数据仍然无法穷尽警务预测所需要的全部数据资料。数字化推动了大数据的发展。然而普遍数字化的格局尚未形成，事实上也不可能将世间万物全部数字化。大数据所反映的仍只是事物的某一片段或局部。只关注大数据，实际上就会忽略、排除大量非数字化信息。警务预测对象是极其复杂的人或社会现象，限于认知的局限性，人们难以充分梳理、掌握其内部过于庞杂的各种因素、关系。有时，一些关键性数据资料根本就没有进入人们关注的视野。由于数据资料不能全面反映事物的性质、特征，这样警务预测的准确性也必然会受到影响。此外，一些主观因素也会造成数据的不全面，如普遍存在的犯罪黑数现象——实际犯罪数据要远高于官方统计、公布的数据，必然会导致警务预测失真。

其次，大数据也会被主观化而影响警务预测的客观性。大数据之所以能作为警务预测的依据，在于其客观真实性。然而，大数据进入警务预测，需要人的参与，都要经过一个主观化的过程。例如，在大数据采集环节，是由人来决定选择或不选择哪些类型、范围的数据；在大数据分析环节，是由人来构建数学模型分析数据。大数据即使可以全面、真实地反映事物，但人们仍是基于自己的主观理解来提取、分析数据。"谁能控制过去就控制未来，谁能控制现在就控制过去。"① 在大数据环境下，仍有可能会通过数据来扭曲事实或制造"事实"，利用大数据所反映的事物的过去、现在，以及通过大数据所预测的未来，会受到人为的控制，有可能是不真实的、不准确的。当然，在社会开放背景下，完全"控制"大数据的可能性不大。但仍需留意，大数据有被主观化的可能，而主观化了的大数据可能会偏离事实，因此，在警务预测中，不能完全信任大数据的客观性。

第三，大数据预测并不能构建由已知推测未知的完整链条。"要想预知

---

① ［英］乔治·奥威尔. 一九八四［M］. 董乐山，译. 上海：上海译文出版社，2003：244.

未来，必先了解过去。"① 大数据预测是基于事物过去的、已知的状况，去推测事物未来的、未知的情况。然而，事物由过去到未来的发展演变，是否存在一种一以贯之的惯性，大数据是否能够准确反映出这种惯性？事物的发展具有无限的可能性，无论对事物过去的追溯，时间周期延续有多长，其详尽性能达到某种极限，如果这种惯性根本不存在，那么大数据预测又有多少科学性？何况，大数据既不可能对事物的过去做出全知的描述，也无法对事物发展的惯性做出完全科学的分析。因此，利用大数据开展警务预测，有必要有所保留，不能无条件依赖，特别是不能因此而放弃自己的思考与判断。

此外，大数据有时无助于提高警务预测水平。提供的数据越多，所存在的噪声就越多。大数据有时反而会干扰警务预测，妨碍人们做出准确判断。而且，人的思维存在惯性：一旦观点形成，就难以改变。当观点固化，后续的、更为准确的数据资料也难以促成观点的完善或改变。② 从这一点来看，大数据有时会无助于提高警务预测的准确性。此外，大数据会助长人们预测信心的提升，产生认知自大，导致警务预测的盲目、自负，产生认知的盲区，忽略关键性事实，从而造成预测失误。

三、基于大数据的警务预测的局限性

事物存在人类难以征服的不可知性和不可预测性，大数据也无法改变这一事实。目前，在对大数据的狂热追捧中，夸大了大数据的功能，给大数据披上了神秘的光环。大数据并非无所不能，在利用大数据开展警务预测方面，须持谨慎、理性的态度，特别是要看到其缺陷与不足。

（一）基于大数据的警务预测存在"测不准"的现象

大数据在警务预测中的应用，即基于大数据的警务预测，不是建立在单一的知识、经验或直觉等基础上，它采用定量分析方法，构建动态数学模型，通过计算机运算来开展预测，因而具有很强的科学性。然而，我们不能

---

① ［美］艾伯特－拉斯洛·巴拉巴西. 爆发：大数据时代预见未来的新思维［M］. 马慧，译. 北京：中国人民大学出版社，2012：232.

② ［美］纳西姆·尼古拉斯·塔勒布. 黑天鹅：如何应对不可预知的未来［M］. 万丹，刘宁，译. 北京：中信出版社，2011：142－148.

盲目推崇大数据分析，完全信赖基于大数据的警务预测。事实上，基于大数据的警务预测仍存在"测不准"现象。

首先，警务预测的对象——人或者社会事件，并不完全受规律的主宰。人具有自由意志，有不受因果必然律约束的一面。如果能预测人们在特定情况下的所有行为，那么人类就不会拥有自由，而成为对环境刺激做出反应的机器，被动接受各种规律的驱使。事实上，人的自由意志，会打败各种科学预测。即便是经由大数据武装的警务预测，也无法深入窥探诸如犯罪动机、倾向、行为等方面的全部秘密，无法准确推断具有强烈主观随意性的人的行为。社会事件也具有不确定性。了解事件的过去，有时无助于预测事件的未来。因为未来存在随机性，并不完全是人们所认知的过去的延伸，未来并不是过去的精确计划。① 有时，极其微小的外力推动都会成为决定社会事件方向的主导力量。② 对于某些具有不确定性特征的案（事）件，如带有激情犯罪特征的刑事案件、突发性群体性事件、偶发性暴力事件，即使利用大数据技术，也难以实现准确地预测。

其次，警务预测一般对预测对象作了规范化处理。例如，它只截取了部分事实，有时不足以反映整体；它将预测对象进行了简化处理，以少数可能性替代多种可能性；它将预测对象规范为正态分布状况，而实际上正态分布并不具有绝对的普遍性；它假设事物发展呈稳定性、延续性，而忽视突变性、跳跃性的存在等。大数据为警务预测提供了更加全面、丰富的数据，更加强大的分析方法，但仍然不能实现对预测对象全部事实的完整把握。例如，在防范与预测暴力恐怖活动时，即便采用大数据手段，也不可能对所有对象，而只能是对重点对象——涉恐人员实施全面而有效的管控，然而，如果管控对象出现偏差，即恐怖活动分子不在管控范围之内，那么预测活动就会完全落空。因此，基于大数据的警务预测只能是事物发展可能性的一种推断，而非精准的预判。

第三，警务预测结果无法得到验证。公安机关作为警务预测的主体，既

① ［美］纳西姆·尼古拉斯·塔勒布. 黑天鹅：如何应对不可预知的未来［M］. 万丹，刘宁，译. 北京：中信出版社，2011：198.
② 阎耀军. 社会预测学基本原理［M］. 北京：社会科学文献出版社，2005：104.

是未来社会事件的预见者，又是未来社会事件的参与者或干预者。这样，预测活动陷入了"自己认识自己"的悖论。预测是对自身实践活动的推测，然而实践活动又会影响预测结果，既可以导致预测结果的应验，也可能会否定先前的预测结果。警务预测客体，如犯罪嫌疑人、重点对象等，是具有意识能力和主观能动性的人，他们如果意识到预测主体的预测活动及干预措施，就会据此调整其行为，从而影响到对预测结果的评判。预测主体和客体都是具有主观能动性的人，因而警务预测结果的客观准确性无法得到验证。因为验证预测正误的标准只能是未来实践的结果，而实践结果又会是在预测活动的影响下形成的。① 当然，不能因预测结果无法得到验证而否定警务预测，同样也不能将预测结果的应验视为警务预测准确的唯一依据。由于预测结果不能验证，对警务预测应持理性、谨慎态度，不宜夸大其功能。

（二）基于大数据的警务预测在效用上存在局限性

如前所述，无论大数据技术如何完善，警务预测仍存在"测不准"现象。因此，对警务预测所得出的结果应持谨慎态度，对警务预测的效用应持保留态度。在对预测结果的利用上，应考虑预测误差乃至预测失误存在的可能性，充分发挥"人"的作用，以"人"的智能弥补预测技术上的缺陷。

首先，在警务预测中过于倚赖大数据可能会让人失去独立思考与自主决策的能力。基于大数据的警务预测可以驾驭海量数据资料，通过建立数学模型开展定量分析，得出具有一定科学性的预测结论。预测都是基于过去来推测未来。大数据预测较之经验预测，其优越性在于，它可利用海量数据描述出一个完整的、真实的过去。然而，这也是大数据与人类记忆相比所存在的主要缺陷。大数据虽然捕获了真实的"过去"——没有被重构过、恒定不变的过去，却定格在过去的时间上，使得"过去"与"现在"断裂。人类记忆却可以基于"现在"不断重构"过去"，重新演绎"过去"，这样"现在"可与"过去"发生关联。② 大数据忽略"现在"来预测，能反映事物发展的

① 张德春. 社会预测的理论前提［J］. 山东大学学报：哲学社会科学版，1994（3）：70－76.

② ［英］维克托·迈尔－舍恩伯格. 删除：大数据取舍之道［M］. 杭州：浙江人民出版社，2013：134－135.

必然性吗？显然，人类的思维更符合事物的本质，更能把握事物的一般规律。如果一味依赖大数据，甚至不再信任自己的思维，这就会干扰决策，影响对未来的判断。例如，公安机关在预测社会治安趋势时，往往罗列大量警情数据开展分析，看似严谨而有说服力，但如果仅凭数据"发声"，而忽略人的理性判断，这种分析预测反而会偏离事实。因此，在利用大数据开展警务预测时，应该意识到大数据预测的缺陷，坚持独立思考、自主抉择。

其次，基于大数据的警务预测可能会导致人们放弃对事物本质的追索。传统警务预测采用因果关系分析来揭示事物的本质和规律，的确存在一些弊端。例如，并不是所有事物都存在因果关系；事物间的因果关系相当复杂，有时并不为人们所掌握；基于主观、错误的因果关系推理，会导致预测错误。相关关系分析可以减少思想观念偏见、思维模式固化等因素的影响，发现大数据中隐含的知识和关系，为警务预测提供全新的视角和思维方法。然而，如果大数据预测用相关关系分析取代因果关系分析，只关注"是什么"，放弃探求"为什么"，则又会陷入大数据的迷雾之中：盲目迷信结论，而忽视对事物本质的求索。这种基于大数据的警务预测甚至会带来可怕的后果——出现类似电影《少数派报告》中的场景，预测系统指控犯罪预防组织主管乔恩·安德顿"即将"谋杀一名他根本不认识的男子，而无须（实际上也无法）做出具体解释。① 如果相关关系分析主导一切，不再深入探索事物的因果关系，那么，就会形成大数据对人类的主宰，人类将失去把握未来的主动能力。因此，在利用大数据开展警务预测时，不能止步于预测结论，而应充分发挥人的智慧，以进一步追索事物的本质。正如美国警方在使用 Pred-Pol（Predictive Policing）工具预测犯罪时所强调，警察应该"以最恰当的方式使用你们的知识、技能、经验和培训成果去制止犯罪，一切都取决于你们自己"。②

第三，基于大数据的警务预测存在预测误差或失误，需要通过积极的干预措施予以修正。预测难以完全做到准确无误。往往需要根据预测结论，即

---

① ［美］史蒂文·斯皮尔伯格. 少数派报告［EB/OL］. 时光网，2002 – 06 – 21.
② PredPol 报告：在犯罪发生前未卜先知［J/OL］. 何无鱼，译. 福布斯中文网，2015 – 02 – 15.

时做出社会反应，即采取干预措施，来促成或避免预测结果的出现。这样，形成了"预测结果社会反应"的交互模式。即一方面，社会反应是根据预测结果而开展的，预测结果引导社会反应的全过程；另一方面，社会反应也是一个验证预测结果的过程，但并不完全依据预测结果而被动开展。它有一定的自主性，对预测结果有所保留，并根据实际情况对预测结果不断做出调整、修正或补救。因此，在预测结果与社会反应之间，存在一种反复博弈、试错的过程，最终达到警务预测的价值目标。① 通过双方不断交互、反馈，可以及时发现警务预测中存在的问题和缺陷，确保警务预测的有效性。

四、大数据环境下警务预测的顺应之道

大数据的核心是预测。大数据的发展将极大地提高警务预测的能力，预测的结果将更加准确，预测的范围将更加广泛。大数据环境下，警务预测将进入一个新的发展阶段。有人甚至提出，以预测为核心，一种新的警务模式——预测警务，将会成为现代警务的重要组成部分。② 目前，我国一些地方公安机关大力发展大数据，积极探索基于大数据的警务预测，形成了以警务预测为核心的主动型工作模式。③ 然而，应该清醒地认识到，基于大数据的警务预测仍存在难以克服的局限性。事物具有不可预测性，基于大数据的警务预测具有局限性，这是一个客观的事实。试图改变这一事实的任何努力都是难以奏效的。相反，应该秉持一种理性、客观的态度，接受基于大数据的警务预测存在局限性这一基本事实，采取"顺应之道"而非"改进策略"，重新认识、界定大数据在警务预测中的应用。

（一）基于大数据的警务预测应有所为、有所不为

《黑天鹅：如何应对不可预知的未来》提出了"平均斯坦"（Mediocristan）和"极端斯坦"（Extremistan）的概念。在平均斯坦，特定事件的单独

---

① 赵军. "先知"之惑——犯罪预测局限性研究［J］. 河南公安高等专科学校学报，2010（6）：16-20.
② ［美］詹姆斯·弗拉霍斯. 犯罪可以预测吗［J］. 张燕晶，译. 环球科学，2012（2）：42-47.
③ 汪振春. 北京怀柔运用"犯罪数据分析和趋势预测系统"构建主动型工作模式［N］. 人民公安报，2014-06-28（3）.

影响很小，只有群体影响才大；当样本量足够大时，任何个例都不会对整体产生重大影响。在极端斯坦，个体能够以不成比例的方式影响整体，少数事件能产生巨大影响。① 在平均斯坦现象中，所提供的数据越多，越能从数据中获取更多的知识，进而做出科学的预测；在极端斯坦现象中，从数据中获得的知识与数据的增加不成比例，数据的增加对于预测分析没有多大价值。上述理论对于辨析大数据环境下警务预测的应用范围，具有重要的指导意义。

在平均斯坦，受集体事件、常规事件、已预测到事件的支配。人们可以探索警务活动的规律，并驾驭规律，实施科学的警务预测。例如，在犯罪活动中，"一定的原因按照特殊的规律性在产生一定的犯罪行为"②。犯罪作为一种特殊的社会现象，有其内在的规律。这些规律可归纳为起伏律、消长律、辐射律、因果律，③ 或犯罪形态扩散律、犯罪饱和法则、犯罪收益律、犯罪嫌疑人性别规律、季节性犯罪规律等。④ 基于这些规律，广泛获取有关犯罪活动及与之相关的人员、事件、组织机构、时间、空间等方面数据，围绕犯罪嫌疑人、易受害群体、犯罪时空以及犯罪环境、犯罪诱因、犯罪机会等开展分析，寻找犯罪相关因素及变化规律，可以对一定社会范围内未来犯罪现象的数量增减、类型手段、时空特征、发展趋势等，做出推断与预判，从而有效减少、降低与预防犯罪。⑤ 而且，发挥大数据优势，可将预测对象更大范围、更长时间周期内的数据资料纳入分析对象。这样，随着样本量的增加，预测就更为精准。

在极端斯坦，受到单个事件、意外事件、未预测到事件的支配，因而警务预测难以产生实效。例如，一些重大群体性突发事件，具有很强的偶发性

① ［美］纳西姆·尼古拉斯·塔勒布. 黑天鹅：如何应对不可预知的未来［M］. 万丹，刘宁，译. 北京：中信出版社，2011：31 – 33.
② 马克思恩格斯全集（第 1 卷）［M］. 北京：人民出版社，1975：623.
③ 冯树梁. 论犯罪规律［J］. 江苏公安专科学校学报，2002（2）：28 – 33.
④ 黄超. 犯罪预测方法及其应用［M］. 北京：中国人民公安大学出版社，2013：50 – 57.
⑤ PERRY W L, MCINNIS B, PRICE C C, et al. . Predictive Policing: The Role of Crime Forecasting in Law Enforcement Operations［EB/OL］. http：//www. rand. org/content/dam/rand/pubs/research_ reports/RR200/RR233/RAND_ RR233. pdf.

和不确定性，并不存在一种普遍的、持久的规律，很难利用过去的数据对它们做出预测预判。在这种情况下，大数据也无用武之地。如果片面依赖警务预测或迷信大数据，反而会使公安机关迷失方向，忽视真正应该关注的对象。如果我们不是执迷于去预测这类事件，而是充分评估它们可能造成的影响，虽然这类事物仍会发生，但可以减少其危害性。

根据事物平均斯坦与极端斯坦的特性，警务预测应该有所为，有所不为。大数据虽然提升了警务预测的能力，拓展了警务预测的范围，但远未到驾驭一切的地步。总体而言，警务预测长于整体分析而拙于个例分析，长于宏观分析而拙于微观分析，长于模糊定向分析而拙于精确定性分析，等等。极端斯坦的存在，更提醒我们，要充分认识到，存在一些人类未知的、无法征服的领域。面对大数据席卷一切的趋势，应该对技术主义倾向有所警惕，不要陷入预测万能的狂热之中。应清醒地认识到：无论科技力量多么神奇，也不可能窥探人类所有的秘密；无论预测技术多么强大，预测总会有所不能。

事物具有普遍的不确定性。有时承认无知、未知要比预测未来更具有战略优势。坚持有所为、有所不为，可让我们清醒地认识到大数据及警务预测的局限性。《爆发：大数据时代预见未来的新思维》断定，人类社会行为的可预测程度可以达到93%。① 姑且不论这一推断有多少科学性，那7%的不可预测性仍是人类难以逾越的高峰。7%——做出错误预测的概率，有时仍然是不可忽略的。在公安工作中，任何预测的错误，都有可能危及人们的生命财产安全，因而需要时时警惕事物的不可预测性所带来的风险。该书虽然承认人类社会活动及行为的随机性，但它对这种随机性做了简化处理：如同投骰子那样只有几种有限的选择。实际上，人类社会活动及行为要复杂得多，难以归并为少数几种选择模式。基于一系列偶然事件的累计而所构建的幂律或模型，可用于常规状态下的预测分析，然而仍难以预测那些偶发性、随机性的社会活动及行为。

当然，上文提出基于大数据的警务预测具有局限性，并不是完全否定大

---

① ［美］艾伯特－拉斯洛·巴拉巴西. 爆发：大数据时代预见未来的新思维［M］. 马慧，译. 北京：中国人民大学出版社，2012：226.

数据应用于警务预测的可行性。事实上，理性认识大数据及警务预测的局限性，更有利于提高警务预测的有效性。在日常警务活动中，大部分预测对象属于平均斯坦现象。例如，常见的治安案件、交通事故、侵财类案件，多发性案件犯罪主体，带有明显规律性的警情特征、犯罪趋势、治安形势等。针对这类对象，充分运用大数据方法、手段，可以提高警务预测的准确性、及时性。当然，公安工作中也存在不少难以预测的极端斯坦现象。例如，一些突发性的群体性事件、暴力恐怖活动，突然降临的重大事故，由灾害引发的公共安全事件，犯罪嫌疑人临时起意实施的犯罪行为，某些不可预见因素如股市震荡、金融风暴、突发公共卫生事件、国际事务冲突等导致的社会治安环境变化等。我们可以通过大数据来增强对这些现象的认识，尝试开展预测性分析。然而，不能将大数据作为唯一凭据，过于迷信大数据预测。应该抱着坦承未知、敬畏未知的态度，对警务预测及其结论持谨慎态度。特别是，充分认识到极端斯坦现象爆发，即黑天鹅事件发生所导致的严重后果。黑天鹅事件虽然无法预测，但不能无视它们的存在，或者试图天真地去预测它们。承认大数据及警务预测有所不能，有助于适应黑天鹅事件的存在，从而最大限度地规避其风险、危害，置身于这类不确定事件的正面影响之下。

（二）基于大数据的警务预测应具有可制约性

随着科学技术的进步，特别是借助大数据技术，警务预测将会获得广阔的发展空间。像美国电影《少数派报告》所描绘的那样，犯罪活动等社会现象都将是可以预测的。当然，这种预测不是依托能够感知未来的超能力人——"先知"，而是强大的科技力量。然而，技术只要应用于人类社会，就不再是一个单纯的技术问题，而是一个社会问题。技术可以改变生活，但谁来驾驭技术？任何预测技术都离不开人的参与。人为的推断及对数据的主观解释，都有可能会造成预测的偏差或失真。这时，谁来质疑、纠正这些误判？即便技术是可靠的，但驾驭技术的人能确保可靠吗？在《少数派报告》中，犯罪预测中心局长利用"先知"这一预测系统的漏洞，背后操纵，使之成为谋杀的工具。人性不可能臻于至善，那么，技术有可能沦为邪恶力量的帮凶。

技术发明的初衷在于推动人类社会的发展进步，然而不加控制的技术可能会反制人类。过于迷信技术、依赖技术，甚至陷于技术主义，导致技术支配人类，人类将异化成客体。如果任凭大数据及警务预测技术滥用，极有可能会危及人类自身。基于大数据的警务预测不加限制地使用，可能会侵蚀人类的隐私、自由等基本权利，让人们为被预测到的"可能实施"的犯罪行为承担责任，预测结论会让被预测对象陷入"自我验证"的怪圈，等等。因此，基于大数据的警务预测必须具有可制约性。具体来说，一是要有所节制，二是要强化监督。警务预测往往指向复杂的人类行为活动，我们需要保持思想认识上的谦卑。这种谦卑，来自对未知的敬畏。常怀谦卑之心，就能在大数据分析及警务预测上有所节制。当然，除了内在的自觉，还需要外在约束，就是将基于大数据的警务预测置于严密的内部监督之下。通过建立完善的审核、倒查机制，堵塞可能存在的各种滥用、误用现象。

（三）基于大数据的警务预测应遵循合理性原则

警务预测的对象是人类自身，而且指向的是尚未成为事实的未来的活动。大数据可以窥探人类大部分活动甚至思想、心理。基于大数据的警务预测难以避免会引发道德、伦理、法律等方面的冲突。因此，在实施基于大数据的警务预测时，应充分考量其合理性。

一是法治原则。如果认为只要掌握足够的数据和正确的算法，就可以实施犯罪预防、干预活动，那么我们所有人都会成为技术主导下的犯罪嫌疑人，都会为自己还没犯下任何罪行提出辩护、寻求证据。[1] 基于大数据的警务预测的滥用，可能会导致人们为自己未来可能的行为承担责任，从而引发法律冲突。例如，警务预测可以预知将会实施的犯罪活动，这时，不得不面临以下质疑或困境：国家有没有权力对未然之罪实施干预，对未然的犯罪嫌疑人实施处罚？如果想做而尚未做的事情也列入犯罪的范畴，人们则会陷入"思想罪""意识罪"等可怕境地。犯罪的轻重取决于犯罪行为的客观危害，刑罚的严厉程度也当与犯罪行为的客观危害相当。根据罪刑法定原则，并确保法律的正当程序，对任何于未然状态的"犯罪人"实施"预先处罚"，都

---

[1]　［白俄罗斯］叶夫根尼·莫罗佐夫. 技术至死：数字化生存的阴暗面［M］. 张行舟，间佳，译. 北京：电子工业出版社，2014：199.

是不当的。因此，即便预测技术高度发达，预测分析科学准确，也应遵循法治原则，不能以破坏社会正义、违背法律精神为代价来实施警务预测。①

二是以人为本原则。基于大数据的警务预测将为人类打造一个更加安全、稳定的社会环境，然而，它也有可能侵害个人的权利和自由。例如，大数据能对各种常见的海量碎片化数据进行整合、关联，从而获得对预测对象的全景洞察，针对个人实施精确的监测与分析，这样，个人生活空间及隐私将遭到严重侵害。再如，大数据预测通过对包括个人删除或遗忘的信息在内的大量数据的分析，来揭示其违法犯罪的可能性、社会危害程度等，这实际上剥夺了个人寻找新的生存与发展机会的基本权益。运用大数据预测犯罪趋势并部署警力，对犯罪概率较高的社会主体实施监控，甚至实施"数据钓鱼"执法，将严重侵害公民自由生活的基本权益和行为责任自负的能力。②针对大数据预测对人类可能带来的威胁，应坚守以人为本原则，确保基于大数据的警务预测不能威胁自由、公平、正义、尊严等人类固有的终极价值属性。

三是理性原则。在所有事实当中，数据所描述的事实最为准确，也最有说服力。使用数据是增强客观性、减少主观性的最好方法。③ 用数据说话，利用大数据开展警务预测，可以增强预测的客观性。然而同时应该清醒认识到，大数据并不代表事实，甚至并不代表客观的事实。在警务预测中，由过去事实去推测未来，并不具有足够的科学性。完全相信大数据，忽略由人之自主观察所构建的事实以及理性思考所得出的结论，会造成警务预测的偏差或失误。坚持理性原则，就是在大数据分析及警务预测中，始终不让人的观察和思考缺席，用人的理性来纠正大数据预测的偏失。

四是主体性原则。大数据可以破解人类社会活动及行为的秘密，成为警务预测的利器。果如《爆发：大数据时代预见未来的新思维》所言，人类行

① PredPol 报告：在犯罪发生前未卜先知［J/OL］. 何无鱼，译. 福布斯中文网，2015 – 02 – 15.
② 蒋洁，陈芳，何亮亮. 大数据预测的伦理困境与出路［J］. 图书与情报，2014（5）：61 – 65.
③ 涂子沛. 数据之巅：大数据革命，历史、现实与未来［M］. 北京：中信出版社，2014：28.

为存在普遍的幂律规律，都存在"爆发"模式，并进而可以做出准确预测，那么，人的行为受外在的规律支配，而不受主体的支配；人类只能静待未来的到来，却不能主宰自己的未来。人成为规律的奴仆、"未来"的臣民，这样，预测竟然取消了人类的主体性。即便各种预测手段具有足够的科学依据，我们有必要追问，包括警务预测在内的人类活动及行为预测到底有没有必要？显然，我们应该始终坚持，只有人，才是社会的主体，基于大数据的警务预测应该服务于人类，而不能让人类反过来屈从于前者。

第四节　大数据在警务决策中的应用

在公安机关日常管理活动中，各级领导面对瞬息万变、尖锐复杂的社会治安形势，需要及时、准确做出各种各样的决策。任何决策都涉及对未来行动的抉择。由于事物发展的可变性、随机性，因而这些决策都存在一定程度的风险。它们有的影响实际工作的顺利开展，有的关系到指挥与行动的成败，有的事关人们的生命财产安全。这就对警务决策提出了很高的要求。例如，要求决策者具备较高的综合素质，特别是丰富的经验；在决策时需要获取大量情报资料，在掌握事实的基础上做出决策；在大数据环境下，还需要将大数据资源、技术和方法运用于警务决策，以提高决策的科学性。经验、情报、数据，构成了警务决策的基本要素，将它们汇集、整合，最终作用于决策者，可以达到智慧决策的最高层次。以下通过对现有警务决策模式的分析，梳理出警务决策的核心要素，然后构建以"数据－情报－经验－智慧"为构架的警务决策体系。多要素融合的警务决策体系有助于公安机关顺应当前大数据发展需要，优化警务决策，降低决策风险，提高决策的科学性。

一、警务决策的三种模式

决策就是对需要解决的问题做出决定。它是公安机关日常管理工作中一项普遍存在而又十分重要的活动。从制定公安工作的战略部署，到具体警务行动如何选定方案，都属于决策。决策贯穿于警务活动的全过程，如行动方案的选择，计划的制定，行动的组织、实施与控制等。从警务决策的历时演变看，存在经验型决策、情报支持型决策、数据驱动型决策三种模式。

（一）经验型决策

决策者是决策的主体。任何决策行为，包括决策问题的发现、决策目标的确立、决策方案的撰写等，都是在决策者的主导下进行的。因此，决策者的个体情况和自身素养在决策中发挥关键性作用。所谓经验型决策，是指凭借决策者的阅历、知识、能力等，以及在长期工作中所积累的经验和解决问题的惯性思维方式所进行的决策。

经验型决策是一种基于不完整信息的决策形式。在决策时，关于决策选项及其概率等是未知的、待确定的和因人而变的，决策者需要通过对过去行为经验的学习来实施当前决策。① 经验型决策不等同于主观任意决策。因为经验是以特定社会生活体验为基础，以客观实践活动中积累的知识为基础，并经过无数次的验证后逐渐形成的一种确定性认识。② 经验型决策有时表现为直觉决策。直觉决策就是不受逻辑思维规则的约束，不按固定的决策程序，基于对事物的整体把握及其本质的直接洞察而做出的决策。直觉是在社会实践中通过经验和知识的不断积累而获得的。直觉决策也要依赖经验，以经验为基础。③ 因此，它实际也属于经验型决策。

经验型决策是一种传统的、常见的警务决策模式。它通常适用于一些非结构化问题的决策，即决策方法没有固定规律可循，也没有通用模型可依的问题。由于公安工作的特殊性，经验型决策一直占据十分重要的位置。在公安执法活动中，有时情况危急，时间紧迫，难以全面获取情报资料。例如，在一些突发性事件的现场指挥中，往往需要当即做出决策。这时，经验型决策简便、灵活、高效、及时，可以发挥其独特的作用。

然而，经验型决策也存在明显的局限性，它只能适用于某些特殊情况下

---

① 黄志华，闫巩固，王天乐. 经验决策：概念、研究和展望［J］. 心理科学进展，2011（12）：1814 – 1821.

② 杨郁娟. 论侦查经验决策与侦查科学决策［J］. 山东警察学院学报，2010（2）：74 – 78.

③ 彭浩. 试析公安执法中的直觉决策［J］. 四川警官高等专科学校学报，2002（3）：56 – 58.

的决策。决策者的经验并不能保证决策的质量。人类的经验通常体现为适应环境而抽象出来的一系列规则，这些规则经过简单化处理，与具体的决策情境脱节，容易出现决策失误。而且，决策者的经验有时并不可靠。通常认为，人们对事物的判断会随着经验的不断积累而更加准确。实则不然。这些经验是零星汇总起来的，并未进行系统的梳理、归纳，通常选择性地遗忘或过滤掉了那些错误的决策。这些经验会助长决策者的信心，反而让他们出现过度自信的情况。① 在出现判断错误的情况下，决策者并无自知之明，不能及时调整决策行为。

丹尼尔·卡尼曼在《思考，快与慢》提出，大脑存在"系统1"和"系统2"两套不同的系统，从而形成快与慢两种决策机制。"系统1"的运行是无意识且快速的，表现为感性、即时、直觉、经验反应。"系统2"将注意力转移到需要费脑力的大脑活动上来，表现为理性、延时、思考和概率。"系统1"自主运行，会对眼前的情况第一时间快速做出反应，它在思考过程中占据绝大比例。然而，它很容易为主观意识、个人偏见等左右，产生错误认知。② 经验型决策显然是"系统1"运行的结果。它依赖于决策者，容易受到一些主观因素的影响，导致决策出现认知偏差。例如，锚定效应，即事先获得的与决策无关的数值或情况，会影响后来的判断；光环/喇叭效应，即如果先前存在好恶判断，就会倾向于以支持他们结论的方式解释更多的后续信息，而不管后续信息是什么；从众效应，即群体的观念或行为，会影响个体的判断；新兴偏好，即一旦倾向于某个方案或见解，就会改变对后续信息的偏好，继续支持他们先前的决定等。③ 由于经验型决策无法确保决策的科学性、准确性，因而它不是警务决策的优先选项和必然选项。

（二）情报支持型决策

20 世纪 40 年代，以赫伯特·西蒙（Herbert Simon）为代表的管理决策

---

① ［美］道格拉斯·W. 哈伯德. 数据化决策［M］. 邓洪涛，译. 广州：世界图书出版公司，2013：241.

② ［美］丹尼尔·卡尼曼. 思考，快与慢［M］. 胡晓姣，李爱民，何梦莹，译. 北京：中信出版社，2012：5.

③ ［美］道格拉斯·W. 哈伯德. 数据化决策［M］. 邓洪涛，译. 广州：世界图书出版公司，2013：235－239.

学派提出，决策者是"有限理性"的"管理人"，不可能预见一切结果，只能寻求从各种方案中选择一个"令人满意的"行动方案。① 这一决策理论推动经验决策向科学决策的转型。西蒙决策理论包含有丰富的情报支持决策的思想和观点：尽可能获取所需要的情报，这是选择恰当决策行为的依据；在有限理性的决策中，充足的情报及充分的信息沟通是决策优化的前提和保障；在"情报活动—设计方案—选择方案—审查方案"的决策程序中，情报活动既是决策程序中一个独立的、首要的环节，同时也贯穿于整个决策过程。②

　　警务决策区别于其他决策的一个重要特性，就是它对情报更为重视，且有着更高的要求。它不但需要丰富而充足的情报资料，确保在决策时摸清底数；而且有时还需要深层次、内幕性情报，以便在"知彼知己"的前提下做出决策。情报信息是警务决策的基础与支撑，加强服务于决策的情报工作，是实现警务决策科学化的重要手段。③ 在理论研究中，情报主导警务理论中的"3I"模型，科学地阐释了情报支持、服务警务决策的基本原理：首先，情报机构通过犯罪情报分析准确"解读"（Interpret）社会治安局势，形成情报产品；然后，将情报产品提供给决策者，"影响"（Influence）其思维；最后，决策者通过有效地配置资源来"驾驭"（Impact）治安局势，减少犯罪活动。④ 情报在警务决策中发挥关键性作用，既准确识别决策问题，作用于决策者的思维，也直接推动决策方案的形成。

　　我国公安机关早在 2004 年就明确提出，要突出情报信息在警务决策中的重要作用，建立情报信息快速进入决策程序、成为决策依据的工作机制。当前，公安机关大力推进决策情报支持体系建设，形成了独具特色的"情报支

---

① 乔牧川. 对西蒙决策理论的解读和述评 [J]. 中国机构改革与管理，2011（6）：24－28.

② 颜茵. 西蒙的决策情报信息论及实践启示 [J]. 情报杂志，2014（10）：66－71；胥伟岚，夏南强. 赫伯特·西蒙的情报学研究 [J]. 情报科学，2016（11）：18－21.

③ 彭知辉. 公安情报应用专题研究 [M]. 北京：中国人民公安大学出版社，2013：75－82.

④ ［英］杰瑞·莱特克里菲. 情报主导警务 [M]. 崔嵩，译. 北京：中国人民公安大学出版社，2010：96－98.

持型"决策模式。将原来独立设置的公安情报中心与指挥中心或办公室等部门整合，推动情报、决策、行动一体化机制建设。随着情报主导警务战略的全面实施，公安信息化水平的提高以及现代信息技术的发展与成熟，情报支持型决策在公安工作中得到了比较全面的推广与应用。例如，在打击违法犯罪活动中，情报工作依托行动，始终跟进行动，这样，根据情报形成的决策就可以有效指导行动；在行动过程中产生新的情报，行动结果反馈情报效果，及时验证决策的有效性，并推动新的决策的产生。如此循环往复，从而实现高效、精准地打击犯罪。①

情报支持型决策属于科学决策。科学决策具有程序性、择优性、互动性等特征。它必须遵循标准化决策程序，一步步开展决策活动；要求在若干个备选方案中进行优化选择；参与决策的主体相互配合，构成决策运行的动态系统。然而，情报支持型决策如果严格执行科学决策的要求、方法，在实际工作中就不具备普遍的适用性。因为这一决策模式时间周期长，决策成本高，在公安基层一些战术性决策中往往并不适用。在公安工作中，信息不对称是一种普遍现象，难以获取全面而充足的情报，这也制约了情报支持型决策的实施。而且，情报机构与决策层存在微妙的关系：它服务于决策层，却又必须保持独立性。然而在实际工作中，情报机构容易受掣于决策层，在权力重压之下被异化：一是"为断而谋"，就是情报机构主动贴靠决策层，无条件地服从决策层的需要和利益；二是"因断而谋"，就是情报机构根据决策层的意图来提供情报。如果情报工作丧失独立、客观立场，就难以在决策中正常发挥作用。② 由于情报支持型决策的这一缺陷，在警务决策中，有必要转向具有中立、客观特性的数据驱动型决策。

（三）数据驱动型决策

决策需要面对风险，风险主要来自事物的不确定性，即多种可能性同时存在。决策时，必须将不确定性和风险性纳入考虑的对象。信息论创始人香

---

① 石拓．"情报–行动"一体化探析［J］．北京警察学院学报，2015（6）：79–84.

② 彭知辉．情报机构影响决策的过程分析——以美国中央情报局为例［J］．公安研究，2014（9）：71–76.

农（Shannon）认为："信息是用来消除随机不确定性的东西。"① 当前，数据具有和信息同样的特性，它也能够减少不确定性。在大数据环境下，各式各样的、无所不在的数据资源缓解了决策中"有限理性"的困境。因为获得了大量数据资料，就能掌握更多的事实，提出比较满意的决策方案。将数据作为决策的驱动力，成为世界各国政府实现管理现代化的重要选择。② 建立"用数据决策"的管理机制，实现基于数据的科学决策，也是推动我国政府治理能力建设的一个重要方面。③ 公安机关拥有丰富的数据资源，在大数据发展的推动下，形成了"数据驱动型决策"模式，即以客观的数据为基础，通过分析数据所得到的信息和知识作为依据来做出决策。④

　　数据驱动型决策建立在海量数据资源的基础上。数据为量化分析提供支撑，量化分析为科学决策提供保障。长期以来，实践部门和理论界一直在探索运用数学、统计学及技术工具对决策进行量化分析。因为如果能对决策的不确定性进行量化，为各种可能结果赋予相应的概率，那么，就能实现对风险的量化，即分析每种可能性的发生概率和损失量。这样，量化并区分各种不确定性，就可以做出合理的选择，降低不确定性带来的风险，从而实现科学决策。一些学者提出，"凡事皆可量化"，看似不可量化的"无形之物（Intangibles）"，都能找到相对简单的量化方法。量化方法具有普遍适用性，同样可以应用于决策。⑤ 在量化决策中，通常采用数据分析工具，利用决策模型来开展决策。决策模型用逻辑和数学来表述决策问题，描述数据、不可控变量、决策变量和决策者感兴趣的输出之间的关系特征，在决策者可能采取的行动和他们所期望的结果之间建立联系，从而使决策者可以在模型假设

① SHANNON C E. A mathematical theory of communication [J]. The Bell System Technical Journal, 1948, 27 (4): 379–423, 623–656.

② ESTY D C. Good governance at the supranational scale: globalizing administrative law [J]. Yale Law Journal, 2006, 115 (7): 1490–1562.

③ 国务院关于印发促进大数据发展行动纲要的通知: 国发〔2015〕50 号 [R/OL]. 中华人民共和国中央人民政府, 2015–09–05.

④ 黄晨. 基于"数据驱动决策"理论的公安决策方法研究 [J]. 北京警察学院学报, 2014 (6): 49–55.

⑤ [美] 道格拉斯·W. 哈伯德. 数据化决策 [M]. 邓洪涛, 译. 广州: 世界图书出版公司, 2013: 26.

的基础上预测可能产生的结果，确定最优化决策方案。①

量化是用数量来描述对象，它不一定需要建立在数据的基础上。当然，如果拥有海量而充足的数据，决策的量化就能获得更好的效果。在大数据环境下，不但数据资源越来越丰富，计算也越来越普及，并由物理环境领域推广到人类社会生活领域。社会变得可以计算。许多社会现象和社会问题都可以通过以计算为特点的定量方法，即"社会计算"来分析解决。② 在大数据和"量化一切"的相互推动下，数据驱动型决策在公安工作中有了更加广阔的应用空间。特别是在确定型决策中，可用数学模型表示计算各种变量及其相互关系，从而确定最优方案。

数据驱动型决策是大脑"系统2"运行的结果。如《思考，快与慢》所述，大脑"系统2"的运行需要集中注意力，启动复杂的运算等费脑力的大脑活动，经过深思熟虑后才做出决策。数据驱动型决策可以提升决策主体的理性。在信息缺失或信息量不足的情况下，决策者难以进行完全的理性判断。有限理性影响了决策的科学性，甚至会导致决策失误。大数据缓解甚至消除了信息匮乏问题，可以改善决策者的有限理性。③ 数据驱动型决策对于提高警务决策的科学性、有效性和时效性等，具有积极的意义。

数据驱动型决策建立在量化的基础上。量化并不追求精确。"真正的量化过程不需要无限精确。"因为它只是确定事物发生的概率，不是消除不确定性，而只是减少不确定性。④ "宁要模糊的正确，也不要精确的错误"（I would rather vague right, nor the exact error），⑤ 这在证券、商业、金融、企业等领域，或许是真理。然而，这对于警务决策来说，很多情况下，"模糊的

① ［美］詹姆斯·R. 埃文斯. 数据、模型与决策［M］.4 版. 杜本峰，译. 北京：中国人民大学出版社，2011：4，254.

② 涂子沛. 数据之巅：大数据革命，历史、现实与未来［M］. 北京：中信出版社，2014：275.

③ 张倩. 大数据在突发事件政府决策中的应用［J］. 东北农业大学学报：社会科学版，2013（6）：73－79.

④ ［美］道格拉斯·W. 哈伯德. 数据化决策［M］. 邓洪涛，译. 广州：世界图书出版公司，2013：46.

⑤ 1993 年巴菲特致股东的信：宁要模糊的正确，不要精确的错误（上）［EB/OL］. 雪球，2012－05－05.

正确"会带来巨大的、不可承受的风险。例如，涉及公共安全、人身安全等方面的问题，根据量化得出的概率来确定决策方案，既陷入伦理困境，也是不可取的。在警务决策中，不能放弃对"精确的正确"的追求，这样就不能仅仅依靠数据驱动型决策。

二、一体化警务决策体系的构建

上述决策模式反映了警务决策历时演进的过程，体现出警务决策的科学化水平在不断提升。当然，这几种决策模式并不是优胜劣汰的进化关系，即新模式的产生，并未导致旧模式的消亡。每一种模式都有它存在的合理性，都有它适用的范围。如果将这几种模式中各种要素加以融合，让它们互容、互补，那么，就能构建出更加科学、有效的警务决策体系。下面，试对此做出理论阐释。

（一）警务决策中"数据－情报"的融合

事实、数据、信息、知识和情报等构成信息链，它们具有相同的属性特征，可以依次转化，因而它们也是可以融为一体的。然而，信息链理论认为，数据居于信息链的远端，价值较低，需要经过层层转化，才能成为情报。这样，数据与情报的融合存在一些障碍。其实，这是信息链理论的疏漏、错误之处。数据是对事实直接、客观的反映。它最接近情报的本源——事实，具有重要的情报价值。在以往，数据价值被忽略，是因为复杂、巨量的数据超出了人们有效处理的范围。现在，大数据提供了强大的数据处理、分析工具，无须将数据转化为信息或知识，就能快速、高效地直接从数据中萃取价值。① 这样，就能构建"数据→情报"的链式关系。即数据无须通过其他中介，也可以转化为情报。

由于数据和情报具有相同的属性，情报支持型决策与数据驱动型决策也具有相似性、相通性。它们都是通过获取决策对象及外部环境等方面的数据、情报，来帮助决策者掌握事实、预测未来，从而做出准确判断。当然，

---

① 彭知辉．数据：大数据环境下情报学的研究对象［J］．情报学报，2017（2）：123－131．

两者的决策方式、应用范围等有所不同。情报支持型决策通常以不确定型决策为主，决策情报的获取需要发挥人的主观能动性，将情报应用于决策也是建立在决策者主观判断的基础上。数据驱动型决策属于确定型决策，通常借助现代信息技术工具来开展数据分析及决策活动，具有较强的客观性。两者融合，可以实现优势互补，即定性与定量的结合，主观与客观的结合，人力判断与机器智能的结合。

（二）警务决策中"数据－情报－经验"的融合

通常，经验型决策与情报支持型决策、数据驱动型决策存在对立的现象。人们将后边两种方式称之为科学决策，这样经验型决策就受到"非科学性"的质疑。这种价值判断存在偏失。警务决策作为一项主体性活动，实际上无法摆脱也不能脱离经验的作用。无论是情报支持型决策还是数据驱动型决策，经验仍然贯穿整个决策过程，如发现决策问题、确立决策目标、确定决策方案等，决策者的经验无不发挥主导性作用。当然，"经验"遭到质疑，原因在于它带有明显的主观性，而这种主观性不具有自我证明的功能，这样，根据经验所做出的决策显得科学性不足，难免让人心存疑虑。

如果经验型决策能融合情报支持型决策、数据驱动型决策之长，即"经验"有"情报"和"数据"作为支撑，那么，其决策的科学性、有效性必然大大提高。在信息化社会和大数据环境下，它们之间的融合完全具备这方面的条件。例如，在突发性事件的现场处置中，由于时间的紧迫性，通常只能采取经验型决策的方式。然而决策者可以借助后台，或者自己通过智能手机等移动终端，即时查询相关信息系统、情报平台，获取数据资料和情报线索，了解事件现场的物理环境及空间状况，初步判断事件的起因、背景，掌握事件参与人员的基本状况等。这样，经验有情报、数据方面的事实为依据，决策也就有了保障。不但如此，在警务决策中，情报支持型决策和数据驱动型决策也需要得到决策者"经验"的支持，以减少情报失察、分析失误，避免情报工作、数据分析与决策活动脱节。这样，数据、情报和经验通过融合，弥补各自决策模式的不足：情报支持型决策和数据驱动型决策需要以"经验"为导引，在决策者的主导下开展决策活动；经验型决策则通过融入"情报"和"数据"，有效地提高了决策的科学性（见图4－8）。

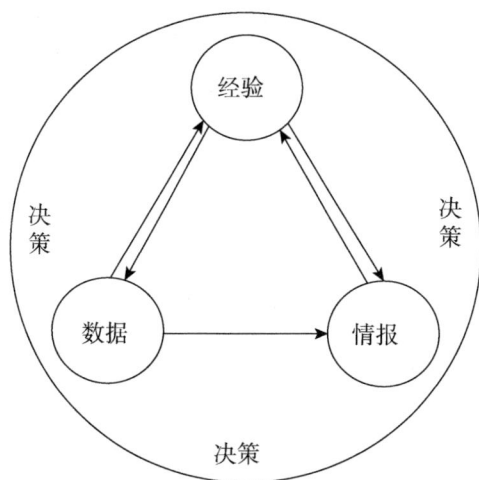

图4-8 警务决策中"数据—情报—经验"的融合

(三) 警务决策中"数据-情报-经验"融汇于"智慧"

如图4-8所示，经验型决策、情报支持型决策和数据驱动型决策三者的融合互补，解决了警务决策三种模式之间割裂、对立的问题，提高了警务决策的质量。然而，这三种模式仍保持相对独立性，在具体决策活动中，选取何种决策模式并没有可供遵循的规则，存在随意性，这样影响警务决策的科学性。笔者认为，警务决策中"数据-情报-经验"的融合还可以更推进一步，即推动它们之间整合、融汇于"智慧"层面。

智慧是人类一种普遍的、高级形态的认知方式。《辞海》将"智慧"解释为：对事物能认识、辨析、判断处理和发明创造的能力。① 在英语词典中将"智慧"（Wisdom）定义为：以知识、经验、理解和洞察力等为基础，正确判断并采取最佳行动的能力。② 智慧是一个内涵非常丰富、指涉面甚广的词语，通常是指人们运用知识、经验、能力、技巧等，对于当下和未来存在

---

① 辞海编辑委员会．辞海（缩印本）：1989年版［Z］．上海：上海辞书出版社，1990：1578.

② "Wisdom - Define Wisdom at Dictionary.com" ［EB/OL］．http：//www.dictionary.com/browse/wisdom

着的、事物发展的多种可能性进行明智、果断地判断与选择。① 数据和情报有助于人们了解、掌握情况，实现由"智"达"慧"，因而它们是获得智慧的前提和基础。智慧与决策也有着密切的联系：智慧体现在决策中；决策需要智慧，通过它提高决策能力。从智慧的形成机制分析，它与数据、情报、经验等存在链式转化关系。有学者提出了智慧开发链："事实（Fact）→符号（Sign）→数据（Data）→信息（Information）→知识（Knowledge）→智慧（Wisdom）。"② 信息、知识可以置换为情报、经验，它们都是智慧的构成要素。因此，在警务决策中，将"数据－情报－经验"融汇于"智慧"，在理论上是站得住脚的。

在警务决策各模式中，数据、情报、经验之间构建了闭环式转化与支持系统，但它们缺乏统一的核心。现在，将"智慧"作为核心，就可以实现三种决策模式的整合、统一，以及决策的智慧化（见图4－9）。数据、情报和经验都可以与"智慧"融合。任何决策必须有一个主体，这一主体就是决策者，"经验"要素突出决策者的主体地位和主导作用；"智慧"同样具有鲜明的主体性，它集中表现为人的主观能动性：这样，在警务决策中，人的独立个性、主体经验、思维力、判断力和创造力等得到集中体现。"情报"要素承担决策中"知"（知彼知己）的功能，而"智慧"正需要建立在"知"的基础上。决策者不完全是依赖个人体验、经验等，而是在充分掌握事实的前提下做出决策，这就降低了决策的风险。"数据"要素使得海量数据资源进入决策，决策者不但可以掌握"已知"，还能通过数据分析预测"未知"。依赖大数据资源、技术，警务决策就具有全面感知、客观透明、实时连续等智慧化特征。③"智慧"的融入也可以为数据驱动型决策纠偏，避免一味迷信技术、崇拜大数据，导致警务决策发生价值偏离。总之，将警务决策各要素融汇于"智慧"，有助于回归"以人为本"的价值理念，实现技术之"智"

---

① 靖国平. 论智慧的涵义及其特征［J］. 湖南师范大学教育科学学报，2004（2）：14－18.

② DEBONS A., HORNE E., CRONEWETH S. Information science：an integrated view ［M］. Boston：G. K. Hall，1988：5－9.

③ 胡税根，单立栋，徐靖芮. 基于大数据的智慧公共决策特征研究［J］. 浙江大学学报：人文社会科学版，2015（3）：5－15.

与人文之"慧"的结合,① 达到智慧决策这一高级形态。

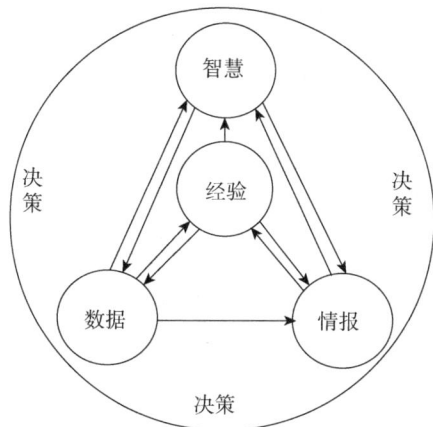

图 4 - 9　警务决策中"数据—情报—经验"
与"智慧"的融合

（四）"数据—情报—经验—智慧" 与警务决策的协同互动

将"数据""情报""经验"融合,并汇集于"智慧",由此所构建的警务决策体系似乎尽善尽美了。然而,仍存在一个缺陷,即这些要素与决策是单向的关系,它们作用于决策,决策却无法反作用于它们。两者之间这种独立、割裂,不利于保障警务决策的质量。数据、情报、经验等要素,既要在警务决策过程中发挥作用,还需要获得决策活动方面的反馈信息以便进一步完善或调整决策方案。如果决策各要素与决策活动之间没有建立互动关系,警务决策就会缺乏灵活性、应变性。因此,灵活、高效的警务决策体系应该确保各个方面的协同互动。以上集中阐述了各决策要素之间的交互关系,下面将进一步分析这些要素与决策本身的协同互动。

做好数据和情报搜集、分析工作,是警务决策的一项前期性、基础性工作。但由于警务决策的特殊性,如决策问题的复杂性、决策环境的多变性、决策主客体之间的博弈性等,决策不可能一锤定音、拍板定案,有时需要反复调

---

① 李纲,李阳.关于智慧城市与城市应急决策情报体系 [J].图书情报工作,2015 （4）：76 - 82.

整，其至重新决策。因此，数据和情报应该融合到警务决策的全过程。例如，在打击恐怖活动中，应该将反恐情报（包括数据）融入决策（包括行动）中：情报部门应该熟悉、了解打击恐怖活动的决策程序，其至参与决策；决策部门应该与情报部门建立畅通的信息沟通渠道，让情报部门了解其情报需求、决策动向。在反恐行动中，情报部门应该参与到反恐行动过程中，检索、查询相关数据资源，提出预案、方案，为反恐现场指挥、行动提供情报；参加反恐行动的民警利用智能终端，采集、传递现场数据资料，及时反馈信息，使情报部门能全面掌握反恐现场的原始数据，迅速做出情报分析。这样，才能做到反恐情报精准快捷，决策判断细致全面，行动打击果断有效。①

同样，"经验"是基于事物发展的规律而总结、提炼出来的行为模式，需要在决策过程不断得到验证。融合决策各要素之长的"智慧"，也需要密切跟踪决策进程，随时调整、变化，这样才能达到智慧决策的至高境界。数据、情报、经验、智慧融合互补，同时与警务决策协同互动，就形成了循环往复的一体化警务决策体系（见图 4 - 10）。

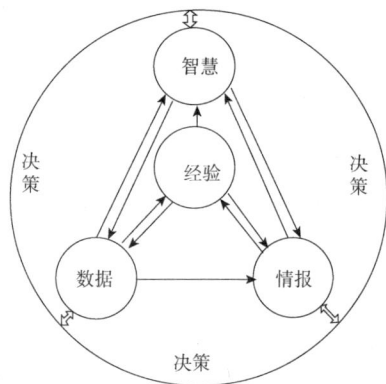

图 4 - 10　一体化警务决策体系

---

① 陈明，凌云翔，江成俊，等. 反恐情报与决策、行动一体化联动的内在机理及其优化［J］. 情报杂志，2017（3）：1 - 5.

三、一体化警务决策体系的实施

以上，通过理论阐释，以逻辑推演的方式，构建了"数据 – 情报 – 经验 – 智慧"为核心的一体化警务决策体系。下面，以群体性事件处置为例，来阐述这一决策体系的具体实施、应用。

群体性事件是指因人民内部矛盾而引发，群众认为自身权益受到侵害，采取集体上访、聚众闹事、集会、围堵、请愿等群体行为，并对政府管理和社会有序运转可能或已经造成影响的事件。① 它具有群众性、突发性、反复性、对抗性等特征。群体性事件处置过程中的决策具有高度的紧急性、不确定性和风险性。充分发挥数据、情报、经验、智慧等要素的作用，构建灵活性强、多维互动的决策体系，可以提高决策的科学性、有效性，从而确保妥善处置群体性事件。

及时、全面而准确的情报，是公安机关在群体性事件处置中实施科学决策的依据和保障。在事件发生时，需要通过深入细致的情报工作，了解群体性事件的基本情况，如事件发生的时间、地点、起因、问题性质、造成的后果，参加人员的规模、人员构成、心理状态，分析、判断事件未来的变化状况和发展趋势等。② 这样，公安机关就能对群体性事件正确定性、果断处置、控制局面，做出有效的指挥决策。

公安机关通常采用群众走访、现场调查，或通过社会信息员、秘密力量等获取群体性事件方面的情报。这种方式效率低下，存在滞后性，不利于指挥决策。大数据环境下，可以将情报工作的范围拓展到数据层面。例如，利用智能手机的时空定位数据、基站数据等，可以掌握群体性事件参与人员的情况，如人员数量、聚集方式、活动范围和线路、持续时间等；通过对互联网、移动终端等舆情数据的分析与监测，可以掌握可能引发社会矛盾的一些不稳定因素的苗头，了解已发生群体性事件的舆情动态、动向；通过对人们

---

① 中国行政管理学会课题组. 我国转型期群体性突发事件主要特点、原因及政府对策研究 [J]. 中国行政管理, 2002 (5): 6 – 9.
② 彭知辉. 论群体性事件情报信息的作用与局限性 [J]. 情报杂志, 2008 (4): 64 – 66.

在互联网、移动通信网络等留下的数据痕迹的分析，可以了解群体性事件参与者的心理、情绪，梳理出其中的重要人员、骨干分子；大数据具有强大的运算功能和分析匹配功能，可以构建动态模型，模拟、仿真事件现场等。显然，利用大数据可以生成更加丰富的情报产品，为群体性事件处置中的警务决策提供强有力的支持。

在群体性事件处置中，公安机关领导丰富的经验，是指挥有度、科学决策的重要保障。这些经验体现在对群体性事件直切本质的深入解读，对事件性质高度灵敏的直觉判断，对处置时机的准确把握，对处置措施的灵活运用等。当然，决策者还可借助外部专家学者、智囊机构等"外脑"来充实自身"经验"。外部专家学者包括学者、律师、记者、行业领域专家等。他们具备良好的专业技能与素养，且与事件无直接利益关系，故而能专业地、理性客观地看待群体性事件。① 他们可以提供群体性事件处置的建议策略，还可以参与决策。智囊机构是一个比较宽泛的概念，公安机关内部如办公室、调研处室、统计部门、情报中心等，公安机关外部如科研机构、智库、社会咨询公司等，都具有服务于领导决策的智囊机构的职能，在群体性事件处置中可以丰富决策者的"经验"。决策者"经验"还可以获得情报、数据方面的支持。例如，将有关群体性事件的事实数据、理论知识、专家经验等，形成有组织的知识集合，即知识库，可为群体性事件的识别、预警和处置提供支持，② 避免决策者"经验"可能存在的主观性、片面性偏差。

群体性事件处置中的智慧决策，是情报、数据和经验等要素的汇集融合。通过覆盖整个社会面的情报工作网络，可以全面、深入掌握群体性事件的基本状况，避免决策时认知的偏差，以及经验与具体情境的脱节。由于群体性事件属于反复发生的事件，可以采用程序化决策的方法，将大数据技术手段融入其中，针对事件的不确定性、决策的风险性，进行量化分析。这样，以经验为导引，以情报为支撑，以大数据技术为手段，在处置群体性事

---

① 杨立华，李晨，陈一帆．外部专家学者在群体性事件解决中的作用与机制研究[J]．中国行政管理，2016（2）：121–130．

② 黄炜，余亚婷，王思婷．网络群体性事件的主题特征知识库研究[J]．湖北工业大学学报，2013（3）：9–13．

件时，就能实施科学而有效的决策。

由于群体性事件存在反复性、多变性，公安机关在指挥、决策与处置行动中，不能拘泥于某一套固定的方案，而应该不断适应具体要求及情境的变化，随时做出调整。这时，决策体系内部的协同互动显得非常重要：数据和情报的搜集、分析应该贯穿于群体性事件事前、事中、事后的各个阶段，源源不断地为指挥决策提供支持；决策者要善于审时度势，"时"和"势"方面以数据、情报为依据，"审"与"度"则充分发挥决策者经验和智慧的作用；决策层与群体性事件处置的其他参与者保持沟通、互动，随时反馈信息，并建立顺畅的信息沟通机制。这样，在群体性事件处置中，就能建立开放、灵活、高效的决策体系。

第五节　大数据在公安维稳中的应用

社会稳定是一个动态平衡的系统，因为不稳定才是社会的常态。社会并不具有自组织功能，故而需要采取人为干预、控制的方式来实现社会稳定。维护社会稳定（简称为"维稳"）被认为是当前事关我国社会发展的头等大事。维稳是公安机关的首要任务和重要职责。但公安机关维稳所承担的是有限职责，从事维稳活动应该是有边界的，故而需要明确公安机关维稳的职责。公安维稳的职责体现在社会稳定问题的发现、控制与处置三个方面，目前在公安维稳特别是发现社会不稳定因素方面已形成人力、情报和技术三种路径。在大数据环境下，公安机关在维稳领域、方式、功能等方面将得到进一步优化与发展。同时，应该理性认识大数据的不足与缺陷，综合多种维稳手段的运用，充分发挥大数据在维稳中的积极功效，促成维稳转向治本之道。

一、公安机关维稳的职责

社会稳定是对特定社会的一种整体描述，如社会生活安定和谐，社会结构稳定有序，社会各要素协同作用，整个社会保持良性运行和协调发展的状态等。① 在我国，社会稳定是一个内涵比较复杂的综合性概念。它体现在政治、经济、文化各领域和社会生活的各个方面，具体表现为经济稳定、政治稳定、思想稳定、社会秩序稳定、国际环境稳定等。②

社会稳定是一种理想化状态，实际上社会发展常常处在稳定与不稳定动态变化并不断调整的过程中。社会稳定与社会不稳定是社会发展相互依存的两个方面。当前我国正处在社会转型和体制转轨的特殊时期，产生了"类发展困境"的现象，即社会总体发展起来了，但在不少方面，"发展的实际结果与发展的预定目标正好相反"③。我国所面临的社会稳定问题显得复杂而严峻。维稳成为各级党委政府的"第一责任"和"硬任务"。由于社会稳定涉及面很广，维稳也是一个非常宽泛的概念，包括社会治安管理、社会矛盾化解、突发事件处置、外来人口管理、信访总量控制和网络舆情引导等一系列工作。④

《中共中央关于进一步加强和改进公安工作的意见》（中发〔2004〕13号）指出，全力做好维护社会稳定工作是公安机关的首要任务。公安机关作为维护社会稳定的专门力量，维稳是其必然职责。然而，由于维稳工作的全局性与公安工作的专门性、维稳手段的复杂性与公安职能的单一性、维稳机构的多元性与警察介入的深度性等方面，存在如何协调与结合的问题，⑤ 因此必须明确公安机关在维稳工作中的职责定位。当前出现了"公安以维稳为主，维稳以公安为主"的现象，维稳似乎成为公安机关的主业。⑥ 这是对公安机关维稳职责的泛化。公安机关处于社会管理的下游部门，通常不是引发

---

① 冉昌光．论宗教与社会稳定［J］．西南民族大学学报：哲学社会科学版，1997（6）：113－118.

② 田全华．人民内部利益矛盾及其对社会稳定的影响［J］．中国人民公安大学学报：社会科学版，2003（5）：5－13.

③ 郑杭生．警惕"类发展困境"——社会学视野下我国社会稳定面临的新形势［J］．中国特色社会主义研究，2002（3）：11－13.

④ 容志，陈奇星．"稳定政治"：中国维稳困境的政治学思考［J］．政治学研究，2011（5）：87－96.

⑤ 黄政钢．试论公安维稳工作面临的挑战与对策［J］．江西公安专科学校学报，2005（5）：27－30.

⑥ 沈秋伟．论"维稳公安"时代及其应对策略［J］．公安学刊：浙江警察学院学报，2009（5）：62－66.

社会稳定问题的根源，它能维护社会稳定却不能解决社会稳定问题。公安机关职能的有限性和职权的法定性，决定它不能充当维稳的"主角"；它只是维稳工作中的一种专门力量，是维稳的参与者、参谋者、执行者，是"配角"。

维稳不是公安机关的主业，公安机关从事维稳活动应该是有边界的，即基于维护国家安全和社会治安秩序，在法律法规规定的职权范围内维护社会稳定。① 具体而言，公安机关维稳的职责体现在预防、控制和处置这三个方面：及时发现社会不稳定因素，即社会各个层面可能引发不稳定的苗头、隐患或现象等，预防可能发生的社会不稳定事件；在出现社会不稳定事件时，实施有效的控制；妥善处置已经发生的社会不稳定事件，避免事态恶化而严重破坏社会治安秩序。② 关于社会不稳定事件的控制与处置，已有大量学术研究成果，公安机关也形成了比较成熟的工作机制。关于如何发现社会不稳定因素，目前还没有引起广泛关注，理论研究也不够充分。故以下将着重围绕这一方面来开展公安维稳研究。

社会不稳定因素是公安机关一个常用的概念，但不是一个严谨的学术术语。本书认为，所谓社会不稳定因素，是指可能引起社会不稳定的一些要素、原因或条件。它尚未形成已然的社会不稳定事实，属于未然的社会不稳定状况。这些因素具有潜在性，是社会不稳定的表征，可能会触发社会不稳定事件的发生。及时发现社会不稳定因素，就可以实施干预措施，预防社会不稳定事件的出现，从而达到维稳的目的。公安机关在及时发现社会不稳定因素方面具有职能优势，因为它拥有一支庞大的社会治安管理力量，而且渗透到社会各个方面，可以及时、准确捕捉各种社会不稳定因素。公安机关应该将发现社会不稳定因素作为公安维稳的主要职责和工作内容。

二、公安维稳的基本路径

当前，公安机关立足于"早发现、早预防、早控制"来开展维稳工作。

---

① 吴远亮，何京红. 关于公安机关维护社会稳定工作的几点思考 [J]. 政法学刊，2005（6）：87 - 89.

② 魏小龙. 对当前公安机关调处社会矛盾工作的思考——以近年社会矛盾问题研究成果为借鉴 [J]. 福建警察学院学报，2011（6）：1 - 8.

具体来说，形成了人力、情报、技术三种维稳路径，它们在公安维稳特别是发现社会不稳定因素方面发挥了重要作用，体现了公安维稳随着社会发展而不断演化的过程。当然，它们也存在一些缺陷与局限，反映出公安维稳有待进一步发展与完善。

（一）公安维稳的人力路径

公安机关在维稳方面具有其他主体所不拥有的人力资源优势。目前全国公安民警已达到200多万人，同时还配备了数量同样庞大的各种辅警力量。公安基层科所队覆盖整个社会，遍及社会各个方面。公安机关坚持维护治安与服务群众并重，110报警服务台已经深入人心，这样实际上也让广大群众参与到了维稳之中。公安派出所是公安系统的基层组织，通过面向基层、服务群众来维护社会治安秩序。特别是推行社区警务，进一步强化了公安机关与基层、社区的联系。公安派出所在维稳特别是发现社会不稳定因素方面发挥着独特的作用。

坚持群众路线，是公安工作的基本原则。公安机关在密切联系群众、服务群众的同时，也依靠群众，建立群防群治工作体系。公安机关在街道、社区、企事业单位开展群众性、互助性群防群治活动，建立治保队伍、治安信息员队伍、保安联防队伍和治安积极分子（志愿者）队伍等。这些群防群治队伍，是发现社会不稳定因素、参与维稳的排头兵。在互联网时代，公安机关利用网站、微博、微信以及app软件工具等，构建警民联系的网络平台。这样，广大群众都可以成为公安机关发现社会不稳定因素的重要支撑。

公安机关采用"专群结合"的方式来维稳，充分发挥了人力资源的优势。特别是在针对重点人群、重点地区、重点领域和重点行业的有效掌控方面，公安维稳的人力路径发挥着重要作用。然而，随着社会流动性的加强，这种依靠"人盯人"来维稳的方式面临挑战。社会由封闭走向开放，人们由"单位人"变为"社会人"，无论是通过民警自身还是借助社会力量，都难以全面、准确、及时发现各种不稳定因素。在互联网时代，人们的活动范围已由现实空间拓展到虚拟空间，这是人力路径的公安维稳难以突破的瓶颈。

（二）公安维稳的情报路径

情报具有预测预警功能。加强社会面情报信息的搜集与分析，及时掌握社情动态，有助于公安机关履行维稳的职责。大多数社会不稳定事件都有一个较长时间的由酝酿、积累、发展到激化的过程。在事件的初始阶段，大多出现一些苗头、先兆。公安机关全面搜集社会不稳定因素方面的苗头性、预警性、动态性情报信息，开展情报分析，可以推测与判断可能会发生的社会不稳定事件。据此采取干预措施，就能防范社会不稳定事件的发生，或降低处理事件的社会成本。①

当前，公安机关推行情报主导警务战略，建立了比较完备的情报体系。在公安信息化发展中积累了大量信息资源，为情报的挖掘、提炼创造了条件。为维稳提供情报支撑是公安情报工作的一项重要内容，重大事件预测预警是公安情报体系的一项重要功能。公安情报在维稳中发挥着关键性的作用。

目前，公安机关主要采用两种手段来获取维稳情报：一是建立广泛的情报网络，特别是通过渗透到某些维稳重点对象、重要领域的情报力量，来获取深层次、内幕性情报。二是采用数据挖掘的方法，从与维稳相关的海量数据资源中自动识别或萃取有价值的情报。例如，建立社会稳定动态数据模型，通过有关维稳的历史数据与现实数据的比对，开展维稳形势分析，预测可能发生的社会不稳定事件；开展涉稳对象各方面数据的关联分析，发现线索，识别不稳定因素。

然而，情报并非万能，维稳情报同样存在局限性。例如，对于一些封闭性强的涉稳对象，情报力量难以渗透，就会出现情报空白；开展维稳情报分析，难免存在主观性，情报的有效性难以核实、验证；获取维稳情报难度大、周期长，有时甚至会滞后于社会不稳定事件的发展，这样情报价值会大打折扣；现有情报技术手段难以有效处理日益庞大的数据资源，获取维稳情报难度加大等。

（三）公安维稳的技术路径

当前，公安机关全面实施"科技强警"战略，科学技术在公安工作中发

---

① 彭知辉. 论情报信息与群体性事件预警 [J]. 广东行政学院学报，2010（1）：67 - 70.

挥着越来越重要的作用。科技的发展为公安维稳提供了有力支撑。采用科学技术方法来解决社会问题、研究社会现象，是当前社会发展的一种趋势。例如，社会物理学构架了社会科学与自然科学（包括技术科学）的桥梁。它采用自然科学常用的定量方法来研究社会问题，揭示、模拟与解释社会活动规律。社会物理学认为，根据行为计算理论，通过搜集海量行为数据，可以构建人类行为复杂的定量预测模型，洞悉社会各种复杂性。[1] 公安维稳的技术路径，就是指将科学技术手段用于分析、解决社会稳定问题。它主要应用在社会稳定预警和互联网舆情监测等方面。

在构建社会稳定预警系统时，根据"社会燃烧理论"，运用计算机技术、网络技术、虚拟现实技术对社会稳定问题进行智能化、定量化和动态化的情景仿真，就可以对某一领域或区域的社会稳定态势实施逐周、逐月、逐季和逐年的监测、预报与预警。[2] 基于这一原理，公安机关同样可以建立公安维稳预警系统。以数据为中心，采用关系型数据库技术和数据关联方式，在基于设定的条件下对各类信息进行科学分层、分类，并且自动进行研判与预警。[3] 当然，这一做法还带有理论预设色彩，它一般仅适用于宏观性维稳问题的预警，而在微观层面难以达成精确的效果。

随着互联网特别是移动互联网的发展，社会稳定问题由现实空间蔓延到网络虚拟空间。互联网是维稳不可忽略的一个领域，网络舆情监测成为维稳的一个重要手段。社会稳定体现在多个方面，其中社会心理稳定集中体现在社情民意等方面。网络舆情是社情民意的有效载体，可以说，它是社会稳定的风向标。互联网信息复杂，体量巨大。需要借助各种信息技术手段，如互联网信息采集技术、智能信息处理技术和全文检索技术等，建立舆情监测系统，才能掌握舆情动向，发现网上不稳定因素。现在，网络舆情监测广泛应用于公安维稳。然而，它擅长于舆情现状和舆情动态的描述，却难以发现潜

①　［美］阿莱克斯·彭特兰. 智慧社会：大数据与社会物理学［M］. 汪小帆，汪容，译. 杭州：浙江人民出版社，2015：7 – 17.

②　牛文元. 社会物理学与中国社会稳定预警系统［J］. 中国科学院院刊，2001（1）：15 – 20.

③　涂敏，万雪勇. 维稳信息综合平台研究［J］. 江西警察学院学报，2013（6）：39 – 41.

在状态的舆情，也难以准确预测舆情走向，这就使它在公安维稳中的作用和价值受到制约和影响。

三、大数据环境下公安维稳新变化

上述公安维稳的不同路径，在逻辑上是一种历时演进的关系。这反映出公安维稳在不断适应社会发展的需要。进入大数据发展阶段，公安维稳必然会发生一些变化。大数据是由大数据思维、资源、技术和方法等构成的综合体，它可以与公安维稳现有路径相融合，完善与优化公安机关的维稳工作。

（一）公安维稳领域的拓展：由现实空间到虚拟空间

虚拟与现实，构成了现代人类的两度生存空间。互联网为人类提供了一个无比广阔的虚拟空间。"生活在虚拟空间"，已成为一种真实的描述。据统计，我国网民规模达 8.89 亿，人均每周上网时长为 26.4 小时。① 互联网应用涉及即时通信、网络视频、搜索引擎、网络购物、网络支付、网络音乐、网络新闻、网络游戏、网络直播、网约出租车、在线教育等众多领域，人类所有的社会活动几乎都延伸到了互联网。互联网虚拟空间犹如现实世界的镜像和延续，同时又与现实空间密切相关。但它并非现实世界的完整模仿或者翻版，有些方面甚至迥异于现实世界。② 虚拟空间信息传播、生产等具有较大的自由度，容易突破国家和政府的控制，挑战现有秩序。虚拟空间自身也常常会引发一些不稳定因素，如网络谣言、网络集群事件等。虚拟空间与现实空间关联，还会放大或加剧现实社会原有的矛盾冲突，给维稳工作带来巨大挑战。因此，虚拟空间是公安维稳不可忽略的一个重要领域。

在以往，公安机关针对互联网虚拟空间的维稳缺乏有效手段。由于互联网信息内容复杂、数量庞大且不断涌现，公安机关缺乏有效的信息处理技术。大数据技术的发展与成熟，破解了这一难题，使公安维稳可以由现实空间延伸到虚拟空间：一方面，是针对互联网虚拟空间自身的维稳。互联网虚拟空间存在诸多不稳定因素，如网络诈骗、黑客攻击、网络恐怖等。公安机

---

① 中国互联网络信息中心. 第47次中国互联网络发展状况统计报告［R/OL］. 中国互联网络信息中心，2021-02-3.

② 南帆. 虚拟的意义：社会与文化［J］. 东南学术，2009（1）：4-11.

关运用大数据技术手段，可以对互联网不稳定因素进行实时监测与预警。另一方面，是针对现实空间与虚拟空间关联互动方面的维稳。现实空间存在的维稳问题，在虚拟空间也会得到映射。这两个空间交互影响，会加大维稳工作的复杂性、多变性。同样，网络谣言、网络舆论和网络集群事件等虚拟空间的行为，与现实空间发生关联，也会在现实社会酿成不稳定事件。现实空间与虚拟空间虽然存在许多差异，但其主体都是"人"。"社会人"与"数字人"存在一一对应的关系。无论是现实空间还是虚拟空间，在大数据环境下，有关"人"的数据已越来越丰富。大数据擅长于对"人"的基本状况、日常行为乃至社会心理的分析。因此，以"人"作为切入点，将大数据方法应用于公安维稳，可对现实空间和虚拟空间存在的维稳问题，特别是这两个空间交互影响方面的状况，做出准确的分析、判断。

（二）公安维稳方式的变化：由发现到预测

公安维稳的上述路径，都注重及时发现社会不稳定因素。早发现便于早处置。相比于在社会不稳定事件出现后仓促应对，事前维稳更加有效。然而，社会不稳定事件被"发现"之时，不稳定事态已经形成，维稳工作仍处于被动之中。比早发现更进一步，则是早预判。准确预测社会不稳定事件，是维稳的最高境界。从理论上来说，社会不稳定事件的预测是可行的。一是当社会不稳定事件处于萌芽状态时，会出现一些苗头、前兆，如果能及时识别、把握这些苗头性信息，就能提前做出判断；二是社会不稳定事件的发生是有规律可循的，从大量已发生的事件中获得规律，就可以去推测未发生的事件。

大数据的兴起，提高了人类的预测能力，为科学预测创造了条件。目前，预测已由整体的、宏观性的社会趋势分析，发展到了局部的、微观性的人类行为预判。在当今数字化洪流中，人类被置身于一个巨大的数字化实验室，人们的日常活动以及思想、情感等，都在这儿留下了完整的数据痕迹，汇成了海量数据集。运用大数据方法分析数据，就可以越来越精准地对人类未来行为方式做出推断与预测。① 因此，引入大数据技术方法，可以提高对社会不稳定事件的预测水平：大数据平台可以处理巨量数据，这样就可以获取范围更加广泛、规模更大的数据，避免维稳数据搜集可能存在的偏差或盲区；大数据分析建立在"全数据"的基础上，对"过去"认知更全面，对"未来"的预测也就更具科学性；大数据能开展相关性分析，可以摆脱带有主观性的因果律的束缚，深入洞察公安机关维稳工作所蕴含的规律特征。

（三）公安维稳功能的改进：由模糊到精准

上述公安维稳路径，都立足于及时发现或准确预测社会不稳定事件。例如，社会稳定预警系统或监测系统可以敏锐地感知社会不稳定方面的现状、变化和趋势；建立多层次、全方位且反应灵敏的情报网络，可以及时获取社会不稳定事件的苗头性信息；全面掌握社会不稳定事件过去和现在的数据，可以对可能出现的社会不稳定事件做出预测。然而，无论是定性判断还是定量分析，依靠这些手段来发现或预测社会不稳定事件，都存在科学性、有效性不足的问题：它们描述社会不稳定事件发生的概率，但不能明确断定社会不稳定事件发生的时间、地点、规模等；可以对社会稳定形势与趋势做出宏观性分析，但难以明确判断社会不稳定事件是否会发生。对社会不稳定事件的发现与预测模糊而不精准，那么在实施干预、预警时就会可操作性不强。

利用大数据资源、技术和手段，可以提高发现与预测社会不稳定事件的准确度。在大数据环境下，无时不有、无处不在的数据资料构建了一个庞大的数字世界，它们精准映射并持续记录着人们的活动过程、行为特征、心理状况、情感倾向、价值取向等，这为公安维稳的评估、分析提供了充足的依据。例如，在分析网络涉稳舆情时，可以全面获取数量巨大、形态多样的舆情数据，采集那些看似不相干或以往无法处理的数据，如微信中的"点赞"、评论以及点击量、转发量等，手机、平板电脑等智能终端的用户数据、时间方位数据、人际交往数据等。利用这些数据，可以深入挖掘网民的社会关系、既往行为事实、兴趣爱好、年龄层次、受教育水平等，进而准确分析他

---

① ［美］埃里克·西格尔. 大数据预测——告诉你谁会点击、购买、死去或撒谎［M］. 周昕，译. 北京：中信出版社，2014：前言.

们的态度倾向，判断他们的行为演变过程。① 这样就能科学预测舆情演化趋势，准确圈定需要重点关注的某些涉稳群体，并且对他们未来的行为做出判断。大数据环境下，不仅仅是数据数量的增加，数据的形态也更为多样化。在公安维稳中，可以对特定对象进行动态跟踪、实时监测，持续地、实时地采集数据，形成数据流。将这些数据与大量历史数据进行比对，就能对社会不稳定事件发展的整体趋势和波动幅度的规律特征有更加深刻的洞察。

四、大数据环境下公安维稳的理性认知

大数据是当前社会关注的热点，然而一味追捧、炒作，导致对大数据过度推崇，出现了"大数据万能""大数据崇拜"等倾向。将大数据应用于公安维稳中，可以提升公安机关维稳的水平，但也会造成新的问题的出现。而且，维护社会稳定是一个综合性的系统工程，大数据不可能解决公安维稳中所涉及的所有问题。应该理性认识大数据的不足与缺陷，扬长避短，避免大数据给公安维稳带来负面影响。

（一）大数据在反映社会稳定状况方面存在偏差，公安维稳应综合运用多种手段

当前，我国社会信息化和数字化发展迅猛，几乎覆盖社会各个角落。然而并不能说，我国已经成为信息化社会或数字化社会。在不同个体、群体、阶层和地域之间，信息化和数字化发展存在非均衡性现象。"数字鸿沟"并未因信息化和数字化发展而消失，甚至在某些局部反而加剧。大数据号称"全数据"，可实际上，并不存在反映事物全部事实的"全数据"，大数据仍是局部数据。将大数据应用于公安维稳，对此应有清醒认识。

例如，我国互联网网民普遍率已经达到 70.3%,② 高于世界平均水平。然而，仍有 38.8% 的人不是网民，而且这一部分人可能集中在某些群体或区域。因此，网民意见与社情民意、网络舆情与社会舆情不能完全等同，两者

---

① 刘泽照，朱正威. 大数据平台下的社会稳定风险评估：研究前瞻与应用挑战［J］. 华东理工大学学报：社会科学版，2015（1）：78－85.

② 中国互联网络信息中心. 第47次中国互联网络发展状况统计报告［R/OL］. 中国互联网络信息中心，2021－02－03.

仍存在较大差异。特别是在网络表达方面，经济条件、文化素养、空闲时间分配、社会动员能力等方面存在差异的公众，在利用互联网的能力方面存在明显的差异，因而网络表达不足以全面客观地反映全体公众的意见。处于优势地位的公众积极参与网络表达，可能会垄断甚至操纵网络舆论；处于劣势地位的公众出现沉默或失声的状况，会被排斥在网络表达之外。① 因此，即便运用大数据方法、采用"全数据"分析模式，对互联网所反映出来的网络民意、舆情走向进行分析，仍会出现偏差。根据这些数据来描述、分析社会稳定状况，提出维稳对策，可能会出现失误。

数据可以反映事实，但由于数字鸿沟的存在，其并不能代表全部事实。它是对事实的映射，但具有间接性，可能会存在片面性、主观性，还会存在偏差。大数据并不能完全真实地反映社会稳定状况。所谓"用数据说话"，有时并不可靠。将大数据应用于公安维稳，不可避免会存在局限性。这时，需要结合运用一些传统工作手段来弥补大数据在应用于维稳方面的缺失。例如，公安民警深入社区走访或开展社会专项调查，获取社会稳定方面的第一手资料；全面排查社会不稳定因素，深入细致做好矛盾纠纷调处工作；广泛发动群众，开展群防群治工作等。

（二）大数据在公安维稳中具有两面性，应充分发挥其积极功效

大数据等现代信息技术手段可以成为公安维稳的"利器"，可以增强维稳的针对性、实效性。然而另一方面，大数据等技术是天下之"公器"，公众也可以反过来利用它们制衡公安机关。大数据发展必然要求政府数据资源向社会开放，包括公安机关在内，政府关于维稳的政策规范、方法手段、措施方案等会遭到公众的"围观"。这样一来会解构政府权威，对依靠行政干预、社会管控、信息封锁或舆情控制等来维护社会稳定的既有模式提出严峻的挑战。大数据等技术还会成为一种重要的社会重构力量，它们赋予公众利用媒介的能力，提高公众的社会动员能力。② 公众可以利用这些技术手段来

① 赵玉林. 互联网维稳机制构建的国际经验与中国选择 [J]. 长白学刊，2015 (5)：53 – 58.

② 于建嵘. 当前压力维稳的困境与出路——再论中国社会的刚性稳定 [J]. 探索与争鸣，2012 (9)：3 – 6.

凝聚民心民意，形成集群优势，既抗拒、消解政府的维稳措施，又强化自身维权力量和优势。大数据是把"双刃剑"，在公安维稳中具有利弊并存的两面性特征。将大数据应用于公安维稳，应避免其负面作用的出现，充分发挥其积极功效。

首先，在公安维稳中应该树立全视角的思维方法。通常，维稳是在政府主导下，针对涉稳对象采取一系列措施、手段的过程。公安维稳往往是站在自身或政府角度来分析问题、开展工作的。这在相对封闭的社会是可行的，然而在开放的大数据环境下则是行不通的。社会稳定问题涉及不同的利益主体，单向的维稳手段难以奏效。公安机关既要了解涉稳对象的情况和现状，也要掌握他们对政府维稳的态度看法以及可能会采取的手段，还要置于社会和舆论大环境中去分析公众的观点、情绪和心理等。充分运用大数据方法手段，公安机关在维稳中可以做到"知彼知己"。只有"知彼知己"，公安维稳才能占据主动。

其次，公安机关应推动维稳模式的转型。在大数据环境下，"权力维稳""高压维稳"① 已经无法达到维稳的目的，反而会使公安机关陷入被动，甚至成为引发社会不稳定的导火索。公安机关应运用大数据方法准确把握公众的社会心理和现实需求，站在维护公众利益的视角，通过沟通、协调，引导公众合理表达利益诉求。

最后，在公安维稳中应用大数据应遵守法律规范。当前，已经存在各种大数据滥用、乱用现象，它们引发矛盾冲突，产生新的社会稳定问题。为此，将大数据应用于公安维稳，应遵循法律程序，合理合法而有所节制。

（三）克服对大数据等技术手段的依赖症，促成社会维稳转向治本之道

目前公安维稳大多在执行技术优先策略，大数据进一步推动了技术的升级。例如，社会稳定预警系统和互联网舆情监测系统本身离不开数据资料，融入大数据技术，可以汇集来源更多广泛、庞杂的数据，开发各种数据模型，不断提升机器学习能力，这样在开展维稳分析时，会具有更加强大的功

---

① 沈跃春. 维护社会稳定需要新思维［N］. 中国青年报，2013 - 09 - 30（02）.

能。大数据发展使得公安维稳更加倚重技术，相信技术的力量。公安机关及政府部门在技术的支撑下，不断提升维稳的强度，由此陷入"越维越不稳"的怪圈。例如，在针对互联网虚拟空间的维稳中，过度依赖网络舆情监测，只关注网上危机应对而忽视它所反映的社会问题的根本解决，这样反而阻碍对网络舆情的真实判断以及相关不稳定因素的最终化解。① 借助技术手段可以准确识别维稳的关键要素，如重点人员、重要场所、敏感节点等。一些地方政府据此实施"精确"维稳，反而激化矛盾冲突，陷入恶性循环的困境。

社会稳定是保障与实现人权的前提和基础，但它本身不具有终极价值。维稳只是手段而不是目的。如果将公安维稳的价值取向限定于社会稳定，就可能会以维护"社会稳定"为名，有意无意地忽视或侵犯公民权利。对大数据等现代技术手段的过度推崇，很容易导致公安维稳偏离"以人为本"的终极价值取向。这样就走向了维稳的另一端，影响与破坏社会稳定。②

"维稳就是维权。"③ 社会稳定问题实质上是有关群众的权益的问题。维稳的宗旨在于理顺方方面面的利益关系，维护群众的正当权益，引导群众通过法治化渠道表达利益诉求。这才是社会维稳的治本之道。当然，限于公安机关的职能、职责，公安维稳无法直接达到"维权"的目的。但是，公安机关可以利用自身工作手段的优势，及时、准确发现或判断维稳中存在的维权问题，促成维稳转向治本之道。大数据等现代技术手段不但有助于维稳，也有助于"维权"。公安机关在维稳工作中应转变观念，运用大数据手段汇集民情民意，准确传达群众的利益诉求，在政府维稳与群众维权之间充分发挥信息沟通、反馈等方面的作用。

---

① 彭知辉. 政府视域网络舆情研究现状及反思 [J]. 情报杂志, 2014 (9): 93 - 99.
② 吴远亮, 何京红. 关于公安机关维护社会稳定工作的几点思考 [J]. 政法学刊, 2005 (6): 87 - 89.
③ 于建嵘. 维权就是维稳 [J]. 人民论坛, 2012 (1): 23.

第五章

大数据与公安情报学的结合

当前，大数据不再只是一个时髦的、抽象的术语，它切切实实地来到了我们身边，与人们日常生活息息相关。在金融、商务、医疗、教育、政务管理、市场营销、警务执法、公共服务等领域，大数据得到了日益广泛的应用。大数据对学术研究也产生了明显的影响。举凡自然科学、社会科学、人文学各个学科领域，几乎都在关注大数据，尝试结合大数据开展研究。通过中国知网检索，题名中包含"大数据"的学术论文达85000多篇（截至2019年底），且年年递增。目前，大数据显示出强大的渗透力和影响力，在各个领域发挥越来越突出的作用。可以说，各个学科都已置于大数据环境之下，或者说，都是在大数据环境下开展学术研究。

公安情报学是近年新出现的一门交叉性、综合性学科，具有博采众长的包容性，与时推进的动态性。大数据兴起之后，公安情报学迅速跟进，开始结合大数据开展研究。在大数据环境下，公安情报学将进入一个新的发展阶段。而且，在今后相当长一段时间，大数据将是公安情报学一个持续关注的热点。

当前，基于大数据的公安情报学研究历经数年，产生了一批研究成果。较之当初对大数据的感奋、鼓吹与崇拜，现在人们在研究中可以以理性的态度，相对从容、冷静地审视大数据，评估大数据，或者批判大数据。例如，公安情报学对大数据的响应是跟风、凑热闹，还是学科自身发展的需要？公安情报学与大数据的结合点在哪儿，两者如何结合？大数据对公安情报学的影响如何评估，利在何处，弊在何处？如果大数据热潮已过，公安情报学是舍弃大数据去追逐新的热点，还是让大数据融入其中成为学科发展的基础……诸如此类的问题，当然可以不断追问。虽然不一定能找到清晰的答案，但在公安情报学发展中，可以让我们多一份清醒，多一些理性，可以减少混乱与迷失，避免误入歧途。

笔者自 2014 年以来，围绕国家社会科学基金项目"大数据环境下公安情报学理论体系研究"，进行了比较深入、系统的研究。在近五年的研究中，对于大数据与公安情报学的关系，大数据对公安情报学的影响，在认识上经历了一个不断修正、逐步深化的过程。开展这一领域的研究，其关键之处就是要对大数据施加于公安情报学的影响要做出科学的评估，对大数据与公安情报学的关系要有准确的定位。

当前大数据已经"进入"公安情报学，今后大数据还将进一步"融入"公安情报学。无论是"进入"还是"融入"，大数据都需要准确定位，以便在公安情报学中找到立身之地；公安情报学也需要做出相应的调整与变革，以便接纳大数据，适应大数据发展的需要。上述诸问题中，首先必须解决的问题是，大数据与公安情报学是什么样的关系，大数据如何与公安情报学结合。这是大数据环境下公安情报学研究的前提和依据。基于此，笔者结合"大数据环境下公安情报学理论体系研究"这一专题研究的一些体会，进一步阐述大数据与公安情报学的关系，以及两者应该如何结合，以此作为本课题研究的结语或结论。

第一节　大数据"进入"公安情报学

近年来，我国各地公安机关积极探索大数据在公安工作的应用。例如，2013 年 11 月，山东省公安厅正式开通"山东警务千度"，利用警务云开发平台和海量数据，提升打防管控能力。① 2014 年 3 月，上海市公安局刑侦总队

---

① 王若冰. 以"全省一片云、用云要用心"指导推进警务云建设［N］. 人民公安报，2013 - 11 - 26（005）.

推出"反扒地图"，利用大数据破获扒窃拎包案件数量同比去年上升
103.5%。① 2016 年 10 月，武汉市公安局推出智能化警务大数据分析平台，
大力推进大数据深度应用。② 江苏省公安机关融合 1200 多类近 8000 亿条各
种资源数据形成大数据池，推动"智慧警务"建设，到 2018 年年底，将实
现各类数据深层次的在线融合应用。③ 2018 年 1 月，公安部成立全国公安大
数据工作领导小组，公安大数据建设成为一个全国性的发展战略。④ 大数据
可以丰富公安情报来源，提升情报分析能力，是提高情报效能、推动公安情
报工作发展的重要抓手。公安大数据建设的全面实施，以及大数据应用广泛
开展，正在推动大数据"进入"公安情报学。学术界准确把握了这一发展态
势，围绕大数据积极开展研究，使得大数据"进入"公安情报学不再是一种
理论预设，而成为既成事实。

　　为掌握基于大数据的公安情报学研究现状，笔者对中国知网学术期刊论
文、博士硕士学位论文、会议论文等数据库和万方数据库实施检索，通过题
名、主题、刊名等多种检索方式反复检索，截至 2019 年年底，共筛选出公安
情报学领域题名中包含有"大数据"的学术文献 85 篇。自 2014 年以来，基
于大数据的公安情报学研究文献逐年递增（见图 5 - 1）。由此可见，大数据
"进入"公安情报学之说，是符合事实，有充足依据的。

　　大数据"进入"公安情报学，不但体现在文献数量上，还体现在研究内
容分布的广泛性上。对照公安情报学的内容体系框架"理论—业务—应用—
管理—技术"⑤，上述文献虽然数量不多，但在公安情报学研究内容的这五
个板块中均有文献分布（见图 5 - 2）。这种分布的广泛性，还体现在每一内

①　吴心远. "大数据"成反扒新抓手，上海首推官方"反扒地图"［EB/OL］. 人民
　　网，2014 - 03 - 31.
②　杨槐柳. 武汉：警务大数据"神器"为基层增添新战斗力［N］. 人民公安报，
　　2017 - 08 - 04（002）.
③　苏宫新. 大数据，江苏"智慧警务"强大引擎［N］. 江苏法制报，2018 - 01 - 22
　　（001）.
④　何春中. 公安部成立全国公安大数据工作领导小组［EB/OL］. 中华人民共和国公
　　安部，2018 - 01 - 26.
⑤　彭知辉. 公安情报学研究 30 年（上）：研究内容及其分布状况［J］. 北京警察学院
　　学报，2017（1）：52 - 65.

容板块的下属细目中。例如，公安情报理论研究的下属细目如理论体系、学科属性、研究范式、专业教育等，公安情报业务研究的下属细目如情报流程及情报搜集、情报分析、情报服务等，都有大数据方面的研究文献。由此可见，大数据可以"进入"公安情报学研究的各个方面，这说明大数据与公安情报学具有兼容性，两者可以全方位、多角度结合。

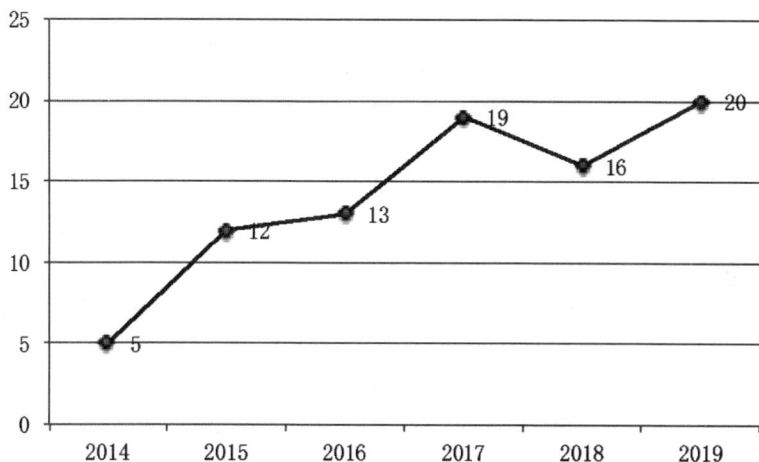

图 5-1　公安情报学领域题名含"大数据"的学术文献年度分布状况

大数据已经"进入"公安情报学，这是无须争辩的事实。大数据与公安情报学的结合，极大地拓展与丰富了公安情报学的研究内容。大数据对公安情报学产生了具体的影响。然而，人们对这种影响的评估存在夸大倾向，对大数据的认知存在理想化现象。在开展大数据环境下的公安情报学研究时，未能正确处理好大数据与公安情报学的关系，这样反而不利于公安情报学的健康发展。笔者认为，大数据已成为公安情报学发展不可摆脱、不可忽视的外部环境，公安情报学必须置于大数据环境来开展研究；同时，公安情报学必须坚持自己的主体地位，不能以大数据取代公安情报学。

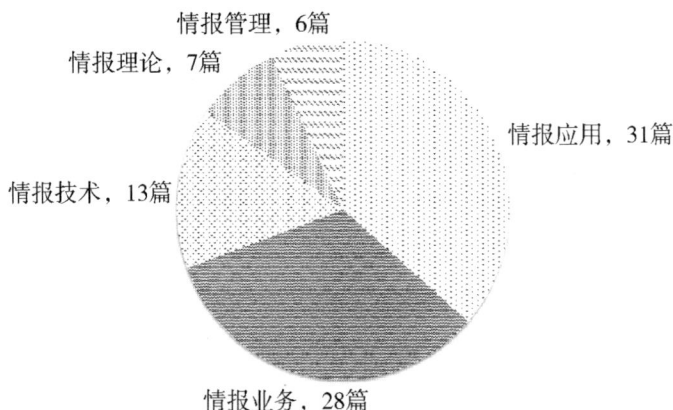

图 5-2　公安情报学领域题名含"大数据"的学术文献内容分布状况

第二节　大数据"进入"后公安情报学面临的困惑

　　大数据"进入"公安情报学，这是在大数据热潮的推动下产生的，而不是公安情报学自觉、主动选择的结果。大数据的"进入"，必然会打破公安情报学原有格局。大数据如何"进入"公安情报学，公安情报学在大数据"进入"之后如何发展，这些都是大数据环境下公安情报学必须重新考量的问题。考察上述基于大数据研究公安情报学的学术文献，就会发现：学术界还没有做好大数据"进入"公安情报学的理论准备，特别是关于大数据与公安情报学的关系，还没有形成清晰而全面的认识。由此导致大数据环境下的公安情报学研究难以正常开展，常常陷入困境，面临诸多困惑与难题。

一、术语如何组织与表达

　　"大数据"和"公安情报"，是两个核心术语，通常需要在学术文献的题名中反映出来。行文时，更是处处会涉及。这两方面的术语如何组织与表达，是大数据环境下公安情报学研究一个让人困惑的问题。

　　有的文献编造出一些新的术语，将"大数据"和"公安情报"直接搭配，如"公安大数据情报""公安情报大数据""大数据情报主导警务""大数据公安情报搜集""大数据公安情报运用"等。这两个词语前后相连，可视为偏正结构，存在修饰与被修饰的关系。然而，无论是用"大数据"来修饰"公安情报"（大数据性质的公安情报），还是用"公安情报"来修饰"大数据"（公安情报性质的大数据），于逻辑、事理都难以做出合理的解释。这些表述方式，模糊而随意，其实是在回避对大数据与公安情报学关系的辨别。术语（概念）不明确，就难以有效展开论证，无法形成令人信服的学术观点。

还有一种通行的表述方式，就是用一种复杂的短语结构将"大数据"和"公安情报"连缀为一体。例如，用"大数据视野下""大数据视域下""大数据语境下""大数据环境下""大数据背景下"或"大数据时代下"等引出公安情报学方面的研究对象。在这一类表述中，大数据与公安情报学的关系显得疏阔、松散。它们表明会引入大数据理论方法开展研究，但仍以公安情报学为主体。然而，有些文献根本没有结合大数据开展研究，"大数据"成了陪衬、点缀，甚至被虚化。即便两方面内容能予以兼顾，也容易变成大数据研究与公安情报学研究的简单拼凑，逻辑不严谨，学术性不强。

用"基于大数据"来引出公安情报学方面的研究对象，也是一种常见的表述方式。"基于"是学术文献特别是标题中一个常见的词语，常用于将某一新理论、新方法引入到另一研究领域中。"基于"一词，不但有"根据"的意思，还包含"从……开始（研究）""以……为研究起点"等含义。这一表述比较准确地表达了大数据与公安情报学的关系：将大数据引入公安情报学，运用大数据理论方法来研究公安情报学。当然，"基于"一词，意思含糊，难以确指。在学术文献特别是标题中，"基于"出现频率太高，已经流于俗滥。而且，"基于"何其多，实际上是"它（other）理论""它方法"的泛滥，那么这样一来，原有学科的本体地位就会动摇、丧失。① 同样，"基于大数据"的公安情报学研究，如果定位不准确，也会导致公安情报学的异化，变成"它"公安情报学。

用"大数据在……中的应用"来引出公安情报学方面的研究对象，也比

---

① 吴超. 为何安全领域的论文标题以"基于"开头的如此之多［EB/OL］. 科学网，2016－09－26.

较常见。在这类表述中，研究对象似乎变成了"大数据"，公安情报学不过是大数据应用中一个具体领域而已。由此带来的困惑是：到底是公安情报学中的大数据研究，还是大数据中的公安情报学研究？

"大数据"和"公安情报"这两方面术语的组织与表达，实则关系到大数据与公安情报学关系的界定问题。学术术语表达之难，反映出人们对大数据在公安情报学中的角色定位，还存在模糊、混乱的现象。大数据与公安情报学的关系如此纠缠不清，那么在学术研究中也就难以做到逻辑清晰、论证严谨了。

二、研究对象如何兼顾

由于大数据环境下的公安情报学研究同时包含"大数据"与"公安情报学"两方面的研究对象，在研究中应兼顾二者，这无疑增加了研究的难度。再加之有时在研究中还涉及"反恐""侦查""禁毒"等，研究对象达到三个，那就更是难以兼顾了。为此，一些学术文献采取了一些避易的手法：一是化实为虚。文献的标题、小标题及正文，"大数据"之类的术语随处可见，可实际上并没有围绕大数据展开论证，所研究内容与大数据无关。这是"新瓶装旧酒"，是一种"贴标签"的做法。二是各自表述。采用"花开两朵，各表一枝"的方式，先论"大数据"，再论"公安情报学"，各说各话，没有将大数据与公安情报学结合起来开展研究。三是取其一方。标题及行文中，均有大数据和公安情报学方面的术语，但细察其研究内容，其实只研究公安情报学或者大数据。

上述"化难为易"的手法，显然不符合学术研究的基本原则。有些学术文献原本只是为了蹭大数据这一热点，是一种"伪研究"，即打着大数据的招牌，实则没有结合大数据开展研究。上述问题的根源在于，大数据环境下的公安情报学研究涉及多个研究对象，难以兼顾，因此在研究中往往顾此失彼。如果大数据之于公安情报学，只是保持在"进入"的状态，那么多个研究对象如何兼顾的难题就无法回避。大数据与公安情报学的结合，不能止于"进入"，还应该更进一步，实现二者的融合。

三、研究内容如何安排

根据学术研究的内在理路，大数据环境下的公安情报学研究，必须包括两个方面的研究内容：一是大数据为什么能"进入"公安情报学，二是大数据怎样"进入"公安情报学。通常，后者是研究的重点，即主要解决的问题；但前者是研究的前提与依据，也不可或缺。

关于大数据为什么能"进入"公安情报学，这本身是一个比较复杂的理论问题。一些学术文献论及此问题时，不免先要论述大数据的概念、特征及发展现状等。这些内容不过是堆砌一些众所周知的材料，辗转引用，陈陈相因，无创新性可言。关于大数据与公安情报学存在哪些结合点，以及两者结合的意义、方式、原则等，反而略而不论。如此安排研究内容，显然存在逻辑漏洞。然而，关于大数据为什么能"进入"公安情报学这一问题，只有详加论证才能阐述清楚，这就需要比较长的篇幅。由此会造成论文偏离正题（即大数据怎样"进入"公安情报学），内容安排不合理。如此下来，在开展大数据环境下的公安情报学研究中，面临一种尴尬的处境：关于大数据与公安情报学的关系，如果不写，则论述不严谨，内容有欠缺；如果写，或者就会流于平庸，甚至抄袭剽窃，或者就会长篇大论，喧宾夺主，内容安排主次不分。而且，如何组织安排上述两方面的内容，也是学术写作中的一个难题。通常，需要依次阐述这两方面的内容，但论文的结构框架就会固化，无创新可言。当前基于大数据的公安情报学研究文献，就存在结构单一、千篇一律的现象。

大数据环境下的公安情报学研究，之所以必须包含上述两方面的内容，是因为大数据之于公安情报学尚处于"进入"的状态。如果大数据"进入"公安情报学已成为共识，那就无须围绕"进入"问题开展研究，那么，研究内容安排方面的困境自然就可以化解了。由此可见，关于大数据与公安情报学的关系，不能仅仅停留在"进入"层面，而亟须进一步推进两者的深度结合。

第三节 大数据应该"融入"公安情报学

当前，大数据已经"进入"公安情报学，说明大数据能与公安情报学结合。然而，大数据虽已"进入"，但一些核心问题并没有得到解决，如大数据与公安情报学的关系，大数据在公安情报学中的定位等。如前所述，围绕大数据"进入"开展公安情报学研究，难以兼顾大数据与公安情报学两方面的研究对象和研究内容，甚至术语的组织与表达也是一个难题。基于大数据的公安情报学研究所面临的困境说明，仅是停留在围绕大数据的"进入"开展研究，是远远不够的。大数据与公安情报学的结合，应该由大数据的"进入"更推进一层，那就是大数据"融入"公安情报学。

在情报学界，对于大数据与情报学的关系，特别是两者的共性，做了比较深入的研究。一些文献指出，大数据将为情报研究带来新观念，引发新发展，例如，推动情报研究从单一领域情报研究转向全领域情报研究，注重多种数据源、新型信息资源的分析利用，强调情报研究的严谨性和智能化。[1]情报学原本就是"研究从数据中如何提炼情报的理论、技术和方法的学科"，大数据将改变学科发展的轨迹，让情报学研究"重拾情报思想"，"重塑大情报观"[2]。大数据分析与情报分析有着天然的联系，它们都"看重对数据的定量分析，关注多源数据融合和强调相关性分析"[3]。在情报学研究中，知识管理、情报分析和大数据分析等理论可以结合起来[4]，大数据将在推动情

---

[1] 李广建，杨林. 大数据视角下的情报研究与情报研究技术 [J]. 图书与情报，2012 (6)：1-8.

[2] 苏新宁. 大数据时代情报学与情报工作的回归 [J]. 情报学报，2017 (4)：331-337.

[3] 李广建，化柏林. 大数据分析与情报分析关系辨析 [J]. 中国图书馆学报，2014 (5)：14-22.

[4] LANDON - MURRAY M. Big data and intelligence：Applications，human capital，and education [J]. Journal of Strategic Security，2016，9 (2)：92-121.

报面向知识和决策方面发挥重要作用。① 这些文献表明，大数据与情报学可以融合互补。

大数据由"进入"公安情报学，到"融入"公安情报学，已具备条件。当前，基于大数据的公安情报学研究比较全面地阐述了大数据与公安情报学的关系，为大数据"进入"公安情报学做了比较充分的理论阐释，回答了大数据可以"进入"公安情报学的问题。大数据"进入"公安情报学既已明晰，并达成共识，那么这一问题的研究即可告一段落，进而转向另一问题的研究，即大数据怎样"进入"公安情报学。笔者认为，大数据"进入"公安情报学的方式，就是"融入"公安情报学。所谓"融入"，就是大数据在"进入"公安情报学之后，不再保留自身属性，而是与公安情报学融为一体；公安情报学则根据自身需要，有目的、有选择地吸收大数据理论方法。大数据之所以能"融入"公安情报学，是因为两者存在一些深层的、本质的内在联系。

一、大数据"融入"公安情报学的理论依据

信息链理论提出，事实、数据、信息、知识和情报等是一组相互关联，可以依次转化的连续性概念。② 情报转化理论阐释情报是怎样生成的，具体研究是由数据到信息、由信息到知识、由信息到情报，这样一种逐层转化的关系。③ 当然，上述理论存在一些缺陷，需要予以修正。信息链理论将各要素之间的关系简化、固化为一种序列关系。这些要素并不完全是依照固定次序推进的。④ 情报转化理论忽视了情报转化的多样性和复杂性。事实、数据、

---

① ROTHBERG H, ERICKSON G. Big data systems: knowledge transfer or intelligence insights [J]. Journal of Knowledge Management, 2017, 21 (1): 92－112.

② TIMOTHY W P. Analysis in business planning and strategy formulation [C] //GILAD B. The art and science of business intelligence analysis. London: JAIPressInc, 1996: 161.

③ 化柏林. 情报学三动论探析：序化论、转化论与融合论 [J]. 情报理论与实践, 2009 (11): 21－24, 41.

④ 刘莉，王翠萍，刘雁. "数据——信息——情报"三角转化模式研究 [J]. 现代情报, 2015 (2): 28－31

信息、知识有时可以直接生成情报，并不全都需要经过逐层转化的过程。①

根据信息链理论，数据原本就是信息链的构成要素，是情报的来源。而且，由于数据较其他要素更接近事实，客观反映事实，因而具有独特而重要的情报价值。从这个角度看，大数据自然应该"融入"公安情报学和公安情报活动，让海量数据资源成为公安情报工作的对象，让数据成为公安情报学研究对象。根据情报转化理论，数据可以转化为情报。尤其是大数据技术的发展与成熟，解决了有效处理庞杂数据的难题，数据特别是大数据的情报价值引起了人们的关注与重视。实际上，随着社会信息化和社会数字化快速发展，数据概念泛化，已与信息趋于合一。当前，大数据技术不断发展进步，数据向情报转化的技术瓶颈已经突破，数据可以直接生成情报。从这个角度看，大数据"融入"公安情报学，不但具有理论必要性，同时也具有现实可行性。

二、大数据"融入"公安情报学符合学科发展规律

公安工作，无论是打击犯罪，还是服务群众，都是围绕"人"来展开的。在大数据环境下，人的基本状况、日常活动、行为轨迹、生活习惯、社会交往、人际交流等，都可能以数据的方式表现出来。这些数据可以全面反映人们"食（旅游餐饮）、住（旅店住宿）、行（活动轨迹）、消（消费购物）、乐（娱乐休闲）"各个方面的真实状态，可以利用这些数据对人的行为活动进行推断与预测。公安机关越来越重视从海量数据中获得情报价值。数据原本就是公安情报工作的对象，数据查询、数据碰撞（多组数据进行比对）、数据挖掘、数据分析等已经广泛运用于公安情报工作中。大数据兴起之后，公安情报部门不再只关注结构化数据，而是积极探索从文本、数字、图像、视频、符号等多源异构的大数据资源中获取情报。公安实践活动的这一新动向，必然要求公安情报学转向数据，以数据为核心开展研究。

公安情报学将数据纳入其研究对象，也符合学科自身发展的规律。对于公安情报学来说，"数据"并不是一个陌生的事物。2000 年前后，随着公安

---

① 彭知辉．数据：大数据环境下情报学的研究对象［J］．情报学报，2017（2）：123－131.

信息化发展，公安情报学主要以公安机关内外部信息为研究对象，以信息资源开发利用为核心开展研究。在这里，作为公安情报学研究对象的"信息"，实际上就是公安信息系统存储的结构化数据。随着大数据技术的发展，非结构化数据进入人们的视野，公安情报学开始关注非结构化数据的研究。公安情报学的研究对象由结构化数据转向非结构化数据，是一种循序渐进式的演变，符合学科发展演进的规律特征和内在逻辑。

结构化数据和非结构化数据都属于数据，本质上没有区别。一般认为，大数据是指某一时期使用常规软件工具，无法进行有效处理的海量的、复杂的数据集合。区别于使用常规软件工具进行管理的结构化数据，大数据是一种非结构化数据。根据这一定义，大数据并不是固定不变的。因为人类必然会不断改进数据处理技术，符合大数据标准的数据集会随着技术的发展进步而发生变化。① 大数据是一个不断变化的概念。数据分析处理专家会不断挑战技术极限，探索并驾驭新的数据资源。这样，不断会有大数据融入传统数据中，成为结构化数据。② 由此可见，大数据形式的非结构化数据与传统的结构化数据并无本质的区别，不存在清晰的界线，两者是一种混合、交叉的关系。大数据的这一特征，使得它在"进入"公安情报学时，并不会对公安情报学形成巨大冲击。大数据和公安情报学都是以数据为研究对象，原本"血缘"相近。因此，大数据与公安情报学的结合，由"进入"转向"融入"，也就顺理成章了。

三、大数据"融入"公安情报学符合各自的需要

大数据的价值表现在各个方面。它蕴含着巨大的商业价值，可以成为一种资产，是一种可以交易的商品；它也可以广泛应用于各类商业活动，为企业创造财富。大数据还具有社会价值，在社会管理和民生服务等方面创造出

---

① MANYIKA J, CHUI M, BROWN B, et al. Big Data: the next frontier for innovation, competition and productivity [R/OL]. Mckinsey Digital, 2011 – 05 – 01.
② ［美］FRANKS B. 驾驭大数据 [M]. 黄海，车皓阳，王悦，等，译. 北京：人民邮电出版社，2013：3 – 23.

显著的社会效用。① 大数据的价值实现需要与其他事物结合，即将大数据应用于某一具体领域，其价值才能得以实现。大数据应用于公安情报学领域，其价值体现为情报价值：大数据作为一种情报资料，是情报的重要来源；作为一种技术手段，可以提升情报价值发现的能力。情报活动大体包括两个方面，一是获悉既定事实与掌握正在发展的势态，二是对未来可能发生的事情进行预测。② 大数据在这两个方面都可以发挥作用。大数据是对事物准确而客观的记录，可以全面反映事物的过去和现状。"知彼知己，百战不殆"③，将大数据应用于公安情报工作，有助于公安机关实现"知"，甚至达到"全知"。大数据具有强大的预测功能。由于掌握体量庞大且不断更新的数据资源，拥有机器深度学习的计算能力，因而通过大数据可以获得深刻的洞察，使科学预测成为可能。④《孙子兵法》提出"算胜"的观点，"得算多"则胜，"得算少"则不胜，故未战而可预知胜负。⑤ 利用大数据，可以全面提升公安机关"算"的能力，即情报预测能力，推动公安情报工作由"全知"向"先知"迈进。

情报价值发现，是大数据和公安情报学结合的目的所在。大数据在情报价值发现方面具有独特的优势，它"融入"公安情报学，可以弥补公安情报学之不足，为公安情报价值发现提供新的资源、方法和手段。例如，大数据资源非常庞大，且取之不尽用之不竭，可以弥补公安情报价值发现中数据资源不足的问题；大数据采用相关关系分析的方式，可以摆脱传统思维模式的局限，有助于公安机关获得隐含的、为人所忽视的情报价值；大数据拥有很多独特的关键技术，如关联、聚类、孤立点、模式、网络、演化等，它们有助于公安机关从来源广泛、规模庞大、实时多样的数据资源中提炼、萃取情

---

① 邬贺铨. 挖掘释放大数据价值 [J]. 中国经济和信息化, 2014 (14)：90 – 91.
② [美] 谢尔曼·肯特. 战略情报：为美国世界政策服务 [M]. 刘微, 肖皓元, 译. 北京：金城出版社, 2015：4 – 7.
③ 李零. 孙子译注 [M]. 北京：中华书局, 2007：23.
④ [美] 埃里克·西格尔. 大数据预测——告诉你谁会点击、购买、死去或撒谎 [M]. 周昕, 译. 北京：中信出版社, 2014：前言.
⑤ 李零. 孙子译注 [M]. 北京：中华书局, 2007：5 – 6.

报。① 总之，随着大数据的"融入"，公安机关从海量数据中发现情报价值的能力将得到全面改善与提升。

从大数据方面来说，它"融入"公安情报学，也是一种合理的、必然的选择。人们常用各种比喻来描述大数据，如"蕴藏能量的煤矿""钻石矿""21 世纪的石油"等。这些比喻意在说明，大数据蕴含巨大的价值。然而，大数据价值具有不确定性，其价值的实现是或然而非必然的。大数据价值具有以下特性：一是稀薄性。大数据必须"大"，即数据体量足够大，才能富含价值。这样一来，需要汇集海量数据才能从中掘取价值，因而大数据的价值密度低。二是潜在性。并不是拥有足够多的数据就一定能获得价值。需要借助先进的工具软件，结合人的智能，才能将隐藏在大数据中的潜在价值挖掘出来。三是附着性。即大数据是一种客观存在，其自身通常无法体现出什么价值。大数据价值来自它与其他事物发生关联，它是"大数据＋"的产物。如果将大数据比喻为一枚"金蛋"，它需要通过科学的"孵化"机制，其价值才能逐步形成、释放与放大。②

由大数据的价值特性（Value）所决定，为了让大数据在公安领域充分实现其价值，特别是情报价值，那就需要借助具体的"孵化器"，公安情报学即可以充当这样的"孵化器"。因为公安情报学就其本质而言，就是研究情报价值的发现。在情报理论方面，研究公安情报的内涵、特征、类型等，阐述情报价值的表现形式；研究事实、信息、数据、知识与公安情报的关系，阐述情报价值的来源。在情报实务方面，研究公安情报工作的基本流程如情报搜集、情报分析、情报编写等，阐述情报价值的形成过程；在情报应用方面，研究公安情报在打击犯罪、治安防控、维稳处突、涉警舆情应对、交通管理、警务决策等方面的具体应用，阐述情报价值的实现过程。"大数据＋公安情报学"，使得大数据围绕情报价值发现，在公安情报学中找到了落脚点。而且，大数据与公安情报学的结合，也有效解决了大数据富含价值

① 化柏林. 从棱镜计划看大数据时代下的情报分析［J］. 图书与情报，2014（5）：2－6.

② 李天柱，马佳，吕健露，等. 大数据价值孵化机制研究［J］. 科学学研究，2016（3）：321－329，345.

而密度低、具有价值而处于潜隐状态等方面的问题。

总之，基于情报价值发现，大数据和公安情报学可以有效结合。大数据需要在公安情报学领域落地，使其价值发现有所依傍。公安情报学需要融合大数据的资源、技术、方法等，提高情报价值发现的能力。因此，大数据"融入"公安情报学，既有助于大数据价值在公安工作中获得实现，也可以推动公安情报学的发展。

第四节　大数据"融入"公安情报学的方式

大数据"进入"公安情报学之后，应该采取"融入"的方式与公安情报学结合。"融入"是"进入"基础上的推进，由"进入"到"融入"，是大数据与公安情报学结合在内在逻辑上的必然发展。在大数据"进入"阶段，公安情报学只是被动地接受大数据的影响，对大数据"进入"这一事实予以认可；在大数据"融入"阶段，公安情报学则是主动与大数据结合，寻求两者的结合点，确保大数据与之融为一体。

一、大数据为公安情报学带来新的研究内容

大数据的"融入"，给公安情报学带来了许多新的研究内容。大数据环境下的公安情报学研究，不但可以"旧题新做"，而且还可以"新题新做"。

所谓"旧题新做"，就是围绕公安情报学原有课题，结合大数据开展研究，这样"旧题"就有了新的研究价值。例如，当前有关情报主导警务的研究已经基本饱和，逐渐淡出研究者的视野。引入大数据理论方法，这一"旧题"重新激活，形成一些值得"新做"的研究内容。例如，研究大数据如何为情报主导警务注入新的活力，[①] 基于大数据的情报主导警务模式的构建，[②]

---

① 彭知辉.大数据：让情报主导警务成为现实 [J].情报杂志，2015（5）：1－6，16.

② 钟政.基于大数据的情报主导警务模式研究 [J].公安学刊（浙江警察学院学报），2015（3）：45－47.

大数据环境下情报主导警务的实施等。① 再如，在大数据环境下，公安机关将围绕数据开展情报搜集活动，这样会在情报搜集方式、内容、目标等方面面临调整或拓展：公安情报搜集的内容由静态情报资料转向动态情报资料，公安情报搜集方式由人工搜集转向技术搜集，公安情报搜集所指向的目标由公安机关向全社会辐射。② 因此，随着大数据的"融入"，公安情报搜集研究中的一些"旧题"，有必要结合大数据来"新做"，即重新开展研究。

所谓"新题新做"，是指大数据可以为公安情报学提供新的研究课题。例如，在大数据环境下，公安情报学的研究对象将出现新成员——数据。那么，有必要从公安情报学角度来研究数据的内涵、本质、特征，数据与事实、信息、知识、情报之间的关系。同时，一些全新的数据类型如实时数据、动态数据、关联数据、社会网络数据等，以及不同的数据形式如网络社交数据、时间和方位数据、用户行为数据等，都将成为公安情报学新的研究内容。

大数据的"融入"为公安情报学增添了新的研究内容，但并不会从根本上改变或颠覆公安情报学，"新"内容和"旧"内容应该互容互补。例如，公安情报搜集活动并没有因为大数据的影响而发生根本性变革。虽然基于大数据的公安情报搜集活动会越来越普遍，但其他类型的情报资料同样应该搜集，传统情报搜集手段仍是不可或缺的。因此，研究大数据环境下的公安情报搜集，既要重点研究大数据所带来的情报搜集新内容、新技术，又要重视原有情报搜集内容、方式，将两方面结合起来开展研究。无论是"旧题新做"，还是"新题新做"，所谓"新做"并不是另起炉灶，另辟新天地，它们都存在"新题"与"旧题"相结合的问题。

二、大数据与公安情报学的有效整合

当前，公安机关已将大数据方法、技术及工具等融入公安情报工作中，

---

① 张明旺. 大数据环境下情报主导警务模式研究 [J]. 北京警察学院学报，2016（3）：49－53.

② 彭知辉. 论基于大数据的公安情报搜集 [J]. 图书馆学研究，2017（9）：33－37，48.

推动后者的变革与发展。公安情报工作之所以能迅速接纳大数据，是因为两者存在诸多共性。例如，大数据处理与公安情报工作都是围绕价值挖掘、获取来展开的，它们的工作流程存在相似之处，可以将大数据处理流程与公安情报工作流程予以整合。具体来说，就是在公安情报工作流程的各个环节（包括情报规划、情报搜集、情报处理、情报分析、情报应用和情报反馈）融入大数据的内容、方法或技术，这样可以推动公安情报工作流程的高效运行以及情报活动参与各方的交流互动，构建一体化公安情报工作流程体系。而且，大数据的融入还可以优化公安情报工作流程。以情报需求分析为例，将大数据方法应用于公安情报用户及其情报需求的跟踪、调查与分析，可以准确把握用户的情报需求及其动态变化，使整个公安情报工作流程以用户为先导、为核心来运行。这样，公安情报工作贴近用户的情报需求，就更有针对性，更有成效。①

再如，在大数据环境下，公安机关需要建立面向大数据的公安情报分析系统。这种系统并不是将原来的情报分析系统推倒重建或另行新建。因为大数据分析系统与公安情报分析系统都以数据处理、分析为核心，系统框架、构件大体相同。公安机关可以搭建以分布式并行处理体系为主体的总体架构，来建立新的情报分析系统。这一架构在技术上能统筹不同类型数据库技术的综合应用，支持不同类型海量数据的分布存储与异地计算，又能与当前公安层级管理模式和应用现状相匹配，便于与目前已经存在的公安业务应用进行对接。②

大数据与公安情报学存在很多共性。基于这些共性，它们可以有效地整合在一起。这种整合方式，就是公安情报学将大数据的某些方面吸收进来，使公安情报学既适应大数据发展的需要，又推动学科自身的发展。当然，大数据与公安情报学的整合，并不是全方位的，而是有选择性的。公安情报学对待大数据，并不要来者不拒，而应该采取一种扬弃的态度。例如，大数据

① 彭知辉. 论大数据环境下公安情报流程的优化 [J]. 情报杂志，2016（4）：15 - 20.

② 李伟. 大数据技术在公安综合情报工作中的落地与应用 [J]. 警察技术，2015（3）：8 - 10.

在思维方式上，主张"不是精确性，而是混杂性"，"用概率说话，而不是板着'确凿无疑'的面孔"①。然而，这种思维方式在公安情报工作中是行不通的。在案件侦查、锁定嫌疑对象、应对突发事件、防范恐怖活动等活动中，公安情报工作应该追求"精确性"。如果满足于"混杂性"，"用概率说话"，有可能会导致公安工作的重要失误，造成严重的生命财产损失。因此，大数据并不能完全融入公安情报学，公安情报学应该对大数据采取审视的态度，有所批判，有所取舍。

三、大数据为公安情报学提供新的理论方法

学科研究如果在较长时期内固守某些理论方法，相沿成习，就会出现陈陈相因、自我重复的现象，学术创新能力就会弱化。这时，需要引入新的理论方法，为之注入活力。大数据作为一种新的理论方法，它的"融入"必然会促进公安情报学的发展与创新。

例如，公安情报学无论是探索理论规律还是总结实践经验，以定性研究为主，其结论、观点带有明显的主观性。在大数据背景下形成的"第四范式"——数据密集型科学发现，将推动科学研究范式的嬗变。② 大数据可以为社会科学提供精准的数据和计算实验平台，实现定性和定量研究方法的综合集成。因此，"第四范式"理论、方法同样可以应用于社会科学。③ 公安情报学可以借鉴"第四范式"开展研究，将公安情报实践活动及学术活动的海量数据引入学术研究中，采用大数据方法开展量化分析，这样可以增强学术研究的科学性，推动理论创新。

再如，公安情报学某些领域的研究偏重于现象描述与经验总结，存在疏略、宽泛、笼统等现象，不能开展具体的、量化的研究。如果引入大数据理论方法，可以突破研究中的瓶颈，弥补其缺陷。以公安情报需求分析为例。

① ［英］维克托·迈尔-舍恩伯格，肯尼思·库克耶. 大数据时代 ［M］. 盛扬燕，周涛，译. 杭州：浙江人民出版社，2013：49.

② HEY T, TANSLEY S, TOLLE K. The fourth paradigm: data - intensive scientific discovery ［M］. Redmond: Microsoft Research, 2009: xvii - xxxi.

③ 米加宁，章昌平，李大宇，等. 第四研究范式：大数据驱动的社会科学研究转型 ［J］. 学海，2018（2）：11 - 27.

一般情况下，主要通过问卷调查、实地考察或查阅用户业务活动记录等，来调查与分析用户的情报需求；也可以采用用户画像的方法，给用户打标签，用一些高度概括、容易理解的特征来描述用户。这些方式需要投入大量人力、物力，而且因数据不全面，对情报需求的分析往往不太准确。采用大数据方法手段，可以准确界定用户群体和具体用户，识别用户的情报需求。将大数据技术应用于用户画像，可以精准描述用户及其情报需求。例如，综合运用移动通信用户的话单数据，在一定程度上可以刻画用户的生活习惯和社交模式。① 利用人们在互联网留下的"痕迹"——上网数据，可将用户的属性、行为和偏好联结起来，组合为用户画像。② 由此可见，大数据理论、方法的引入，可以推动公安情报需求研究的发展与创新。

当前，学术界积极探索大数据理论方法，并提出，应建立一门基于数据处理的科学——数据科学，"系统研究大数据时代的新现象、理念、理论、方法、技术、工具和实践"③。2016 年以来，我国高等院校开始设置"数据科学与大数据技术"本科专业。④ 出于人才培养的需要，也亟须加强大数据理论方法的研究。然而，目前大数据还在发展、完善之中，关于大数据理论方法，大多为学者的一些个人化表述，还没有达成共识。这些零散的观点，尚未形成自成体系的一整套大数据理论方法。因此，公安情报学在整合大数据理论方法时，不要迷恋于新理论、新方法，而应该有鉴别、有选择。

四、公安情报学应批判性地吸收与借鉴大数据

公安情报学对大数据的吸收、借鉴，不是一种简单的移植、照搬，应该取其所需，即考虑到是否符合公安情报学的需要。例如，大数据采用相关关系分析方法，能获得深刻的洞察。公安情报学借鉴这一方法，应用于公安情

---

① 张海旭，胡访宇，赵家辉．基于话单数据的移动通信用户画像研究［J］．计算机系统应用，2018（11）：271 – 277.
② 曾建勋．精准服务需要用户画像［J］．数字图书馆论坛，2017（12）：1.
③ 朝乐门，邢春晓，张勇．数据科学研究的现状与趋势［J］．计算机科学，2018（1）：1 – 13.
④ 陈雷．公安院校数据科学与大数据技术专业建设探索［J］．公安教育，2018（10）：62 – 65.

报分析，有助于摆脱个人主观偏见的影响，避免受限于传统思维模式。相关关系分析也存在局限性，它无法对事物之"为什么"提供解释。大数据论者声称，"知道'是什么'就够了，没必要知道'为什么'"①。然而，在公安情报工作中，这是行不通的。以打击违法犯罪活动为例，仅仅知道"是什么"（如确定违法犯罪事实）是不够的，必须梳理、还原违法犯罪活动的前因后果，即弄清楚"为什么"。这样，公安机关才能严格履行打击的职能，避免工作失误。因此，在公安情报学中，不能全盘接收相关关系分析的理论方法；相关关系分析和因果关系分析同等重要，不可偏废。

大数据分析的核心是预测。这种预测是建立在海量数据的基础上，通过大数据算法来实现的，因而被认为科学而准确。大数据预测的理论前提是，根据过去可以推断未来。运用大数据方法可以准确掌握事物的过去，有坚实的事实作为依据，对未来的预测就具有可靠性。事物的发展有其内在规律，然而这些规律存在多样性。例如，"无往不复"②，"反者道之动"③，即事物以循环往复或相反对立的方式发展，这也是事物发展的规律。对于事物发展的这两种方式，大数据预测无能为力，因为研究事物的过去无助于推断其未来的发展。因此，公安情报学可以引入大数据预测来提升情报预测能力，但不能将它视为无所不能的科学方法，不能因此忽视公安情报学原有的分析预测方法。

大数据在海量非结构化数据的处理、分析上，具有强大的技术优势。一般而言，大数据技术具有广泛的适用性，可以将它们移植过来，应用于公安情报工作中。当然，简单地"拿来主义"也行不通，还应该考虑到它们的适用性、可行性，保持理性、批判的立场。例如，大数据具有强大的分析预测能力，然而无论大数据技术如何完善，将它们应用于警务预测，应持审慎、保留的态度。因为大数据预测仍然存在预测误差乃至预测失误；基于大数据的警务预测适用于常规事件，而不宜应用于极端事件；公安机关即便能准确

① ［英］维克托·迈尔－舍恩伯格，肯尼思·库克耶. 大数据时代［M］. 盛扬燕，周涛，译. 杭州：浙江人民出版社，2013：67.
② 王弼，注. 孔颖达，疏. 周易正义［M］. 北京：北京大学出版社，1999：124.
③ 陈鼓应注译. 老子今注今译［M］. 北京：商务印书馆，2016：226－228.

预知预测，也不能将未然之事作为事实依据。① 因此，应清醒地认识到基于大数据的警务预测的局限性，不能简单地将大数据预测技术移植到公安工作中。"对经验与直觉的依赖将逐渐减少，而对数据与分析倚重将与日俱增"，这种对大数据的偏好，是一种偏差。"经验与直觉仍然占有一席之地。好的直觉其实就是大量数据的综合，只不过是这些数据难以量化成数字罢了。"② 公安情报学重视人的"智能"（知识、经验、直觉、灵感等），强调充分发挥"人"的主观能动性，在情报预测方面形成了一些定性分析方法。这些方法与大数据预测相结合，可以弥补后者的不足。

大数据与公安情报学的结合，并不是两者的无缝拼接。大数据只是在某些方面与公安情报学存在交叉关系，因而这种"融入"是局部的。即便是两者基于共性的整合，也不是合二为一。公安情报学只是选择那些具有适用性、可行性的大数据理论方法来充实、完善自身理论体系。"大数据公安情报""公安情报大数据"之类的表述之所以不妥当，是因为它们模糊了两者的关系，让人误以为公安情报学可以全盘接纳大数据或大数据能够整体"进入"公安情报学。在强调大数据与公安情报学共性的同时，也要注意两者的差异性。这样才能明确公安情报学的特色和优势，避免一味强调大数据的影响，导致公安情报学的"泛大数据化"③。公安情报学是选择性地借鉴大数据，而不是照搬大数据理论方法。只有这样，公安情报学才不至于在大数据热潮的冲击下被边缘化。

第五节　大数据与公安情报学关系辨析

大数据无论是"进入"公安情报学，还是"融入"公安情报学，都涉及

---

① 彭知辉. 基于大数据的警务预测：局限性及其顺应之道 [J]. 中国人民公安大学学报（社会科学版），2016（2）：37 - 45.

② [美] 史蒂夫·洛尔. 大数据主义 [M]. 胡小锐，朱胜超，译. 北京：中信出版社，2015：9，94.

③ 李广建，化柏林. 大数据分析与情报分析关系辨析 [J]. 中国图书馆学报，2014（5）：14 - 22.

大数据与公安情报学的关系，特别是两者如何结合的问题。大数据不是全面"进入"或整体"融入"公安情报学，不是将公安情报学取而代之。公安情报学也不是被动地接受大数据的"进入"或"融入"，而是有选择性地接纳大数据。公安情报学在接受大数据的"进入"或"融入"之后，必然发生变革，在某些局部可能引起突变。大数据环境下公安情报学或将进入一个新的发展阶段，然而它不应在大数据的影响下变得面目全非，改变其学科内在规定性。大数据环境下的公安情报学研究，应准确把握大数据与公安情报学的关系，正确认识大数据在公安情报学的作用和地位，根据两者的共性和特性来确定它们之间的结合方式以及各自的定位。

一、主辅之辨

大数据环境下的公安情报学研究，涉及两个不同的研究领域，即"大数据"和"公安情报学"。笼统地说，要将大数据与公安情报学结合起来研究，但两者并不是对等的关系。在具体研究中，需要准确把握两者的角色定位。

当前，出于对大数据的推崇，大数据环境下的公安情报学研究片面夸大大数据的作用，鼓吹大数据推动公安情报学转型，出现了一种不正常的倾向，即认为大数据主导公安情报学的发展。例如，一些文献以"大数据"冠名于公安情报，形成新术语，如"大数据公安情报理论""大数据公安情报运用""大数据公安情报分析系统""大数据情报信息技术"等，似乎表明，公安情报学的方方面面都在大数据的影响、控制之下已经被"大数据化"。再如，有文献提出，应构建基于大数据的情报主导警务模式，形成新的工作流程：数据采集、数据处理、数据发掘、模型预测。① 这完全是袭用大数据处理流程，忽视了公安情报工作流程自身的特色。一些文献采用"大数据在……（公安情报）中的应用"之类的研究框架，研究的主体似乎成了大数据，而公安情报学不过是大数据的应用领域而已。上述研究，形成了以大数据为"主"，以公安情报学为"辅"的研究模式。这种研究模式对大数据与公安情报学关系的界定是不准确的，不利于公安情报学的发展，会导致公安

① 钟政. 基于大数据的情报主导警务模式研究［J］. 公安学刊（浙江警察学院学报），2015（3）：45－47.

情报学的迷失，甚至因失去其特定的学科研究领域而导致公安情报学消亡。

　　大数据环境下的公安情报学应该重点研究公安情报学如何利用大数据来促进自身的发展。公安情报学为"主"，在大数据"进入"或"融入"的过程中始终处于主导地位；大数据为"辅"，以其理论方法为公安情报学提供补充与借鉴，助推公安情报学的发展。这种主辅关系是不能颠倒的。如果主辅不分，以大数据取代公安情报学，就会导致公安情报学混同于大数据，沦为大数据的附庸。公安情报学有自己的概念范畴、理论体系、研究方法和研究范式等，只有坚持公安情报学的主体地位和主导作用，才能合理借鉴、吸收大数据，从而不断充实与完善公安情报学，保障公安情报学的健康发展。

二、主体之辨

　　人是社会活动的主体，公安工作主要围绕"人"来展开，公安情报工作也是如此。一方面，"人"是公安机关最主要的情报源，情报工作基本上是针对"人"来开展的。另一方面，公安情报工作一直以"人"——情报工作人员——为核心，情报工作人员的业务素质、职业道德等，在情报生产中起主导作用。即便是在公安信息化及大数据建设背景下，大量智能工具、分析软件应用到公安情报工作中，"人"在情报活动中仍处于核心位置。鉴于此，公安情报学自然应该突出"人"的主体地位。在以"理论-业务-应用-管理-技术"为基本框架的公安情报学理论体系中，都是围绕"人"来开展研究的。即便是有关公安情报技术的研究，其目的不在于这些技术的研发，而是探讨如何利用这些技术来提高公安机关及其民警的情报能力。

　　随着大数据的兴起，人们无休止地追逐数据，毫无保留地相信数据。人们通过"量化自我"（Quantified Self），"痴迷地记录有关自己个人生活的一切"。"对个人数据的迷恋"，出现了"数据恋"（Datasexuals）现象。① 人类正在"沦落为单纯的数字人类"②。"数据"似乎可以取代"人"，成为主宰

---

① ［白俄罗斯］叶夫根尼·莫罗佐夫. 技术至死：数字化生存的阴暗面［M］. 张行舟，闫佳，译. 北京：电子工业出版社，2014：239.
② ［美］迈克尔·帕特里克·林奇. 失控的真相［M］. 赵亚男，译. 北京：中信出版社，2017：219.

万物的主体。在大数据环境下，"人"的"安置"在公安情报学中顿时成为一个需要重新考量的问题。诚然，在"一切数字化，数字化一切"的背景下，有关人的特征、现状及日常活动等都可以数据化，在一定程度上可以说"人"即"数据"，即人的方方面面都可以表现为数据。然而，并不能反过来说"数据"即"人"。人的心理、动机、情绪、观念以及行为，并非都能以数据的形式表现出来。公安情报学所关注的并非是纯粹的、可以通过数据来表示的"物理世界"，而是复杂多变、难以用数据表达的"认识世界"，即便是数据反映的"认识世界"也是片面的。公安情报学如果完全依赖数据来研究情报现象，必然存在偏差，容易导致失误。

情报是 DKI（Data - Knowledge - Intelligence）的融合。[1] 情报活动离不开情报工作人员的经验、技能、知识、智力和智慧。因此，公安情报学以"人"为主体，始终围绕"人"来开展研究，其实就是回归"Intelligence（情报、智能）"的本质。数据属于客体和"物"的范畴，要发挥"物"的价值必须有主体的"人"的参与。[2] 认为数据代表一切（如"数据发声"），有了数据就足够了（如"数据为王"），"数据"可以取代"人"，这些都是对公安情报学本质的背离。因此，只有坚持以"人"为主体，以"数据"为客体，公安情报学才能回归正常的轨道。

三、进化与退化之辨

关于大数据对公安情报学的影响，存在刻意突出大数据的作用，将这种影响夸大的倾向。这表现在，人们常以大数据为标尺，将公安情报学中的研究对象人为分成两类，形成"进化"与"退化"的分野。

在中国近代，严复将达尔文的生物进化论理论与斯宾塞的社会进化思想交织糅合，构建了中国版的进化论——"天演论"[3]。这种社会进化论思想

---

① Microsoft Research. Data analytics intern – MSRA DKI［EB/OL］. Microsoft, 2020 – 03 – 10.

② 巴志超，李纲，周利琴，等. 数据科学及其对情报学变革的影响［J］. 情报学报，2018（7）：653 – 667.

③ 李佩珊. 社会达尔文主义和达尔文进化论在中国［J］. 自然辩证法通讯，1991（3）：29 – 32, 58.

在我国深入人心，成为千真万确的"真理"。在这一思想的导引下，人们普遍认为，事物的发展必然是从低级向高级演化，进化中的新事物必然会取代退化了的旧事物。进化与退化之辨不但是对事物演变规律的分析，实际上也属于价值判断。人们对大数据的认识，带有明显的进化论色彩。例如，《大数据时代》一书宣称，大数据将开启一次重大的时代转型，引发生活、工作和思维的大变革：全体数据取代随机样本，混杂性取代精确性，相关关系取代因果关系。①"转型""取代"这些术语，是进化论思想的体现，也带有价值判断的倾向。

当前，人们对大数据环境下公安情报学发展规律的认识，带有深厚的进化论色彩。一些文献以大数据兴起为分界，提出"大数据侦查""大数据情报工作模式""大数据情报研究范式"等新概念，而将以前原有的情报工作和理论研究的模式、方法或手段等归入过时的、落后的"传统"之列。根据优胜劣汰的进化论原则，"传统"自然在淘汰之列，以大数据为特征的新生事物将取代它们，公安情报学由此进入新的发展阶段。用进化论观点来诠释大数据环境下公安情报学的发展，是不符合事实的。虽然可以采用历时性维度来划分公安情报学的发展阶段，但是各阶段之间并不是"竞争"的关系，不一定是以"新"取代"旧"；它们之间是"共存"的关系，可以融合互补。例如，公安情报学在不同发展阶段存在事实、资料、信息和数据等不同的研究对象，但这些研究对象之间并不是相互替代的关系；数据成为当前公安情报学的主要研究对象，但其他研究对象仍然存在，应该将多个研究对象予以整合、融合，综合开展研究。

在学术研究中，根据进化论观点进行价值判断也是不科学的。现在，大数据被当作"进化"的产物，受到普遍推崇。其实，当前大数据的发展与应用还处于初始阶段：对于大数据的复杂性，人们认识得还不充分，而且目前还难以充分驾驭这种复杂性；大数据蕴含巨大的价值，但其价值的实现，还需要一个长期探索的过程。大数据并非完美无缺，它利弊并存，在推动公安情报学发展的同时，也可能会带来弊病。当前，学术界对大数据的一些弊

---

① ［英］维克托·迈尔-舍恩伯格，肯尼思·库克耶. 大数据时代［M］. 盛扬燕，周涛，译. 杭州：浙江人民出版社，2013：17－23.

端，如大数据迷信、大数据滥用、大数据误区、大数据陷阱、大数据歧视等，做了比较深刻的批判。可见，大数据并不能以"进化"自居而不可置疑、不可挑战。公安情报学对大数据的这些局限应有清醒的认识，对大数据的影响应有谨慎而客观地评估，这样才能避免一头扎进大数据而造成公安情报学的迷失。公安情报学在引入大数据时，不要迷信大数据：受数据自身一些因素的制约，大数据分析的准确性、有效性并不是绝对的；不要片面依赖数据，而忽视其他情报资料；不要过度信任大数据，而忽视人的知识、经验的价值。

四、科学（技术）与人文之辨

大数据从一开始便被赋予了科学特征。这种科学特征体现在，大数据可以表征自然客观对象和过程，是一种高度复杂的计算性数据模型，具有分析预测、知识发现与科学决策等功能和价值。① 人们认为，数据可以"发声"，即只要拥有足够的数据，数据本身就可以阐明真理。② 利用海量数据，采用实证分析、数理统计及定量分析等方法来开展研究，能够提供清晰完备的关于"是什么"的知识，这就是科学的理性精神的体现。将大数据融入公安情报学，使得公安情报学也具有了科学的特征。然而，大数据的科学特征并非不可置疑。应清醒认识到，大数据同样存在错误和陷阱。将大数据应用于社会科学时尤其要注意，大数据只是构建了一个虚拟的、人造的"镜像世界"，难以实现对真实社会生活的完整再现。③ 所谓"全数据""用数据说话"，既难以实现，也并不一定会增强科学性。

爱因斯坦指出，科学提供"是什么"的知识，并不能"由此导出我们人类所向往的目标应当是什么"，也不能给人类打开"直接通向'应当是什么'的大门"。"科学方法就提供了实现这些目标的手段，可是它不能提供这些目

① 王子迎，高乐田. 论大数据的科学特性及其决策学意义 [J]. 决策与信息，2018
（11）：29 – 36.

② ANDERSON C. The end of theory: the data deluge makes the scientific method obsolete
[EB/OL]. Wired，2018 – 12 – 01.

③ 杨子飞. "第三洞穴"与"数据主义"——论大数据社会科学的内在矛盾 [J]. 自
然辩证法研究，2016（8）：63 – 67.

标本身。"① 科学，原本是自然科学的基本准则，并不完全适用于社会科学。探索规律、揭示本真是社会科学的根本追求。历史和事实背后的逻辑及价值是难以数据化的，大数据也无法提供关于"应当是什么"的理论解释。② 公安情报学主要研究公安情报这一社会现象，而情报现象又是以"人"为核心，它属于社会科学的范畴。基于大数据来研究公安情报学，必然存在某些不适应现象，有时还会引发冲突。例如，围绕犯罪嫌疑对象的情报分析，运用大数据方法，可以构建人类行为的定量分析模型，提高情报分析的准确率。然而，如果深入到人的心理空间和精神世界，如犯罪嫌疑对象的心理、情绪、观念、意识等，大数据难以通过"计算"来准确描述"是什么"，更难以做出"应当是什么"的判断。

严格来说，"大数据科学"之说不尽符合实际，准确地说，应当是"大数据技术"。任何技术，如果"没有和人的心灵连在一起"，那就十分丑陋。③ 大数据技术是人类制造的"当前最伟大的工具"。然而，"当工具延伸到与我们的生活融为一体的时候"，"当我们自身也成了工具的时候"，就引发一种危险，即我们"不再将自我视为目的"，而是"将自己视作为人所用的装置和被人利用的工具"④。人类制造的工具，反过来让人类沦为工具。这就是科技至上、科技压制人文带来的恶果。有学者指出，对大数据的崇拜正演化为数据主义，"以人为中心的世界观走向以数据为中心的世界观"。数据主义接管世界，征服世界，"成为一个难以撼动的教条"。其结果将是，"人类也只会成为宇宙数据流里的一片小小涟漪"，"人文主义的议题就可能惨遭淘汰"⑤。社会科学是以"人"为研究对象，应当警惕将大数据作为一

① 朱亚宗. 科学与人文：理性与价值的碰撞——爱因斯坦的超越与《大数据时代》的偏执［J］. 中国政法大学学报，2015（5）：135-141.
② 陈泓茹，赵宁，汪伟. 大数据融入人文社会科学的基本问题［J］. 社会科学文摘，2016（2）：16-18.
③ ［美］罗伯特·波西格. 禅与摩托车维修艺术［M］. 张国辰，译. 重庆：重庆出版社，2011：152.
④ ［美］迈克尔·帕特里克·林奇. 失控的真相［M］. 赵亚男，译. 北京：中信出版社，2017：222.
⑤ ［以色列］尤瓦尔·赫拉利. 未来简史：从智人到神人［M］. 林俊宏，译. 北京：中信出版社，2017：357-359.

种"科学"方法的滥用，过分强调技术而忽视人文。在公安情报活动中，大数据的滥用不但会与现行法律制度发生冲突，还会侵犯人类隐私、自由、公正等基本权利和价值。

大数据环境下的公安情报学研究，应当将科学技术与人文精神结合起来，实现"美美与共"。将大数据的理性精神，价值中立的客观立场和高度严密的数理计算方法，融入公安情报学；同时坚持以人为主体，以人文精神主导公安情报活动及理论研究，避免价值偏离而出现大数据的滥用、误用。

第六节　大数据与公安情报学的融合

公安情报学是一门综合性学科，是在融汇不同学科知识的基础上形成并向前发展的。公安情报学的研究对象数次变迁，由秘密情报，到刑事犯罪情报资料，到信息和数据，因而融入了其他学科知识体系。在秘密情报研究阶段，公安情报学依附于侦查学，采用侦查学理论方法来开展研究。在刑事犯罪情报资料研究阶段，公安情报学借鉴情报学理论，逐步形成以情报资料管理为核心的公安情报学基础理论和基本方法。进入 21 世纪，公安情报学以信息为研究对象，信息的范围逐步拓展，由犯罪信息拓展到所有与公安工作相关的信息。它吸收与借鉴犯罪学、数学、计算机科学等理论方法，构建公安情报学理论体系。在大数据环境下，公安情报学为顺应社会发展趋势，必然要求将大数据纳为研究对象。自然地，公安情报学也应该吸纳大数据理论方法。由此可见，公安情报学在学科发展过程中，不断接受其他学科的"进入"或"融入"。正因如此，它才能适应社会的变化，同时也推动学科的发展与完善。因此，公安情报学接纳大数据，符合学科发展的规律。然而，大数据的强势"进入"，对于公安情报学来说，是突发而来的"遭遇"，因为它还没有来得及从理论上做好准备工作。为此，应回到研究的原点，从学理上构建大数据与公安情报学的关系，为大数据与公安情报学的结合提供理论阐释，为大数据环境下的公安情报学研究奠定基石。

目前，大数据是社会关注的热点和焦点，社会各个领域都在推动大数据的发展与应用。在学术研究中，大数据也显示出强大的影响力和渗透力，各个学科都在围绕大数据开展研究。大数据的"进入"和"融入"，对于公安情报学来说，既是机遇，也是挑战。就其机遇来说，在大数据环境下公安情报学可以大有作为，可借大数据发展这样一个良好的外部环境，推动学科的发展。就其挑战来说，公安情报学如果一味追新赶潮，失去自身特性，就有可能会湮灭于大数据的热潮中。因此，关于大数据对公安情报学的影响，需要做出合理的评估：大数据将引发公安情报学颠覆式的革命，还是局部的变化？笔者的研究结论是，大数据对公安情报学只会带来局部的影响，并不会导致公安情报学的全面转型。基于这一判断，大数据与公安情报学的结合，将经历由"进入"到"融入"的过程。当前正处于大数据"进入"阶段，公安情报学研究出现了混乱、迷失等现象。对大数据与公安情报学的关系界定不清晰、认识不明确，导致这一局面的出现。为此，笔者主张，大数据应该进一步"融入"公安情报学，即公安情报学不是被动地接受大数据的"进入"，而是有选择性地接纳大数据，主动吸收、消化大数据理论方法。

　　进一步追问，大数据"融入"公安情报学之后，又将如何？笔者认为，其最终结果是，大数据在与公安情报学全面融合之后，将趋于消亡。这里所说的"消亡"，实际上是"实存名亡"。大数据之"实"，即大数据理论方法，它们融入公安情报学，渗透到公安情报学的各个方面，对公安情报学发展产生深远影响。大数据为当代显学，享有盛名。各学科欲借大数据之名，为自己张势。数年之后，大数据盛名不再，且既已"融入"公安情报学，那么大数据之"名"，当然不必标举了，这样，大数据必然趋于消亡。社会信息化和互联网曾经都是兴盛一时的新生事物，对学术研究也产生了深刻影响。时至今日，它们已融入学术研究中，成为研究的背景、对象或内容等，但其名已不必标举。大数据与公安情报学的结合，也当是这样的结果。

　　以上基于大数据与公安情报学的关系研究，梳理与推测出大数据从"进入"公安情报学，到"融入"公安情报学，再到消亡的过程，意在说明，各学科在接纳大数据的过程中，对于大数据的认识应坚持实事求是的原则，秉持理性客观的态度。在大数据环境乃至今后的大数据时代，各学科应该接受大数据的影响而不失其本位，即坚持以学科为本位的发展观。

　　在公安学领域，涌现了大量基于大数据的研究文献。大数据正在"进入"侦查学、治安学、犯罪学、涉外警务学、边防管理学、公安管理学和警务指挥与战术等学科。这些学科与大数据的关系，一般来说不像公安情报学那样密切，但它们之间必然存在赖以结合的共同点。它们与大数据的关系，以及与大数据的结合，也是研究过程中必然面临的问题。因此，以上结论对于公安学其他学科开展有关大数据的研究，也具有启示和借鉴意义。

参考文献

一、外文文献

[1] AGRAWAL D, BERNSTEIN P, BERTINO E, et al. Challenges and opportunities with big data [R/OL]. 2016 – 01 – 26.

[2] ANDERSON C. The end of theory: the data deluge makes the scientific method obsolete [J]. Wired Magazine, 2008 (7): 1 – 3.

[3] CRAWFORD K. Think again: big dta [EB/OL]. 2013 – 05 – 10.

[4] DEBONS A, HORNE E, CRONEWETH S. *Information science: an integrated view* [M]. Boston: G. K. Hall, 1988.

[5] ESTY D C. Good governance at the supranational scale: globalizing administrative law [J]. Yale Law Journal, 2006, 115 (7): 1490 – 1562.

[6] HEY T, TANSLEY S, TOLLE K. *The fourth paradigm: data – intensive scientific discovery* [M]. Redmond: Microsoft Research, 2009.

[7] LANDON – MURRAY M. Big data and intelligence: applications, human capital, and education [J]. Journal of Strategic Security, 2016, 9 (2): 92 – 121.

[8] LEONHARD G. Big data, big business, big brother [EB/OL]. CNN Business, 2014 – 02 – 26.

[9] LEWIS B, MONTEMAYOR J, PIATKO C, et al. Supporting insight – based information exploration in intelligence analysis [J]. Communications of the

ACM, 2006（4）: 63 – 68.

［10］LOHR S. The age of big data ［EB/OL］. New York Times, 2012 – 10 – 02.

［11］MANYIKA J, CHUI M, BROWN B, et al. Big data: the next frontier for innovation, competition and productivity ［R/OL］. Mckinsty Digital, 2011 – 05 – 01.

［12］Microsoft Research. Data analytics intern – MSRA DKI ［EB/OL］. Microsoft, 2020 – 03 – 10.

［13］PERRY W L, MCINNIS B, PRICE C C, et al. *Predictive policing : the role of crime forecasting in law enforcement operations* ［M］. RAND Corporation, 2013.

［14］ROTHBERG H, ERICKSON G. Big data systems: knowledge transfer or intelligence insights ［J］. Journal of Knowledge Management, 2017, 21（1）: 92 – 112.

［15］RATCLIFFE J. *Intelligence – Led Policing* ［M］. Canberra: Australian Institute of Criminology, 2003.

［16］SCOTT L, JACKSON P. The study of intelligence in theory and practice ［J］. Intelligence and National Security, 2004, 19（2）: 139 – 169.

［17］TIMOTHY W P. Analysis in business planning and strategy formulation ［C］//GILAD B. The art and science of business intelligence analysis. London: JAIPressInc, 1996.

［18］U. S. Joint Chiefs of Staff. Joint publication 2 – 01, joint and national intelligence support to military operations ［R］. Washington, D. C: GPO, 2004.

二、译著

［1］［白俄罗斯］叶夫根尼·莫罗佐夫. 技术至死：数字化生存的阴暗面 ［M］. 张行舟, 闫佳, 译. 北京：电子工业出版社, 2014.

［2］［美］阿尔伯特·爱因斯坦. 我的世界观 ［M］. 方在庆, 编译. 北京：中信出版社, 2018.

［3］［美］阿莱克斯·彭特兰. 智慧社会：大数据与社会物理学［M］. 汪小帆，汪容，译. 杭州：浙江人民出版社，2015.

［4］［美］艾伯特－拉斯洛·巴拉巴西. 爆发：大数据时代预见未来的新思维［M］. 马慧，译. 北京：中国人民大学出版社，2012.

［5］［美］埃里克·西格尔. 大数据预测——告诉你谁会点击、购买、死去或撒谎［M］. 周昕，译. 北京：中信出版社，2014.

［6］［美］FRANKS B. 驾驭大数据［M］. 黄海，车皓阳，王悦，等，译. 北京：人民邮电出版社，2013.

［7］［美］丹尼尔·卡尼曼. 思考，快与慢［M］. 胡晓姣，李爱民，何梦莹，译. 北京：中信出版社，2012.

［8］［美］道格拉斯·W. 哈伯德. 数据化决策［M］. 邓洪涛，译. 广州：世界图书出版公司，2013.

［9］［美］冯启思. 对"伪大数据"说不：走出大数据分析与解读的误区［M］. 曲玉彬，译. 北京：中国人民大学出版社，2015.

［10］［美］HURWITZ J, NUGENT A, HALPER F, et al. 写给大家看的大数据［M］. 麦秆创智，译. 北京：人民邮电出版社，2014.

［11］［美］罗伯特·波西格. 禅与摩托车维修艺术［M］. 张国辰，译. 重庆：重庆出版社，2011.

［12］［美］马克·洛文塔尔. 情报：从秘密到政策［M］. 杜效坤，译. 北京：金城出版社，2015.

［13］［美］迈克尔·帕特里克·林奇. 失控的真相［M］. 赵亚男，译. 北京：中信出版社，2017.

［14］［美］MINELI M, CHAMBERS M, DHIRAJ A. 大数据分析：决胜互联网金融时代［M］. 阿里巴巴集团商家业务事业部，译. 北京：人民邮电出版社，2014.

［15］［美］纳西姆·尼古拉斯·塔勒布. 黑天鹅：如何应对不可预知的未来［M］. 万丹，刘宁，译. 北京：中信出版社，2011.

［16］［美］帕特里克·塔克尔. 赤裸裸的未来［M］. 钱峰，译. 南京：江苏凤凰文艺出版社，2014.

［17］［美］桑尼尔·索雷斯. 大数据治理［M］. 匡斌，译. 北京：清华大学出版社，2014.

［18］［美］斯蒂芬·贝克. 当我们变成一堆数字［M］. 张新华，译. 北京：中信出版社，2009.

［19］［美］史蒂夫·洛尔. 大数据主义［M］. 胡小锐，朱胜超，译. 北京：中信出版社，2015.

［20］［美］STEELE J, ILIINSKY N. 数据可视化之美［M］. 祝洪凯，李妹芳，译. 北京：机械工业出版社，2011.

［21］［美］托马斯·库恩. 科学革命的结构［M］. 金吾伦，胡新和，译. 北京：北京大学出版社，2012.

［22］［美］谢尔曼·肯特. 战略情报：为美国世界政策服务［M］. 刘微，肖皓元，译. 北京：金城出版社，2015.

［23］［美］伊藤穰一，杰夫·豪. 爆裂：未来社会的 9 大生存原则［M］. 张培，吴建英，周卓斌，译. 北京：中信出版社，2017.

［24］［美］詹姆斯·R. 埃文斯. 数据、模型与决策［M］. 4 版. 杜本峰，译. 北京：中国人民大学出版社，2011.

［25］［日］城田真琴. 大数据的冲击［M］. 周自恒，译. 北京：人民邮电出版社，2013.

［26］［以色列］尤瓦尔·赫拉利. 未来简史：从智人到神人［M］. 林俊宏，译. 北京：中信出版社，2017.

［27］［英］杰瑞·莱特克里菲. 情报主导警务［M］. 崔嵩，译. 北京：中国人民公安大学出版社，2010.

［28］［英］维克托·迈尔－舍恩伯格. 删除：大数据取舍之道［M］. 杭州：浙江人民出版社，2013.

［29］［英］维克托·迈尔－舍恩伯格，肯尼思·库克. 大数据时代［M］. 盛杨燕，周涛，译. 杭州：浙江人民出版社，2013.

三、专著

［1］曹凤，彭知辉，陈亮. 公安情报学前沿问题研究［M］. 北京：中

国人民公安大学出版社，2008.

　　[2] 车品觉. 决战大数据：驾驭未来商业的利器 [M]. 杭州：浙江人民出版社，2014.

　　[3] 陈鼓应注释. 老子今注今译 [M]. 北京：商务印书馆，2016.

　　[4] 崔嵩. 再造公安情报：中国情报主导警务、理念、分析工具、实施策略 [M]. 北京：中国人民公安大学出版社，2008.

　　[5] 胡昌平. 信息管理科学导论 [M]. 修订版. 北京：高等教育出版社，2001.

　　[6] 黄超. 犯罪预测方法及其应用 [M]. 北京：中国人民公安大学出版社，2013.

　　[7] 靖继鹏，马费先，张向先，等. 情报科学理论 [M]. 北京：科学出版社，2009.

　　[8] 黎镇中. 刑事侦查学情报 [M]. 成都：四川科学技术出版社，1988.

　　[9] 李广仓. 公安情报分析原理 [M]. 北京：中国人民公安大学出版社，2007.

　　[10] 李俊莉，陈巍，宋培彦，等. 大数据视角下公安情报分析技术 [M]. 北京：科学技术文献出版社，2016.

　　[11] 李零. 孙子译注 [M]. 北京：中华书局，2007.

　　[12] 马忠红. 情报主导侦查 [M]. 北京：中国人民公安大学出版社，2006.

　　[13] 彭知辉. 公安情报源与情报收集 [M]. 北京：中国人民公安大学出版社，2009.

　　[14] 彭知辉. 公安情报应用专题研究 [M]. 北京：中国人民公安大学出版社，2013.

　　[15] 涂子沛. 大数据：正在到来的数据革命 [M]. 桂林：广西师范大学出版社，2012.

　　[16] 涂子沛. 数据之巅：大数据革命，历史、现实与未来 [M]. 北京：中信出版社，2014.

［17］王弼，注．孔颖达，疏．周易正义［M］．北京：北京大学出版社，1999.

［18］王汉生．数据思维：从数据分析到商业价值［M］．北京：中国人民大学出版社，2017.

［19］王志华．犯罪情报学教程［M］．北京：警官教育出版社，1995.

［20］吴国盛．什么是科学［M］．广州：广东人民出版社，2016.

［21］严怡民．情报学概论：修订版［M］．武汉：武汉大学出版社，1994.

［22］阎耀军．社会预测学基本原理［M］．北京：社会科学文献出版社，2005.

［23］杨殿升，张若羽，张玉镶．刑事侦查学［M］．2版．北京：北京大学出版社，2001.

［24］于凤玲．刑事侦查情报学［M］．北京：中国人民公安大学出版社，1998.

［25］郑毅．证析：大数据与基于证据的决策［M］．北京：华夏出版社，2012.

［26］赵国栋，易欢欢，糜万军，等．大数据时代的历史机遇：产业变革与数据科学［M］．北京：清华大学出版社，2013.

［27］钟义信．信息科学原理［M］．3版．北京：北京邮电大学出版社，2002.

四、论文

［1］巴志超，李纲，周利琴，等．数据科学及其对情报学变革的影响［J］．情报学报，2018（7）：653－667.

［2］白逸仙．多学科研究：高等教育理论体系构建之方法［J］．高等教育研究，2010（5）：49－51.

［3］包昌火，赵刚，黄英，等．略论竞争情报的发展走向［J］．情报学报，2004（3）：352－366.

［4］包昌火．对我国情报学研究中三个重要问题的反思［J］．图书情

报知识，2012（2）：4-6.

[5] 卜安淳．公安学、警察学及其相互关系 [J]．公安大学学报，2001（6）：113-117.

[6] 蔡海南，张浩凯，张林．情报如何主导警务——情报导警的内涵及发展层次 [J]．湖北警官学院学报，2011（5）：104-106.

[7] 曹凤．公安情报学理论体系研究 [J]．中国人民公安大学学报：社会科学版，2007（6）：19-23.

[8] 朝乐门，邢春晓，张勇．数据科学研究的现状与趋势 [J]．计算机科学，2018（1）：1-13.

[9] 陈泓茹，赵宁，汪伟．大数据融入人文社会科学的基本问题 [J]．社会科学文摘，2016（2）：16-18.

[10] 陈雷．公安院校数据科学与大数据技术专业建设探索 [J]．公安教育，2018（10）：62-65.

[11] 陈亮．公安情报学学科构建探析 [J]．情报杂志，2007（6）：88-90.

[12] 程琳．以新设公安一级学科为龙头，努力开创公安教育新局面——关于公安一级学科建设与发展的若干思考 [J]．中国人民公安大学学报：社会科学版，2011（2）：1-9.

[13] 程明．公安大数据应用的现状及完善 [J]．天津法学，2016（2）：94-99.

[14] 陈明，凌云翔，江成俊，等．反恐情报与决策、行动一体化联动的内在机理及其优化 [J]．情报杂志，2017（3）：1-5.

[15] 程鹏，李勇．情报概念及相关问题之辨析 [J]．情报学报，2009（6）：809-814.

[16] 陈仕伟．大数据技术异化的伦理治理 [J]．自然辩证法研究，2016（1）：46-50.

[17] 陈闻高，王云刚．论侦查的主动性与被动性 [J]．上海公安高等专科学校学报，2005（3）：55-59.

[18] 陈喜乐，朱本用，刘伟榕．大数据分析的理论与实践挑战 [J]．

自然辩证法研究，2016（7）：90－95.

[19] 陈一兵. 实施情报信息主导警务战略，积极构建具有时代特征的情报信息体系 [J]. 公安安学刊：浙江警察学院学报，2006（2）：83－86.

[20] 戴茂堂，胡蓉. 从康德的不可知论说起 [J]. 中共南京市委党校学报，2008（6）：24－30.

[21] 董邦俊，黄珊珊. 大数据在侦查应用中的问题及对策研究 [J]. 中国刑警学院学报，2016（2）：7－13.

[22] 樊崇义，张自超. 大数据时代下职务犯罪侦查模式的变革探究 [J]. 河南社会科学，2016（12）：39－46，123.

[23] 方斌. 大数据时代侦查思维变革 [J]. 中国人民公安大学学报：社会科学版，2017（3）：89－97.

[24] 冯冠筹. 大数据时代实施预测警务探究 [J]. 公安研究，2013（12）：10－15.

[25] 冯树梁. 论犯罪规律 [J]. 江苏公安专科学校学报，2002（2）：28－33.

[26] 冯欣. 大数据在盗窃机动车犯罪侦查中的应用 [J]. 中国刑警学院学报，2015（3）：19－22.

[27] 盖红波，武夷山. 潜在情报用户及其转化问题研究 [J]. 情报学报，2001（4）：421－426.

[28] 郭秋萍. 情报学教育的发展问题——新世纪情报学教育发展战略研讨会综述 [J]. 情报理论与实践，2002（6）：470－472.

[29] 郭跃军，侯江雷. 大数据时代网络群体性事件治理 [J]. 人民论坛，2015（29）：132－134.

[30] 韩德明. 回应抑或主动：侦查程序启动的模式选择 [J]. 山东警察学院学报，2006（2）：77－82.

[31] 韩晗. "数据化"的社会与"大数据"的未来 [J]. 中国图书评论，2014（5）：26－32.

[32] 郝宏奎. 大数据时代与侦查学术创新 [J]. 中国人民公安大学学报：社会科学版，2016（6）：38－43.

［33］郝宏奎. 论数字化时代侦查活动的演进［J］. 铁道警察学院学报，2014（1）：5－13.

［34］郝宏奎. 论虚拟侦查［J］. 中国人民公安大学学报：社会科学版，2008（1）：1－10.

［35］何军. 大数据与侦查模式变革研究［J］. 中国人民公安大学学报：社会科学版，2015（1）：72－80.

［36］何潜. 浅谈刑事犯罪情报资料的建设［J］. 政法学刊，1987（4）：52－54.

［37］贺德方. 大数据环境下的情报学［J］. 数字图书馆论坛，2012（11）：1－6.

［38］胡昌平，汪会玲. 个性化中的信息资源重组和整合平台构建［J］. 情报科学，2006（2）：161－165.

［39］胡税根，单立栋，徐靖芮. 基于大数据的智慧公共决策特征研究［J］. 浙江大学学报：人文社会科学版，2015（3）：5－15.

［40］胡向春. 大数据时代的防务情报分析［J］. 现代军事，2016（2）：99－108.

［41］化柏林. 从棱镜计划看大数据时代下的情报分析［J］. 图书与情报，2014（5）：2－6.

［42］化柏林. 情报学三动论探析：序化论、转化论与融合论［J］. 情报理论与实践，2009（11）：21－24.

［43］化柏林，郑彦宁. 情报转化理论（上）——从数据到信息的转化［J］. 情报理论与实践，2012（3）：1－4.

［44］黄晨. 基于"数据驱动决策"理论的公安决策方法研究［J］. 北京警察学院学报，2014（6）：49－55.

［45］黄珊珊. 大数据公安情报运用中的问题及对策研究［J］. 湖北警官学院学报，2016（2）：71－75.

［46］黄炜，余亚婷，王思婷. 网络群体性事件的主题特征知识库研究［J］. 湖北工业大学学报，2013（3）：9－13.

［47］黄卫. 数字侦查策略之管见［J］. 公安研究，2010（8）：34

-38.

[48] 黄政钢. 试论公安维稳工作面临的挑战与对策 [J]. 江西公安专科学校学报, 2005 (5): 27-30.

[49] 黄志华, 闫巩固, 王天乐. 经验决策: 概念、研究和展望 [J]. 心理科学进展, 2011 (12): 1814-1821.

[50] 霍忠文, 阎旭军. "情报"、"Informagence" 与 "Infotelligence" ——科技情报工作科学技术属性再思考 [J]. 情报理论与实践, 2002 (1): 1-5.

[51] 贾永生. 大数据视野下犯罪现场概念及其应用探讨 [J]. 政法学刊, 2013 (4): 73-81.

[52] 江信昱, 王柏弟. 大数据分析的方法及其在情报研究中的适用性初探 [J]. 图书与情报, 2014 (5): 13-19.

[53] 蒋洁, 陈芳, 何亮亮. 大数据预测的伦理困境与出路 [J]. 图书与情报, 2014 (5): 61-65.

[54] 金吾伦. 关于跨学科研究的哲学思考 [J]. 哲学动态, 1992 (9): 25-26.

[55] 靳娟娟. 边防情报学的学科特点研究 [J]. 情报理论与实践, 2003 (2): 120-122.

[56] 靖国平. 论智慧的涵义及其特征 [J]. 湖南师范大学教育科学学报, 2004 (2): 14-18.

[57] 李纲, 李阳. 关于智慧城市与城市应急决策情报体系 [J]. 图书情报工作, 2015 (4): 76-82.

[58] 李广建, 化柏林. 大数据分析与情报分析关系辨析 [J]. 中国图书馆学报, 2014 (5): 14-22.

[59] 李广建, 杨林. 大数据视角下的情报研究与情报研究技术 [J]. 图书与情报, 2012 (6): 1-8.

[60] 李国杰, 程学旗. 大数据研究: 未来科技及经济社会发展的重大战略领域——大数据的研究现状与科学思考 [J]. 中国科学院院刊, 2012 (6): 647-657.

［61］李国军．论大数据驱动下的预测警务创新［J］．中国人民公安大学学报：社会科学版，2015（6）：3－8．

［62］李建辉，陈俊旭，单一唯．大数据对公安情报流程影响研究［J］．湖北警官学院学报，2015（3）：20－23．

［63］李静．数据仓库中的数据粒度确定原则［J］．计算机与现代化，2007（2）：57－58，61．

［64］李佩珊．社会达尔文主义和达尔文进化论在中国［J］．自然辩证法通讯，1991（3）：29－32．

［65］李蕤．大数据背景下侵财犯罪的发展演变与侦查策略探析——以北京市为样本［J］．中国人民公安大学学报：社会科学版，2014（4）：150－156．

［66］李双其．论信息化侦查方法［J］．中国人民公安大学学报：社会科学版，2010（4）：9－14．

［67］李双其．试论数字化侦查［J］．中国刑警学院学报，2003（3）：3－4．

［68］李天柱，马佳，吕健露，等．大数据价值孵化机制研究［J］．科学学研究，2016（3）：321－329，345．

［69］李伟，孙论强，李锁雷．"大数据"思维在公安实战中的思考和实践［J］．中国人民公安大学学报：自然科学版，2013（4）：20－25．

［70］李伟．大数据技术在公安综合情报工作中的落地与应用［J］．警察技术，2015（3）：8－10．

［71］李毅．基于大数据的公安情报分析系统研究［A］//中国指挥与控制学会．第二届中国指挥控制大会论文集（下）［C］．2014：858－862．

［72］李裕礞，练绪宝，徐博，等．基于用户隐性反馈行为的下一个购物篮推荐［J］．中文信息学报，2017，31（5）：215－222．

［73］李志芳，邓仲华．科学研究范式演变视角下的情报学［J］．情报理论与实践，2014（1）：4－7．

［74］梁春华．大数据环境情报研究平台发展现状与思考［J］．情报理论与实践，2017（6）：63－66，50．

［75］梁慧稳，孙逸围. 对我国公安情报信息体系构建的几点思考——英国国家情报模式启示［J］. 北京警察学院学报，2013（2）：60－65.

［76］梁吉业，冯晨娇，宋鹏. 大数据相关分析综述［J］. 计算机学报，2016（1）：1－18.

［77］梁娜，曾燕. 推进数据密集科学发现提升科技创新：新模式、新方法、新挑战——《第四范式：数据密集型科学发现》译著出版［J］. 中国科学院院刊，2013（1）：115－121.

［78］梁战平. 情报学若干问题辨析［J］. 情报理论与实践，2003（3）：193－198.

［79］林学达. 从跨学科角度看新时期理论研究的创新空间［J］. 理论前沿，2002（7）：39－40.

［80］刘冰，高洁. 企业竞争情报文化论略［J］. 图书情报工作，2009（18）：96－99，86.

［81］刘辰. 学科建设中的概念研究［J］. 社会科学，1993（7）：68－71.

［82］刘洪波. 公安大数据背景下的侦查思维考量［J］. 贵州警官职业学院学报，2016（6）：17－25.

［83］刘莉，王翠萍，刘雁. "数据——信息——情报"三角转化模式研究［J］. 现代情报，2015（2）：28－31.

［84］刘荣清. 休谟和康德的"温和不可知论"［J］. 池州师专学报，2004（3）：7－9.

［85］刘硕. 大数据环境下的公安情报服务基本模式探析［J］. 中国刑警学院学报，2015（2）：29－32.

［86］刘向荣，农忠海，陈雅. 公安大数据应用研究的几点思考［J］. 数字通信世界，2016（11）：38－41.

［87］刘熊. 当前我国信息化侦查法律规范的缺陷及其完善［J］. 山西警官高等专科学校学报，2016（1）：77－80.

［88］刘泽照，朱正威. 大数据平台下的社会稳定风险评估：研究前瞻与应用挑战［J］. 华东理工大学学报：社会科学版，2015（1）：78－85.

[89] 刘智慧，张泉灵. 大数据技术研究综述 [J]. 浙江大学学报：工学版，2014 (6)：957-972.

[90] 吕雪梅. 公安综合情报部门的发展困境与战略转向 [J]. 情报杂志，2015 (6)：16-19，26.

[91] 吕雪梅. 英国国家情报模式对我国信息警务改革的几点启示 [J]. 北京人民警察学院学报，2007 (3)：99-103.

[92] 马德辉. 警务情报价值链探析 [J]. 中国人民公安大学学报：社会科学版，2007 (4)：52-56.

[93] 马德辉. 论中国公安情报学学科专业发展及研究框架 [J]. 情报杂志，2014 (9)：1-7.

[94] 马德辉，苏英杰. "IntelligenceStudies" 视域下的中国公安情报学若干基本问题研究 [J]. 情报理论与实践，2013 (5)：50-57，49.

[95] 马方，崔金成，江焕辉，等. 论我国情报主导的全景式侦查控制模式构建 [J]. 中国人民公安大学学报：社会科学版，2012 (3)：111-119.

[96] 马费成. 情报学的进展与深化 [J]. 情报学报，1996 (5)：338-346.

[97] 孟宪文. 警务主导观：信息还是情报 [J]. 中国人民公安大学学报：社会科学版)，2006 (4)：85-89.

[98] 孟宪文，任翔. 略论公安情报学学科体系的建构 [J]. 中国人民公安大学学报：社会科学版，2006 (1)：152-156.

[99] 米加宁，章昌平，李大宇，等. 第四研究范式：大数据驱动的社会科学研究转型 [J]. 学海，2018 (2)：11-27.

[100] 南帆. 虚拟的意义：社会与文化 [J]. 东南学术，2009 (1)：4-11.

[101] 倪北海. "大数据" 时代侦查（思维）模式初探 [J]. 贵州警官职业学院学报，2016 (6)：11-16.

[102] 牛纪刚. 浅谈公安刑侦工作信息化 [J]. 公安研究，2000 (1)：43-46.

［103］牛文元. 社会物理学：学科意义与应用价值［J］. 科学，2002（3）：32-36.

［104］牛文元. 社会物理学与中国社会稳定预警系统［J］. 中国科学院院刊，2001（1）：15-20.

［105］欧三任. 公安情报需求与服务的发展研究［J］. 北京人民警察学院学报，2007（1）：82-85.

［106］欧阳爱辉. 侦查中的大数据挖掘技术法律属性辨析［J］. 青岛科技大学学报：社会科学版，2015（2）：71-73，86.

［107］彭浩. 试析公安执法中的直觉决策［J］. 四川警官高等专科学校学报，2002（3）：56-58.

［108］彭知辉. 大数据：开启公安情报工作新时代［J］. 公安研究，2014（1）：76-80.

［109］彭知辉. 大数据：让情报主导警务成为现实［J］. 情报杂志，2015（5）：1-6，16.

［110］彭知辉. 公安情报概念辨析［J］. 江苏警官学院学报，2005（2）：176-180.

［111］彭知辉. 公安情报学初探［J］. 中国人民公安大学学报：社会科学版，2005（1）：26-31.

［112］彭知辉. 关于"公安情报"概念的理解［J］. 公安学刊：浙江警察学院学报，2007（1）：58-62.

［113］彭知辉. 论公安情报产品及其构成［J］. 情报杂志，2013（5）：61-65.

［114］彭知辉. 论公安情报的收集内容与方式［J］. 公安学刊：浙江警察学院学报，2012（2）：42-45.

［115］彭知辉. 论公安情报学研究范式及其整合［J］. 情报学报，2013（10）：1046-1057.

［116］彭知辉. 论公安信息化建设对当前公安情报工作的影响［J］. 中国人民公安大学学报：社会科学版，2012（2）：125-130.

［117］彭知辉. 论基于事实属性的情报一体观［J］. 图书馆杂志，2019

(10)：34 - 46.

[118] 彭知辉. 论情报信息与群体性事件预警 [J]. 广东行政学院学报，2010 (1)：67 - 70.

[119] 彭知辉. 论群体性事件情报信息的作用与局限性 [J]. 情报杂志，2008 (4)：64 - 66.

[120] 彭知辉. 论我国地方政府大数据建设的方式、困境及对策：以块数据建设为例 [J]. 广东行政学院学报，2016 (2)：5 - 10.

[121] 彭知辉. 情报流程研究：述评与反思 [J]. 情报学报，2016 (10)：1110 - 1120.

[122] 彭知辉. 情报机构影响决策的过程分析——以美国中央情报局为例 [J]. 公安研究，2014 (9)：71 - 76.

[123] 彭知辉. 数据：大数据环境下情报学的研究对象 [J]. 情报学报，2017 (2)：123 - 131.

[124] 彭知辉. 政府视域网络舆情研究现状及反思 [J]. 情报杂志，2014 (9)：93 - 99.

[125] 彭知辉. 公安情报学研究 30 年 (上)：研究内容及其分布状况 [J]. 北京警察学院学报，2017 (1)：52 - 65.

[126] 齐磊磊. 大数据经验主义——如何看待理论、因果与规律 [J]. 哲学动态，2015 (7)：89 - 95.

[127] 钱学森. 科技情报工作的科学技术 [J]. 情报学刊，1983 (4)：4 - 13.

[128] 钱学森. 论技术科学 [J]. 科学通报，1957 (2)：97 - 104.

[129] 乔牧川. 对西蒙决策理论的解读和述评 [J]. 中国机构改革与管理，2011 (6)：24 - 28.

[130] 冉昌光. 论宗教与社会稳定 [J]. 西南民族大学学报：哲学社会科学版，1997 (6)：113 - 118.

[131] 容志，陈奇星. "稳定政治"：中国维稳困境的政治学思考 [J]. 政治学研究，2011 (5)：87 - 96.

[132] 单勇. 基于犯罪大数据的社会治安精准防控 [J]. 中国特色社会

主义研究，2016（6）：54－61.

[133] 尚克聪．"情报爆炸"的是与非［J］．情报理论与实践，1994（6）：14－16，10.

[134] 沈固朝．"耳目、尖兵、参谋"——在情报服务和情报研究中引入 intelligencestudies 的一些思考［J］．医学信息学杂志，2009（4）：1－5.

[135] 沈秋伟．论"维稳公安"时代及其应对策略［J］．公安学刊：浙江警察学院学报，2009（5）：62－66.

[136] 石拓．"情报—行动"一体化探析［J］．北京警察学院学报，2015（6）：79－84.

[137] 史健勇．基于价值链重构的企业竞争情报价值增值研究［J］．情报科学，2014（5）：37－41.

[138] 苏毓淞，姚雨凌．大数据信息采集及其偏差补救方法——以甜党和咸党的口味地盘之争为例［J］．清华大学学报：哲学社会科学版，2015（3）：43－49.

[139] 苏新宁．大数据时代情报学与情报工作的回归［J］．情报学报，2017（4）：331－337.

[140] 孙红，郝泽明．大数据处理流程及存储模式的改进［J］．电子科技，2015（12）：167－172.

[141] 孙晓伟．综合情报信息机构设置问题探讨［J］．公安研究，2010（8）：76－78.

[142] 田杰，罗志宏．情报学的研究对象及学科独立性探讨［J］．情报杂志，2013（12）：54－57.

[143] 田全华．人民内部利益矛盾及其对社会稳定的影响［J］．中国人民公安大学学报：社会科学版，2003（5）：5－13.

[144] 涂敏，万雪勇．维稳信息综合平台研究［J］．江西警察学院学报，2013（6）：39－41.

[145] 万川．西方情报主导警务理论的发展脉络［J］．北京人民警察学院学报，2009（6）：84－87.

[146] 万向阳．反恐行动情报分析系统大数据障碍及其改进［J］．情报

杂志, 2015 (5): 7-10.

[147] 汪晖. 全球化视野下的人文传统 [J]. 北京大学教育评论, 2018 (3): 2-15, 187.

[148] 汪小莉. 情报信息主导警务战略的实践与探索 [J]. 江苏警官学院学报, 2006 (4): 178-181.

[149] 王桂艳, 袁颖. 试论用户的主体性 [J]. 情报理论与实践, 2000 (5): 340-342, 388.

[150] 王辉忠. 以情报信息主导警务, 有效推进打防控一体化建设 [J]. 公安安学刊: 浙江警察学院学报, 2005 (4): 5-10.

[151] 王均林. 隐性情报需求的特征及其开发方法 [J]. 情报科学, 2001 (9): 910-913.

[152] 王舒娜. 警务管理概念辨析 [J]. 江苏警官学院学报, 2006 (5): 135-138.

[153] 王小锋. 论公安情报研判活动的科学方法 [J]. 武汉公安干部学院学报, 2009 (4): 31-33.

[154] 王晓楠. 大数据时代下的主动型侦查模式研究 [J]. 辽宁警专学报, 2015 (3): 18-21.

[155] 王宇灿, 李一飞, 袁勤俭. 国际大数据研究热点及前沿演化可视化分析 [J]. 工程研究: 跨学科视野中的工程, 2014 (3): 282-293.

[156] 王玉宝, 魏延明. 大数据时代 "数据信息引导侦查" 模式研究 [J]. 安徽警官职业学院学报, 2016 (3): 45-49, 52.

[157] 王曰芬, 谢清楠, 宋小康. 国外数据科学研究的回顾与展望 [J]. 图书情报工作, 2016 (14): 5-14.

[158] 王云才. 2001-2009 年中国公安情报领域研究论文统计分析 [J]. 湖北警官学院学报, 2011 (4): 98-104.

[159] 王子迎, 高乐田. 论大数据的科学特性及其决策学意义 [J]. 决策与信息, 2018 (11): 29-36.

[160] 魏小龙. 对当前公安机关调处社会矛盾工作的思考——以近年社会矛盾问题研究成果为借鉴 [J]. 福建警察学院学报, 2011 (6): 1-8.

[161] 邬贺铨. 挖掘释放大数据价值 [J]. 中国经济和信息化, 2014 (14): 90 - 91.

[162] 邬明汉, 张乐平. 关于提高公安机关刑侦部门信息化侦查能力的思考 [J]. 公安研究, 2010 (9): 41 - 44.

[163] 吴金红, 张飞, 鞠秀芳. 大数据: 企业竞争情报的机遇、挑战及对策研究 [J]. 情报杂志, 2013 (1): 5 - 10.

[164] 吴开清. 国外关于情报信息主导警务工作的研究概况 [J]. 公安研究, 2005 (7): 88 - 91.

[165] 吴远亮, 何京红. 关于公安机关维护社会稳定工作的几点思考 [J]. 政法学刊, 2005 (6): 87 - 89.

[166] 夏立新, 陈燕方. 大数据时代情报危机的发展演变及其应对策略研究 [J]. 情报学报, 2016 (1): 12 - 20.

[167] 肖峰. 社会科学学科归属问题探析 [J]. 社会科学辑刊, 1999 (3): 24 - 28.

[168] 肖勇. 论新世纪中国情报学的三大研究范式: 成因、内容与影响 [J]. 情报学报, 2007 (5): 780 - 789.

[169] 谢晓专. 公安情报学的研究对象与内容论纲 [J]. 情报科学, 2013 (9): 128 - 132.

[170] 谢晓专. 公安情报学学科体系的构建 [J]. 情报资料工作, 2012 (4): 17 - 21.

[171] 谢晓专. 公安情报学与情报学的关系研究 [J]. 情报杂志, 2012 (6): 1 - 7.

[172] 谢晓专. 我国公安情报学研究现状与进展——基于 1995 - 2011 年公安情报信息研究文献的计量分析 [J]. 情报科学, 2014 (4): 155 - 161.

[173] 胥伟岚, 夏南强. 赫伯特·西蒙的情报学研究 [J]. 情报科学, 2016 (11): 18 - 21.

[174] 徐跃权. 关于图书馆学的研究对象问题的历史反思 [J]. 图书馆学研究, 2013 (21): 2 - 6.

[175] 颜茵. 西蒙的决策情报信息论及实践启示 [J]. 情报杂志, 2014

（10）：66 - 71.

　　[176] 杨京，王效岳，白如江，等．大数据背景下数据科学分析工具现状及发展趋势 [J]．情报理论与实践，2015（3）：134 - 137.

　　[177] 杨立华，李晨，陈一帆．外部专家学者在群体性事件解决中的作用与机制研究 [J]．中国行政管理，2016（2）：121 - 130.

　　[178] 杨郁娟．论侦查经验决策与侦查科学决策 [J]．山东警察学院学报，2010（2）：74 - 78.

　　[179] 杨郁娟．论主动型侦查与被动型侦查 [J]．铁道警官高等专科学校学报，2011（1）：23 - 26.

　　[180] 杨子飞．"第三洞穴"与"数据主义"——论大数据社会科学的内在矛盾 [J]．自然辩证法研究，2016（8）：63 - 67.

　　[181] 姚学斌．试论图书馆学的学科基点 [J]．图书情报知识，2002（1）：34 - 35.

　　[182] 于建嵘．当前压力维稳的困境与出路——再论中国社会的刚性稳定 [J]．探索与争鸣，2012（9）：3 - 6.

　　[183] 于建嵘．维权就是维稳 [J]．人民论坛，2012（1）：23.

　　[184] 于志刚，李源粒．大数据时代数据犯罪的制裁思路 [J]．中国社会科学，2014（10）：100 - 122.

　　[185] 余协力，陈宇．信息可视化分析技术在公安行业中的应用 [J]．警察技术，2011（1）：40 - 43.

　　[186] 袁维新．简论科学本质观的类型与特征 [J]．科学技术与辩证法，2006（1）：17 - 21，109.

　　[187] 曾建勋．精准服务需要用户画像 [J]．数字图书馆论坛，2017（12）：1.

　　[188] 曾忠禄．情报分析：定义、意义构建与流程 [J]．情报学报，2016（2）：189 - 196.

　　[189] 张德春．社会预测的理论前提 [J]．山东大学学报：哲学社会科学版，1994（3）：70 - 76.

　　[190] 张桂勇．论刑事情报资料的管理及完善 [J]．湖北公安高等专科

学校学报，2001（3）：45－51.

[191] 张海旭，胡访宇，赵家辉. 基于话单数据的移动通信用户画像研究 [J]. 计算机系统应用，2018（11）：271－277.

[192] 张家年，王文韬. 融入工程化思维：大数据环境下情报分析机制的构建 [J]. 情报理论与实践，2016（6）：1－6.

[193] 张俊岳. "大数据"背景下侦查工作的变革 [J]. 北京警察学院学报，2014（4）：48－50.

[194] 张蕾华. 大数据视域下公安情报研究范式的转变 [J]. 情报杂志，2015（7）：9－12，28.

[195] 张亮，王琼，万可. 基于EPC物联网的公安情报实时采集技术研究 [J]. 中国公共安全：学术版，2011（1）：96－100.

[196] 张明旺. 大数据环境下情报主导警务模式研究 [J]. 北京警察学院学报，2016（3）：49－53.

[197] 张平. 公安情报学学科建设思考 [J]. 江苏警官学院学报，2005（4）：146－148.

[198] 张倩. 大数据在突发事件政府决策中的应用 [J]. 东北农业大学学报：社会科学版，2013（6）：73－79.

[199] 张兆端. 关于公安大数据建设的战略思考 [J]. 中国人民公安大学学报：社会科学版，2014（4）：17－23.

[200] 张正亚，顾朝兵. 动态环境下的竞争情报价值链信息流分析 [J]. 情报探索，2014（3）：65－67.

[201] 赵金萍. 美国"情报引导警务"的CompStat模式述评——兼与社区警务模式相比较 [J]. 铁道警官高等专科学校学报，2009（5）：82－85.

[202] 赵军. "先知"之惑——犯罪预测局限性研究 [J]. 河南公安高等专科学校学报，2010（6）：16－20.

[203] 赵小康. 公开源情报——在情报学和情报工作中引入Intelligence的思考 [J]. 情报理论与实践2009（12）：23－27.

[204] 赵玉林. 互联网维稳机制构建的国际经验与中国选择 [J]. 长白学刊，2015（5）：53－58.

[205] 郑杭生. 警惕"类发展困境"——社会学视野下我国社会稳定面临的新形势 [J]. 中国特色社会主义研究, 2002 (3): 11 - 13.

[206] 中国行政管理学会课题组. 我国转型期群体性突发事件主要特点、原因及政府对策研究 [J]. 中国行政管理, 2002 (5): 6 - 9.

[207] 钟政. 基于大数据的情报主导警务模式研究 [J]. 公安学刊: 浙江警察学院学报, 2015 (3): 45 - 47.

[208] 朱亚宗. 科学与人文: 理性与价值的碰撞——爱因斯坦的超越与《大数据时代》的偏执 [J]. 中国政法大学学报, 2015 (5): 135 - 141.

五、其他

[1] 陈颖婷. 大数据绘制"犯罪热点图"像"卷福"那样破案 [N]. 上海法治报, 2014 - 03 - 31 (A02).

[2] 国务院关于印发促进大数据发展行动纲要的通知: 国发〔2015〕50号 [R/OL]. 新华社, 2018 - 02 - 04.

[3] 黄思易, 代晓龙, 李定林. 数据强警的贵阳实践——贵阳公安扎实推进大数据运用纪实 [N]. 贵阳日报, 2017 - 04 - 16 (C02).

[4] 黄玉敏, 李娜. 山东警务云建设: 赢在顶层设计, 重在实战应用 [N]. 人民公安报·山东周刊, 2014 - 08 - 12 (8).

[5] PredPol 报告: 在犯罪发生前未卜先知 [J/OL]. 何无鱼, 译. 福布斯中文网, 2015 - 02 - 15.

[6] 任文岱. 大数据助力公安破案 [N]. 民主与法制时报, 2017 - 07 - 16 (006).

[7] 沈跃春. 维护社会稳定需要新思维 [N]. 中国青年报, 2013 - 09 - 30 (02).

[8] 苏宫新. 大数据, 江苏"智慧警务"强大引擎 [N]. 江苏法制报, 2018 - 01 - 22 (001).

[9] 王若冰. 以"全省一片云、用云要用心"指导推进警务云建设 [N]. 人民公安报, 2013 - 11 - 26 (005).

[10] 汪振春. 北京怀柔运用"犯罪数据分析和趋势预测系统"构建主

动型工作模式 [N]．人民公安报，2014 – 06 – 28（3）．

　　[11] 吴心远．"大数据"成反扒新抓手，上海首推官方"反扒地图"[EB/OL]．人民网，2014 – 03 – 31．

　　[12] 吴艺．通过"大数据"集成系统分析确定作案高发区 [N]．人民公安报，2014 – 04 – 04（002）．

　　[13] 徐佳．依托大数据分析、"网格化"防控揪出命案嫌疑人 [N]．人民公安报，2016 – 06 – 10（002）．

　　[14] 杨槐柳．武汉：警务大数据"神器"为基层增添新战斗力 [N]．人民公安报，2017 – 08 – 04（002）．

　　[15] 李伟．关于公安大数据的"冷思考"和这些年所谓的大数据历程 [EB/OL]．中国大数据产业观察，2016 – 04 – 11．

　　[16] 詹姆斯·弗拉霍斯．犯罪可以预测吗 [J/OL]．张燕晶，译．环球科学，2012（2）．

　　[17] 中国互联网络信息中心．第 47 次中国互联网络发展状况统计报告 [R/OL]．中国互联网络信息中心，2021 – 02 – 03．